Sonia Baibou

OH MY CODE !

3E ÉDITION

Je crée mon premier site web

Éditions
EYROLLES

Ce livre a vu le jour grâce aux encouragements et au soutien de ma famille
et de mon époux, je vous aime.
Remerciements à mes parents pour leur confiance et en particulier à ma maman
qui me donne autant d'énergie et pour qui tout est possible.

Depuis 1925, les éditions Eyrolles s'engagent en proposant des livres pour comprendre le monde, transmettre les savoirs et cultiver ses passions !

Pour continuer à accompagner toutes les générations à venir, nous travaillons de manière responsable, dans le respect de l'environnement. Nos imprimeurs sont ainsi choisis avec la plus grande attention, afin que nos ouvrages soient imprimés sur du papier issu de forêts gérées durablement. Nous veillons également à limiter le transport en privilégiant des imprimeurs locaux. Ainsi, 89 % de nos impressions se font en Europe, dont plus de la moitié en France.

Éditions Eyrolles
61, bd Saint-Germain
75240 Paris Cedex 05

www.editions-eyrolles.com

ISBN : 978-2-416-01065-1

Création graphique : Studio Eyrolles
Mise en pages : STDI

AVANT-PROPOS

Comment apprendre le développement web ? En codant ! Ce livre a justement pour objectif de vous accompagner dans la création de votre première page web, de façon progressive et surtout pratique. Pour cela, dès le premier chapitre, vous serez en mission. À partir d'une maquette de site Internet, vous aurez la charge de son intégration, c'est-à-dire sa traduction en véritable page web.

C'est grâce à cette approche par projet que les notions vont faire leur apparition (comment placer une image, comment créer un lien hypertexte, etc.), et que vous monterez en compétences.

Tout au long du livre, vous serez amené à vous poser des questions, à chercher des solutions, à expérimenter. Car c'est bien cela, la réalité du développeur web : être confronté en permanence à des situations nouvelles pour lesquelles vous, le développeur, devez puiser dans vos connaissances, mais aussi dans votre créativité, pour les résoudre.

Le développement web est une activité passionnante que je suis ravie de vous faire découvrir ici dans cette troisième édition mise à jour et enrichie d'un tout nouveau chapitre dédié à une technique de mise en page très appréciée : les grilles CSS.

Vous ne serez pas seul dans votre apprentissage, le site *ohmycode.io* vient en support de ce livre. Vous y trouverez tous les codes sources, mais aussi de nouveaux défis pour aller plus loin.

Bon développement à tous !

Sonia Baibou

1. JE PLONGE DANS LE CODE (sans me noyer)

Les premiers pas dans le code peuvent être déroutants, complexes et intimidants. Pourtant, passé les premières hésitations, vous allez découvrir que le code est avant tout un *moyen* de création. Chaque ligne de code est là pour vous aider à réaliser quelque chose de précis. Et vous verrez qu'avec les bons outils, vous disposez d'une marge de manœuvre considérable, aussi bien au niveau créatif qu'au niveau technique.

Ce livre a été conçu autour de la réalisation d'un projet concret, une page web personnelle, afin de vous familiariser rapidement et concrètement au code. On pourrait dire que cette page est votre première mission de développeur ! À la fin de cet ouvrage, vous aurez assez de connaissances pour aborder de nouveaux projets, les vôtres et pourquoi pas ceux de vos premiers clients ?

Avant cela, revenons à votre mission, à savoir créer une page web. Vous avez sans doute déjà consulté des milliers de pages web, vous savez donc à quoi elles ressemblent. Mais concrètement, comment ça marche ?

QU'EST-CE QU'UNE PAGE WEB ?

Le rôle du navigateur

Pour ouvrir une page web sur un PC, un Mac ou un smartphone, vous devez utiliser un outil dédié appelé *navigateur*. Bien souvent, on n'y prête pas grande attention, et pourtant, le navigateur est bien plus qu'un simple utilitaire de bureau.

En cliquant sur un lien, nous demandons au navigateur d'afficher une page. En un clic seulement, cette dernière apparaît avec du texte, des images, des vidéos… Mais quel est exactement le rôle du navigateur dans cette opération ? Il fait bien plus que simplement afficher du contenu, sa mission est d'*interpréter*.

Figure 1-1
Le navigateur (Google Chrome, Firefox, Internet Explorer, Safari, Opera…) permet d'afficher des pages web en interprétant le code.

Pour afficher une page web, le navigateur va aller chercher et interpréter le code de celle-ci, ce qu'on appelle son code source. Il s'agit d'un document écrit par le développeur pour créer chaque page web.

Le code source d'une page web

On entend parler le plus souvent de code au singulier, mais il s'agit plutôt de plusieurs dizaines de codes différents, faisant appel à divers langages parfois au sein d'une seule page web, qui seront tous interprétés par le navigateur. Chacun répond à un besoin précis.

Nous passons donc (en un clic) d'une page de code (le code source) à un contenu parfaitement mis en page (texte, image, design).

L'expérience utilisateur

L'expérience utilisateur est une notion annexe au code mais qui prend pourtant une place de plus en plus importante dans la création web. L'expérience utilisateur, ou UX *(User eXperience)*, étudie les comportements des visiteurs pour optimiser leurs parcours sur un site. Il peut s'agir de faciliter l'ajout d'un produit dans son panier, d'informations clairement mises en avant pour éviter aux visiteurs de longues recherches… Le principe est de considérer les visiteurs d'une page web comme des utilisateurs et non comme de simples consommateurs.

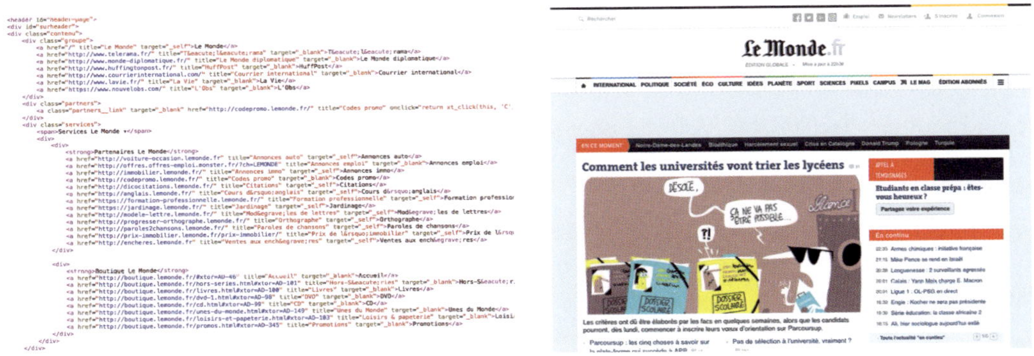

Figure 1-2
À gauche, le code source écrit par le développeur ; à droite, la page affichée par le navigateur.

Où trouver le code source d'une page web ?

Il est très facile de visualiser le code source d'une page web. Pour cela, placez-vous sur une zone vide de la page, effectuez un clic droit et choisissez Code source de la page. Plusieurs centaines de lignes de code vont apparaître, peut-être même plus !

Dans ce code source, vous ne trouverez aucune mise en page particulière, ni images ou vidéos, ce qui peut laisser perplexe au premier coup d'œil. Pourtant, chaque élément est clairement identifié par le navigateur, ce qui lui permet de l'interpréter correctement et de l'afficher ensuite.

En tant que développeur, votre mission sera d'écrire le code source nécessaire pour obtenir un résultat similaire à la page web de la figure 1-2 (à droite). Tout votre travail consistera à faire en sorte d'être parfaitement *compris* par le navigateur. Dans le cas contraire, votre page ne pourra pas être affichée correctement.

D'un côté, votre code source, de l'autre le navigateur qui interprète. Cela ressemble en tout point à une conversation. À vous donc de lui parler un langage qu'il comprend !

Comment pourrions-nous définir une page web ?

« Une page web est le résultat d'une conversation avec le navigateur. » Cette définition n'est pas la définition usuelle que vous trouverez dans les manuels, mais elle explique très clairement *pourquoi* et *pour qui* on code. Il n'y a pas de magie dans l'affichage d'une page web, il résulte juste d'une conversation fluide entre votre besoin (le code source) et le navigateur, qui *doit comprendre ce que vous attendez de lui*. Vous devez parler son langage. Mais quel est-il ?

J'APPRENDS À PARLER AU NAVIGATEUR

Le langage utilisé par le navigateur se nomme *HyperText Markup Language*, plus connu sous le nom d'HTML. Vous en avez peut-être déjà entendu parler, et pour cause, l'HTML est la structure de toute page web, de la plus simple à la plus complexe. Toutes les pages reposent sur cet unique langage qui joue le rôle de squelette. L'HTML va donc être lu et interprété par le navigateur. Et pour comprendre comment tout cela fonctionne, rien de mieux qu'une mise en pratique : on va coder !

Votre page personnelle

Le but de ce livre est d'apprendre à coder par la pratique. Pour cela, vous allez réaliser votre première page web pour vous présenter, vous ou votre activité. Cette page sera votre terrain de jeu. À la différence d'une création *print* (destinée à être imprimée, comme une affiche), le développement web n'est pas figé : on fait, on défait, on teste... N'hésitez donc pas à jouer avec les valeurs indiquées dans les exemples. C'est un très bon exercice pour vous approprier le langage et vous sentir plus à l'aise.

En haut de cette page une première zone (en développement web, on parle de « section », c'est le terme qu'on utilisera dans cet ouvrage) contient une image de fond, un menu qui change de couleur au survol de la souris, ainsi qu'une sous-section avec un fond blanc semi-transparent. Ce dernier intègre une photo (ou un logo), un texte de présentation et un bouton Contactez-moi. Dans cette page, vous remarquerez également que le texte n'a pas toujours le même corps et que plusieurs polices ont été utilisées. En dessous, on trouve une nouvelle section divisée en deux colonnes de tailles différentes, puis une section grise avec trois colonnes cette fois, à laquelle vous ajouterez des images (icônes). Plus bas, la section rouge/orange permet à vos visiteurs de vous laisser leur e-mail. La dernière section mettra en évidence vos réseaux sociaux.

Vous avez maintenant le brief de votre projet, démarrons !

Figure 1-3

La page qui va servir de modèle à votre propre réalisation.

Utilisation d'un éditeur de texte

Avant toute chose, nous avons besoin d'un éditeur de texte pour écrire en HTML. Il s'agit d'un logiciel à installer sur votre ordinateur pour vous permettre d'écrire des lignes de code (tout comme vous utilisez Word pour écrire du texte ou Excel pour créer un tableau).

Je vous suggère ici un éditeur de texte gratuit et performant, Sublime Text. Pour le télécharger, rendez-vous sur la page *https://www.sublimetext.com*. Cliquez sur le bouton Download, puis sur le lien OSX ou Windows selon votre ordinateur.

Figure 1-4
Téléchargement du logiciel Sublime Text.

Ouvrez ensuite le logiciel. Une fenêtre comme celle de la figure 1-5 apparaît, avec un style disons minimaliste. Et pourtant c'est ici que tout se passe, que vous allez rédiger votre première ligne de code et donner vie à votre page web.

Figure 1-5
Fenêtre à l'ouverture de Sublime Text (sur Mac).

Je crée le dossier de mon projet

Créons tout d'abord le dossier de votre projet. Vous pouvez le créer sur le Bureau de votre ordinateur. Attention, cette étape est très importante, même si elle est des plus basiques. Tous les documents liés à votre projet (page, images…) doivent être placés dans ce même dossier. Le navigateur doit savoir où *trouver* les informations et cela sera plus facile de lui indiquer le chemin d'accès si tout est au même endroit.

Le chemin d'accès : votre adresse sur le Web

Ce chemin est l'adresse exacte où se trouve le dossier comprenant les pages de votre site et tout le contenu qui y est rattaché, comme les images.

Pour afficher un contenu, le navigateur va suivre une adresse précise, par exemple *www.monsite.fr/images/logo*. Le navigateur ira alors chercher un dossier `monsite`, puis un sous-dossier `images`, et trouvera le contenu qui s'appelle `logo`. S'il existe, le navigateur l'affichera sur votre site pour vos visiteurs. Pour ce faire, le navigateur a besoin de l'adresse exacte de l'image, sinon, il renverra un message d'erreur : une croix apparaîtra à la place de votre image.

Le principe est également vrai pour une page qui n'existe plus. C'est la fameuse erreur 404 que vous avez déjà dû rencontrer sur le Web !

Les coquilles sont fréquentes (surtout au début) et donnent lieu à de grands moments d'incompréhension. Votre image existe mais ne s'affiche pas ? Vérifiez et revérifiez le chemin d'accès !

La nature a horreur du vide, figurez-vous que les ordinateurs aussi ! Si vous nommez votre projet `Ma Page Personnelle` (notez l'espace entre les mots), le chemin d'accès risque d'inclure des caractères spéciaux pour combler le vide, ce qui peut conduire à une adresse inconnue. `Ma Page Personnelle` deviendrait alors `Ma%Page%Personnelle`. Nommez le dossier de votre projet (ou les noms de vos images) sans espace, cela fait partie des bonnes pratiques du développeur.

Je prépare mon document

Retournons à présent à Sublime Text. Par défaut, le logiciel a ouvert un document vide, qui se nomme pour l'instant `untitled`.

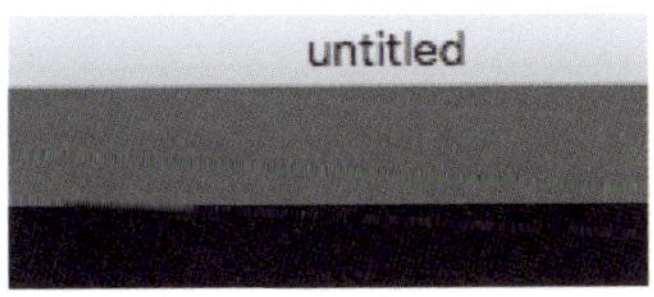

La première chose à faire consiste à enregistrer ce document. Par convention, et pour des raisons surtout pratiques, on nomme habituellement `index` la page d'accueil d'un site. Il s'agit d'un réflexe de développeur visant à se faciliter la vie avec des conventions. Ainsi, en un coup d'œil, vous ou le développeur qui reprend le projet, vous pourrez localiser le fichier `index` comme la page d'accueil et y apporter les modifications nécessaires. Essayons nous aussi de garder à l'esprit que les conventions en programmation sont là pour nous aider. Bien sûr, vous pouvez nommer votre page autrement, cela fonctionnera quand même !

Pour enregistrer ce document dans Sublime Text, cliquez sur File dans la barre de menus puis sur Save As....

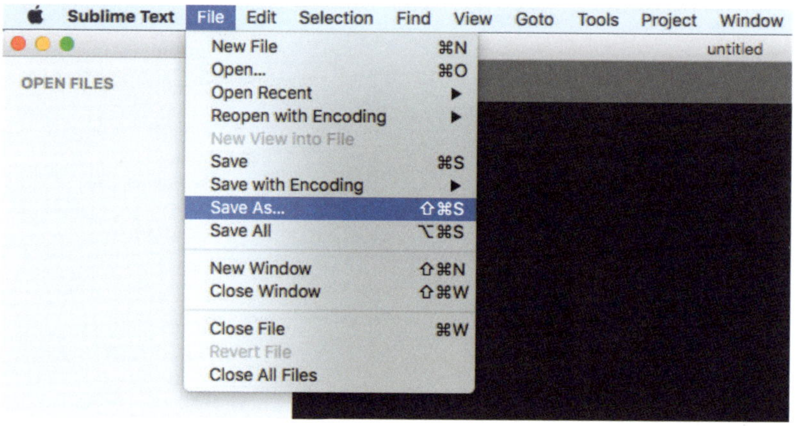

Figure 1-6
Enregistrement du document.

Choisissez l'emplacement où vous souhaitez enregistrer le document (ici, dans le dossier `MaPageWeb`) et nommez-le `index.html`.

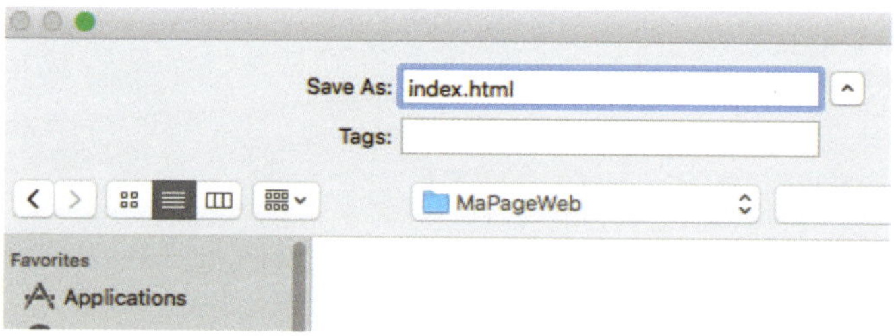

Figure 1-7
Emplacement du document.

J'écris ma première ligne de code

Notre environnement de travail est créé, nous allons désormais pouvoir nous concentrer sur le contenu.

Pour commencer, nous allons rédiger notre première ligne de code !

Et là, je ne vais pas vous surprendre si je vous dis que les développeurs ont encore une convention. La première phrase que vous allez écrire sera `Hello World !`, une façon de saluer le monde connecté. Cette phrase est simplissime et son unique but est de nous assurer que notre installation fonctionne.

Dans le document `index.html`, écrivez `Hello World !` sur la première ligne.

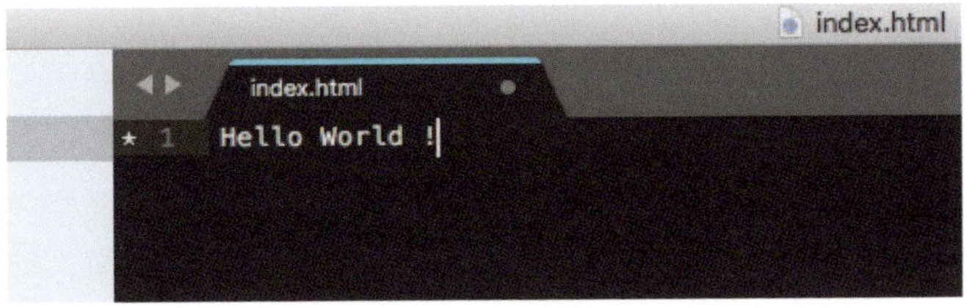

Figure 1-8
Saisie de la phrase « Hello World ! ».

Dans tous les éditeurs de texte conçus pour le code, chaque ligne est numérotée. La raison à cela est simple : une page web peut contenir plusieurs centaines de lignes sans mise en page particulière. Les numéros servent donc de repères. Nous verrons au cours de notre apprentissage que les développeurs ont également un autre outil à disposition pour se repérer visuellement dans leur page : l'*indentation*.

> **Un bon réflexe**
>
> À chaque modification ou ajout de code, pensez à enregistrer votre document. Mémorisez rapidement les raccourcis clavier, ils vous faciliteront la vie. Aucune raison de s'en priver !
>
> Pour enregistrer un document sur Mac, utilisez le raccourci Cmd + S.
>
> Pour enregistrer un document sur PC, le raccourci sera Ctrl + S.

Une fois le document enregistré, la petite icône en haut à droite du nom de l'onglet se modifie : l'icône ● signale que le document n'est pas enregistré alors que l'icône × indique que les modifications effectuées ont été sauvegardées. Cela peut sembler évident, mais bien souvent ce sont les petits détails auxquels on ne prête pas attention qui vont vous laisser dans des moments de grande perplexité. Enregistrez votre travail !

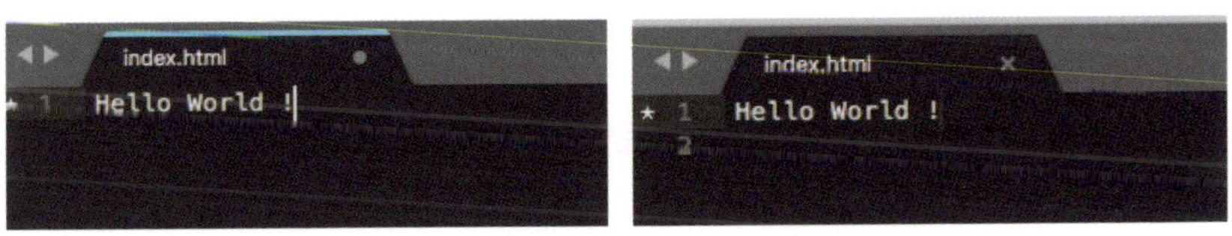

Figure 1-9
Document en cours : icône ● ; document enregistré : icône ×

À présent, retournez dans le dossier `MaPageWeb` et effectuez un clic droit sur le document `index.html`. Un menu contextuel apparaît, vous proposant notamment d'ouvrir le document avec un navigateur (Ouvrir avec). Choisissez le navigateur que vous préférez et ouvrez le document.

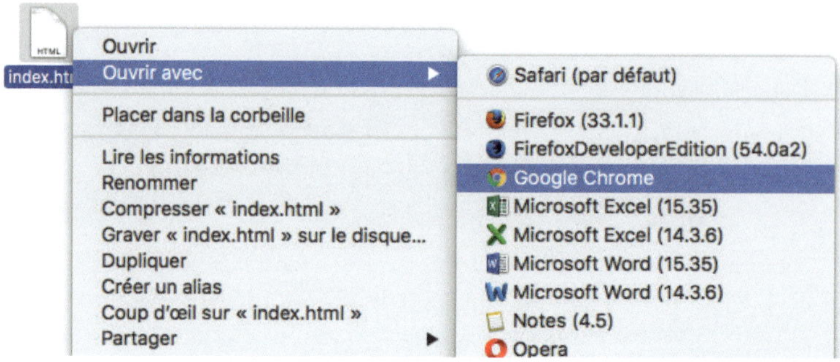

Figure 1-10
Menu contextuel permettant d'ouvrir le document dans un navigateur.

Vous devez maintenant avoir une page web ouverte comme celle sur la figure 1-11 :

Figure 1-11
La page web affichée dans le navigateur.

Victoire ! Vous venez de publier votre première ligne de code !

Il reste encore beaucoup de choses à voir mais vous pouvez être très fier de vous, ce petit `Hello World !` est le début d'une grande aventure.

En résumé

Posons des mots sur cette première étape. Qu'avez-vous accompli ?

- Vous avez créé un document `index.html` à l'aide d'un logiciel dédié : un éditeur de texte.
- Vous avez ajouté du texte dans ce document.
- Vous avez ouvert ce document grâce au navigateur.

En local et à distance

Vous vous demandez peut-être si votre site est maintenant visible par tous sur la Toile. Je vous rassure, votre page `index.html` (ainsi que son contenu) n'est accessible que depuis votre ordinateur. Rappelez-vous, vous avez enregistré votre dossier sur votre Bureau (ou dans vos `Documents`). C'est ce qu'on appelle *en local*. Vous seul avez accès à votre ordinateur et à son contenu.

Comment le rendre visible au monde connecté ? Ce sera l'objet du chapitre 6 où vous découvrirez comment rendre votre site accessible sur le Web, c'est-à-dire *à distance*.

À quoi sert le langage HTML ?

Et l'HTML dans tout ça ? Vous avez raison, nous avons écrit la phrase `Hello World !` sans langage particulier, et le navigateur a réussi à l'afficher correctement. Pourquoi donc s'embêter avec le langage HTML ? Restez avec moi encore un peu, et vous allez bientôt comprendre très clairement à quoi sert ce langage.

Nous allons à présent ajouter davantage de contenu à la page `index.html`, toujours à partir de l'éditeur de texte Sublime Text. Le site est pour l'instant un peu sommaire, nous allons par exemple ajouter un lien pour permettre aux visiteurs de se rendre sur Google. En ligne 2, écrivez l'adresse *http://www.google.fr* et enregistrez votre document. L'icône × apparaît alors à droite de l'onglet à la place du cercle.

Figure 1-12
Ajout d'un lien.

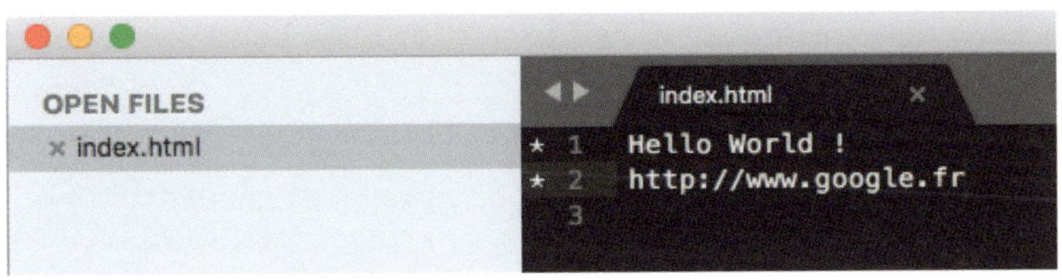

Conseil

En développement web, on jongle constamment entre l'éditeur de texte à partir duquel on écrit le contenu (le code source) et le navigateur qui permet de visualiser le résultat. Organisez votre écran pour que le passage de l'un à l'autre ne soit pas trop fastidieux !

Pour cela, partagez votre écran en deux et affichez l'éditeur de texte d'un côté et le navigateur de l'autre.

Votre travail sera ainsi facilité du fait d'avoir d'un côté le code et de l'autre son résultat, sans avoir à chercher, ouvrir et fermer des fenêtres. Vous améliorerez votre capacité d'analyse et détecterez les inévitables coquilles en un clin d'œil.

Retournons à présent dans le navigateur, aucun changement sur la page du site n'est visible à ce stade. Nous devons manuellement rafraîchir le navigateur. Pour cela, vous pouvez cliquer sur la flèche en forme de cercle, icône qui est reprise dans la majorité des navigateurs. Si vous ne la voyez pas, vous pouvez aussi utiliser le raccourci clavier Cmd + R sur Mac ou Ctrl + R sous Windows (R pour *refresh*, qui signifie « rafraîchir »).

En actualisant la page, on demande au navigateur d'aller chercher le document `index.html` dans le dossier `MaPageWeb` et de nous afficher la dernière version. En l'occurrence, cette dernière version intègre l'adresse *http://www.google.fr*.

Figure 1-13
Affichage du résultat dans le navigateur.

Ce que nous voulons, c'est permettre à nos visiteurs de cliquer sur ce lien et de se rendre sur la page indiquée.

Que voyons-nous ? L'adresse s'affiche bien, mais si vous cliquez dessus, vous constaterez que rien ne se passe.

Ce que le navigateur a compris : il ne reconnaît pas le lien. Et pour cause, le navigateur ne fait pas la différence entre la ligne 1 :

```
Hello World !
```

et la ligne 2 :

```
http://www.google.fr
```

Vous remarquez même qu'il n'applique pas les retours chariot !

Notre mission en tant que développeur est de traduire ces lignes de texte pour le navigateur, dans un langage qu'il comprend. Et c'est là que l'HTML fait son entrée. Pour écrire du HTML, ou un autre langage informatique, nous devons apprivoiser ce que l'on appelle la syntaxe. La syntaxe est l'ensemble des signes et des règles à suivre, propre à chaque langage informatique, que le développeur va utiliser pour écrire le code dans sa page. Le but est de respecter exactement la syntaxe, de sorte que le navigateur puisse reconnaître le langage utilisé et l'interpréter correctement.

Les balises sont les éléments qui constituent la syntaxe de l'HTML. Voyons en détail à quoi cela ressemble.

Le rôle des balises

Les balises permettent de définir les éléments d'une page *pour le navigateur.* J'insiste sur ce point, les balises ne sont pas visibles par les internautes (c'est-à-dire affichées sur la page). Seul le navigateur a accès au code source, visualise les balises et les interprète. Comment cela fonctionne-t-il ?

Chaque élément dans votre page doit avoir sa balise. Nous devons absolument tout *baliser*. Pour le dire autrement, aucun élément dans votre page ne doit être ajouté sans sa précieuse balise ! C'est en quelque sorte sa carte d'identité.

En anglais dans le texte

Un petit mot sur le terme « balises » utilisé en français pour définir la syntaxe HTML. En anglais, on parle de *tags*, qui peut se traduire par « étiquettes » en français (et non par « balises » !). Plus proche de la traduction anglaise, le terme « étiquettes » est à mon sens beaucoup plus parlant.

En effet, dans une page web, chaque élément d'une page, que ce soit du texte, une image, un lien, etc., possède sa propre étiquette (son tag), afin que le navigateur l'identifie et l'affiche correctement.

Si le terme « balise » vous semble donc un peu vide de sens, pensez à la traduction « étiquettes ».

Au fait, à quoi ressemble une balise ?

Il s'agit d'un signe d'ouverture <> que l'on va mettre *avant* un élément (texte, lien) et un signe de fermeture </>, qui sera placé *après* ce même élément.

On utilise le terme d'ouverture et de fermeture car les balises sont comme des *contenants qui encapsulent un élément.* On ouvre une balise, on ajoute un élément et on referme la balise.

```
<> element <>
```

Seul l'élément compris entre les balises sera concerné par celles-ci. Chaque balise a un rôle précis. Ce n'est pas le développeur qui crée les balises, elles sont déjà prédéfinies. Il n'y a donc qu'à piocher dans celle qui nous intéresse. Ce livre n'a pas pour vocation l'exhaustivité, mais nous verrons ensemble les balises indispensables pour intégrer du contenu (textes, images, liens). On peut trouver sur Internet de nombreux sites qui répertorient l'intégralité de ces balises. Je vous en cite quelques-uns en fin d'ouvrage, ce sont des bibles d'informations, n'hésitez pas à aller explorer l'étendue du langage HTML !

Nous allons donc piocher la balise Lien et l'appliquer à notre projet. Ajoutons tout d'abord les balises d'ouverture et de fermeture avant et après notre élément, comme ceci :

Pour l'instant, le navigateur ne comprend toujours pas ce que vous attendez de lui, et pour cause ces balises ne donnent aucune indication sur le *rôle* qu'elles doivent accomplir. Nous devons définir la balise comme étant une balise Lien en suivant ce modèle :

- `<a href=` : nous commençons toutes les balises lien par `a href`. Le `href` veut dire *Hypertext Reference*, c'est-à-dire une référence hypertexte et autrement dit un lien.
- `http://`... : cette mention correspond à la page de destination (celle qui doit s'afficher). Ici, nous allons indiquer une adresse complète comme *http://www.google.fr*.

- </a> : rappelez-vous que pour refermer une balise, nous devons toujours nous acquitter d'une barre oblique /.

Vous avez peut-être remarqué, mais la balise de fermeture reprend aussi le a de la balise d'ouverture. Cela permet au développeur d'être précis lorsqu'il veut refermer une balise. Nous y reviendrons plus tard et vous comprendrez en quoi cela est indispensable. Pour l'heure, modifions cette balise pour l'appliquer à notre besoin. Dans la page `index.html`, nous ajoutons la balise Lien en suivant 3 étapes.

1. On ajoute la balise d'ouverture et on indique l'adresse de destination : ici, le lien va rediriger les visiteurs vers Google.
   `<a href="http://www.google.fr">`
2. On indique l'élément auquel va *s'appliquer* cette balise. C'est le texte visible sur la page et sur lequel vos visiteurs vont cliquer.
3. On referme la balise </a>.

Figure 1-14
Ajout de la balise Lien.

Enregistrons le document et rafraîchissons la page dans le navigateur.

Figure 1-15
Affichage du résultat dans le navigateur.

Que remarquons-nous ?

L'élément `http://www.google.fr` est maintenant souligné et en bleu, ce qui nous laisse penser que c'est un lien cliquable. Et effectivement, au survol de la souris, un curseur en forme de main apparaît. Si nous cliquons, nous ouvrons la page web de Google.

Figure 1-16
Apparition du curseur en forme de main, signifiant que le lien est cliquable.

Vous avez communiqué au navigateur ce que vous attendiez de lui et il vous a *compris*. Mais j'imagine que ce lien ne vous satisfait sûrement pas ! Ce n'est pas très engageant pour vos visiteurs de cliquer sur une adresse indigeste du type *http://...*. Si nous voulons que l'expérience utilisateur soit vraiment réussie, à nous de proposer un texte qui invite au clic.

Pour modifier le texte de l'élément, retournons dans l'éditeur de texte.

Les balises encapsulent un élément et appliquent un rôle uniquement à cet élément. Dans notre cas, les balises encapsulent `http://www.google.fr`.

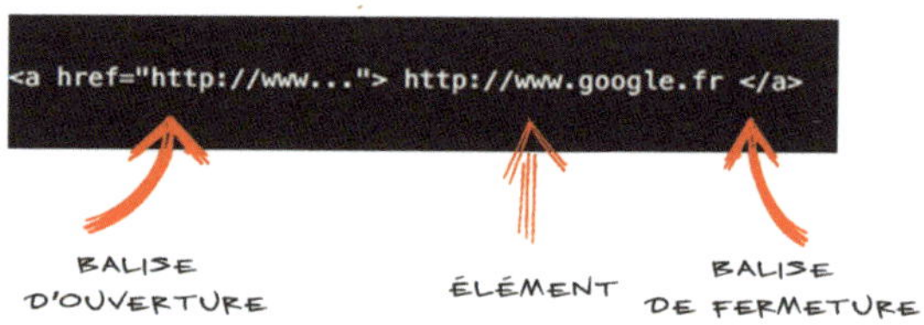

Modifions l'élément encapsulé avec le texte de notre choix, par exemple `Allez sur Google !`.

Figure 1-17
Modification du texte du lien.

Enregistrons notre document et actualisons la page web. La figure 1-18 présente le résultat que vous devez obtenir.

Figure 1-18
Affichage du résultat dans le navigateur.

Tout s'affiche comme prévu. Ayez cependant toujours le réflexe de rafraîchir systématiquement la page `index.html` après chaque modification pour vous assurer que cela fonctionne bien comme attendu. Lorsque vous cliquez sur Allez sur Google !, le navigateur doit ouvrir la page d'accueil de Google.

¿ HTML ?

Apprendre un nouveau langage informatique, c'est se lancer dans l'inconnu et accepter un nouveau mode de fonctionnement. C'est exactement ce qu'il se passe avec ces balises que l'on ouvre et que l'on ferme. Notre cerveau doit accepter cette nouvelle logique.

Nous voilà devant une nouvelle syntaxe, et celles et ceux qui ont appris l'espagnol comme moi, auront peut-être déjà éprouvé ce sentiment d'incompréhension quand on vous a demandé d'ajouter des points d'interrogation à l'envers en début de phrase (par exemple, *¿ Qué tal ?*). Mais ce sont des choses que nous devons accepter pour avancer.

Une fois que vous aurez intégré cette nouvelle façon d'écrire, votre œil reconnaîtra les petites coquilles (inévitables) assez rapidement. Je pense notamment aux balises de fermeture </> qui, bien souvent au début, ne sont pas écrites avec la barre oblique /. Soyez indulgent avec vous-même (et patient), cela fait partie du processus d'apprentissage !

Dans cette section, nous avons vu que les balises ne sont pas visibles par les visiteurs (qui n'en feraient d'ailleurs pas grand-chose). Elles sont à destination uniquement du navigateur qui en a absolument besoin pour comprendre ce que vous attendez de lui. Rappelez-vous que nous devons mettre des étiquettes (balises) *à chaque élément* de notre page, tout comme les produits d'un magasin ont chacun leur étiquette pour être reconnus. Il n'y a que comme cela que nous nous faisons *comprendre* par le navigateur et obtenons le résultat attendu.

Cette section constitue votre découverte du code, n'hésitez pas à la relire, la seconde lecture (voire la troisième) verrouille bien souvent les nouvelles connaissances.

PLUS DE CONTENU AVEC LES BALISES

J'ajoute du texte

Vous avez précédemment écrit votre premier `Hello World !` et créé un lien vers le site de Google. Le texte `Hello World !` est apparu correctement sur votre page web. Nous allons à présent voir qu'il est possible d'ajouter des balises Texte à ce contenu, et ce pour plusieurs raisons.

Les balises Texte donnent au navigateur des informations sur l'importance de ce qu'il affiche. C'est cet étiquetage minutieux qui va permettre dans un second temps aux moteurs de recherche de sonder parmi vos balises Texte, le contenu pertinent à afficher à ses utilisateurs. C'est le fameux SEO *(Search Engine Optimization)* qui a pour but d'optimiser votre site pour les moteurs de recherche.

SEO et SEM

Le SEO *(Search Engine Optimization)* comprend toutes les techniques utilisées pour optimiser le contenu de votre site dans le but d'augmenter son positionnement dans les résultats des moteurs de recherche. En langage de développeur, cela revient à faire bon usage des balises (étiquettes) texte et images notamment, pour décrire précisément le contenu au navigateur.

Le SEO englobe également les actions menées en dehors du site, comme le SMM *(social media marketing)*, dont le but est de multiplier les liens vers votre site, pour développer sa notoriété. Plus votre site est cité, twitté, liké, plus les moteurs de recherche vont l'indexer favorablement. À retenir, le SEO est gratuit… mais chronophage ! La création de contenu, comme les articles, est également fortement plébiscitée et peut vous assurer de bonnes retombées en termes de visites. À vos claviers donc !

Le SEM *(Search Engine Marketing)* est aussi un outil à considérer pour booster une offre particulière et si vous avez une idée très précise de votre public. Le SEM fonctionne sous forme d'achat de mots-clefs ou de publicités. L'intérêt est que vous pouvez lancer une campagne de publicité en ligne auprès d'un public défini. Mais attention, le SEM est payant. AdWords (Google) ou FacebookAds ont des offres accessibles mais il convient d'étudier leur fonctionnement en détail avant de se lancer.

Par ailleurs, ces balises Texte vont nous permettre de cibler le contenu dans le but de modifier son style. Nous détaillerons ce sujet un peu plus loin.

À présent, voyons comment ajouter plus de texte grâce aux balises.

Des titres

Nous voulons dans un premier temps ajouter des titres. Dans une page, ces derniers permettent de structurer le contenu, de le *hiérarchiser.*

Et le navigateur adore qu'on lui fournisse le plus d'informations possible sur la pertinence du contenu. Il a besoin de savoir si c'est un titre très important, le nom de votre entreprise, votre nom (dans le cas d'un site personnel, par exemple) ou un titre moins important comme peut l'être le Titre d'une sous-partie. Suivant l'importance du titre dans la page, la balise sera différente. Vous avez à votre disposition six balises Titre. En tant que développeur, il vous appartient de juger celle qui vous semble la plus appropriée par rapport à votre besoin.

La première balise Titre s'appelle <h1> :

```
<h1> GRAND TITRE </h1>
```

Le h signifie *heading*, c'est-à-dire « titre » en anglais. Cette balise est utilisée pour décrire le titre le plus important de la page. <h1> est une balise incontournable. Elle indique aux moteurs de recherche les quelques mots-clefs qui résument votre page en entier. On peut imaginer qu'il serait bien pratique de mettre tout son contenu en <h1> et ainsi indiquer aux moteurs de recherche que tout le contenu est pertinent pour ses utilisateurs ! Pour éviter cela, et pendant longtemps, Google pénalisait les pages qui arboraient plusieurs <h1>. C'est aujourd'hui de nouveau autorisé mais réglementé si l'on respecte une hiérarchie de contenu particulière. Nous reviendrons sur ce point un peu plus tard. Les autres balises Titre s'écrivent de la même façon et correspondent aux titres de niveaux inférieurs, soit <h2>, <h3>, <h4>, <h5> et finalement <h6>.

Retournons pour l'heure dans notre éditeur de texte et ajoutons une balise Titre à la page.

Tout d'abord, nous allons effacer la phrase `Hello World !` en ligne 1.

Figure 1-19
Suppression de la phrase Hello World !

Revenons un instant au projet de ce livre : votre mission consiste à réaliser une page web qui vous mette en avant, vous ou votre société.

Dans cette optique, quel serait, selon vous, le contenu pertinent à placer en <h1> ? Rappelez-vous, c'est le contenu le plus important de votre page ! Pourquoi pas votre nom ? Ou le nom de votre entreprise ? Cela semblerait tout à fait approprié. À vous de jouer ! Ajoutez le texte souhaité en ligne 2, entouré de la balise <h1>. Ici, le texte `OhMyCode` a été ajouté.

Figure 1-20
Ajout du texte pour la balise <h1>.

Enregistrons le document et rafraîchissons la page.

Figure 1-21
Affichage du résultat dans le navigateur.

Et voilà le résultat : le contenu de la balise `<h1>` s'affiche correctement sur votre page web.

Continuons la découverte des balises Titre. Après avoir ajouté un titre très important (ici : `OhMyCode`), nous pouvons ajouter une phrase d'information pour les visiteurs de notre page. Cette phrase n'est pas le point essentiel de la page, aussi la balise `<h2>` ou `<h3>` est-elle peut-être suffisante ? Faisons le test dans l'éditeur de texte (figure 1-22).

Figure 1-22
Ajout d'une phrase.

Enregistrons le document et rafraîchissons la page. La figure 1-23 présente le résultat obtenu :

Figure 1-23
Affichage du résultat dans le navigateur.

Que constatons-nous ?

Le navigateur a interprété le contenu en fonction des balises que vous lui avez attribuées. Votre contenu en <h1> est plus important que le contenu en <h2>, il a donc une taille de police plus importante.

Notre démonstration sur les balises titre s'arrête ici. Pour vous amuser, et vous exercer, changez <h3> en <h6> et admirez le résultat ! À l'exception de la balise <h1>, vous n'êtes absolument pas obligé d'utiliser chacune de ces balises dans votre page. Gardez-les cependant dans votre boîte à outils : elles vous seront sûrement utiles dans d'autres occasions pour bien organiser votre contenu.

Du texte tout simplement

Le navigateur fait la différence entre les Titres, qui hiérarchisent votre contenu (balises <h1> à <h6>), et du texte *simple*, comme un paragraphe. Une balise permet justement d'intégrer un ensemble de phrases, c'est-à-dire de créer un paragraphe : la balise <p>.

```
<p>Ceci est un paragraphe. On peut rajouter
plusieurs phrases dans cette balise</p>
```

Faites le test et placez une balise <p> en dessous de la balise <h3> précédente.

Figure 1-24
Affichage du résultat dans le navigateur.

Le navigateur comprend qu'il s'agit d'un texte sans mise en avant particulière. La taille de la police est plus petite. Vous pouvez à présent effacer cette balise, nous ne l'utiliserons que plus tard dans le livre.

HTML, la structure de toute page web

Au tout début du chapitre, je vous ai dit que l'HTML était le squelette de tous les sites web. En effet, ces derniers ont besoin de « parler » au navigateur pour que celui-ci affiche correctement le contenu, qui peut être des titres (avec les balises <h1> à <h6>), des images (nous verrons cela un peu plus loin) mais aussi des éléments plus complexes générés en fonction des demandes des visiteurs (ce point est expliqué plus en détail dans le chapitre 7).

Nous allons également utiliser le langage HTML pour structurer notre page. Jusqu'à présent, nous avons ajouté des balises à tous les éléments de la page, c'est un début. Mais cela n'est pas suffisant pour créer un document HTML qui respecte les bonnes pratiques et les conventions, lesquelles servent toujours à quelque chose (au moins en informatique). Dans notre cas, les conventions permettent au navigateur de trouver plus rapidement les informations qu'il cherche. Pourquoi est-ce important ? La rapidité d'ouverture d'une page web est un élément décisif en référencement. Si votre page s'ouvre plus lentement que la moyenne, non seulement vos visiteurs risquent de fermer la page, mais en plus les moteurs de recherche vont pénaliser votre site en vous privant des premières pages de résultats. Aussi, mettons toutes les chances de notre côté et plions-nous à quelques règles pour optimiser notre page !

Vitesse et référencement

Les moteurs de recherche utilisent une multitude de facteurs pour déterminer la pertinence d'un site en fonction d'une requête utilisateur.

Parmi ces facteurs, la vitesse d'ouverture de votre page peut affecter considérablement votre référencement ! Si votre site peine à s'afficher, vos visiteurs n'auront aucun scrupule à refermer la page. Vous avez quelques secondes (3 ou 4 seulement selon les sondages et études) avant de perdre votre visiteur. Les moteurs de recherche le savent et relègueront votre site dans les abysses du World Wide Web.

Le temps d'attente tend également à se réduire drastiquement sur smartphone, en passe de devenir le premier support de navigation !

Alors comment éviter de perdre ses visiteurs et nuire au référencement ?

Plusieurs pistes sont possibles, notamment le poids des images, les animations trop lourdes qui peuvent affecter la vitesse d'ouverture de votre site. Google met à disposition des outils gratuits pour analyser et rendre plus performant son site, disponibles sur la page PageSpeed Tools (*https://developers.google.com/speed/*).

Nous allons tout d'abord déclarer au navigateur que cette page web est un document HTML. Vous allez me dire : « Mais comment ne le sait-il pas déjà ? » Je suis d'accord avec vous, mais nous allons lui répéter encore… deux fois !

Le Doctype

Dans l'éditeur de texte, ajoutons en ligne 1 le code `<!DOCTYPE html>`. Cette balise va indiquer au navigateur que la page web est une page écrite dans la dernière version du langage HTML, en l'occurrence HTML 5. Nous l'ajoutons en ligne 1 pour que le navigateur ait l'information en premier lieu. On peut constater ici que cette balise ne se referme pas, à la différence des autres balises. Il faut bien quelques exceptions, sinon ce serait trop simple !

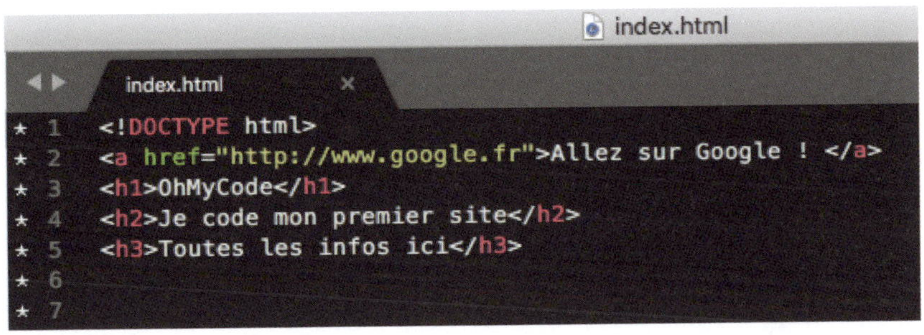

Figure 1-25
Déclaration du Doctype en première ligne.

Enregistrons le document et rafraîchissons la page. Normalement, cela n'a pas eu d'effet sur l'affichage de la page web dans le navigateur. Notre contenu apparaît comme précédemment. Eh c'est bien normal, cette balise est uniquement à l'usage du navigateur.

La balise <html>

En plus de la balise `<!DOCTYPE html>`, nous allons entourer *tout* notre contenu dans une balise `<html>`. Dans l'éditeur de texte, nous ajoutons donc les balises `<html>` comme représenté sur la figure 1-26.

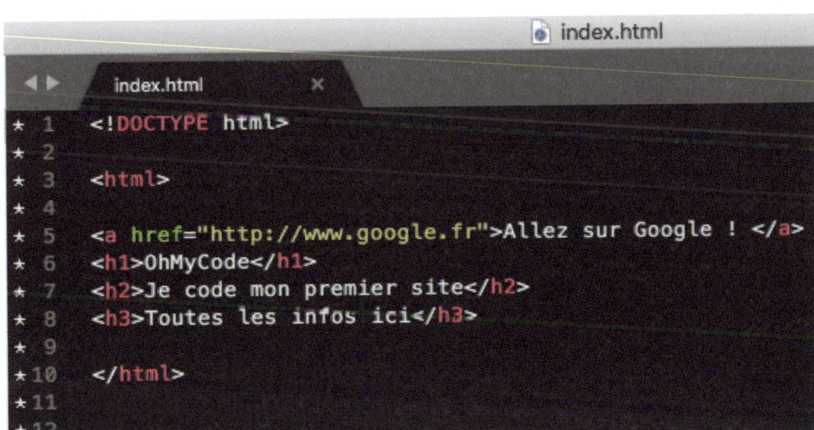

Figure 1-26
Ajout des balises <html></html>.

Une tête et un corps, comme tout le monde

Nous allons ajouter deux nouvelles balises. Tout d'abord, la balise `<body>` (« corps » en anglais) a pour fonction d'englober tout le contenu à destination de vos visiteurs. C'est la partie visible, celle qui contient les balises de liens, de texte et plus tard, les images.

La balise `<head>` (« tête » en anglais) fournit des informations au navigateur pour lui permettre d'afficher correctement le contenu de la balise `<body>`. Nous verrons un tout petit peu plus loin de quelles indications il s'agit.

Dans votre éditeur de texte, ajoutons la balise `<head>` tout en haut, et servons-nous de la balise `<body>` pour encapsuler le contenu visible par les visiteurs.

Figure 1-27
Ajout des balises <head> et <body>.

Notre contenu est à présent intégré dans la grande balise `<html>`qui contient deux autres balises : `<head>` et `<body>`.

> **Donnez-vous de l'espace !**
>
> Aucune mise en page particulière n'est ajoutée au code source et on peut très vite s'y perdre !
>
> Heureusement, comme on l'a vu précédemment, le navigateur ne comprend pas les espaces ni les sauts à la ligne. Vous pouvez donc en ajouter autant que vous voulez dans votre code source sans que cela n'ait de répercussions pour les visiteurs.
>
> Aussi, espacez, aérez votre page autant que nécessaire !

Concrètement, à quoi sert la balise `<head>` ? Pour comprendre son utilité, faisons un test : en dessous du titre `<h3>Toutes les infos ici</h3>`, ajoutez un nouveau texte contenant une lettre accentuée, par exemple `J'apprends à coder`.

```
<h1>OhMyCode</h1>
<h2>Je code mon premier site</h2>
<h3>Toutes les infos ici</h3>
<h3>J'apprends à coder</h3>

</body>

</html>
```

La figure 1-28 montre le résultat obtenu dans le navigateur :

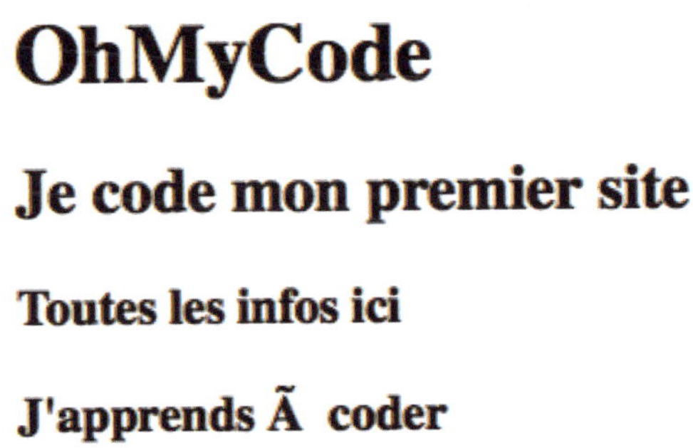

Figure 1-28
Affichage du résultat dans le navigateur.

Que voyons-nous ? Le navigateur n'a pas compris l'accent grave sur le « a ». À la place, il affiche une autre lettre. À présent, donnons-lui une information supplémentaire pour qu'il affiche correctement la balise `<h3>` et voyons s'il nous comprend davantage. À l'intérieur de la balise `<head>`, ajoutons la balise d'encodage adaptée à nos besoins. Une balise d'encodage sert à informer le navigateur des caractères à prendre en compte dans la page, pour qu'il les affiche correctement.

```
<head>
  <meta charset="utf-8">
</head>
```

Le résultat affiché dans le navigateur est présenté à la figure 1-29 :

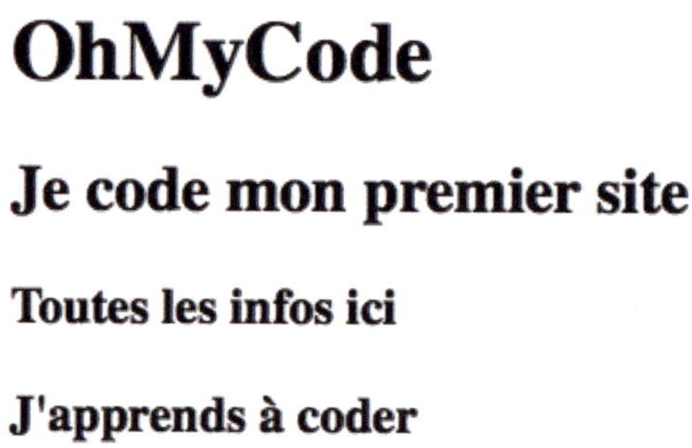

Figure 1-29
Affichage du résultat dans le navigateur.

Avec cette simple balise, le navigateur a compris et interprété les caractères spéciaux (les accents) et il affiche correctement le mot. Cette balise est utilisée comme information complémentaire par le navigateur, c'est pourquoi nous l'intégrons dans la balise `<head>`. On pourrait également l'ajouter dans la partie `<body>`, cela fonctionnerait. Alors pourquoi utiliser la balise `<head>` ? Cette dernière est calculée en premier par le navigateur avant même qu'il ne lise la balise `<body>`. C'est pourquoi il est essentiel pour garantir la performance de votre site de lui donner ce genre d'information là où il l'attend, à savoir dans la balise `<head>`.

Prenez le temps d'observer la figure 1-30. C'est la clef de la construction du code. Des balises englobent d'autres balises, qui parfois en englobent elles-mêmes d'autres. Le code repose sur le principe des poupées russes. Un grand contenant qui contient un autre contenant, qui contient à son tour un plus petit contenant.

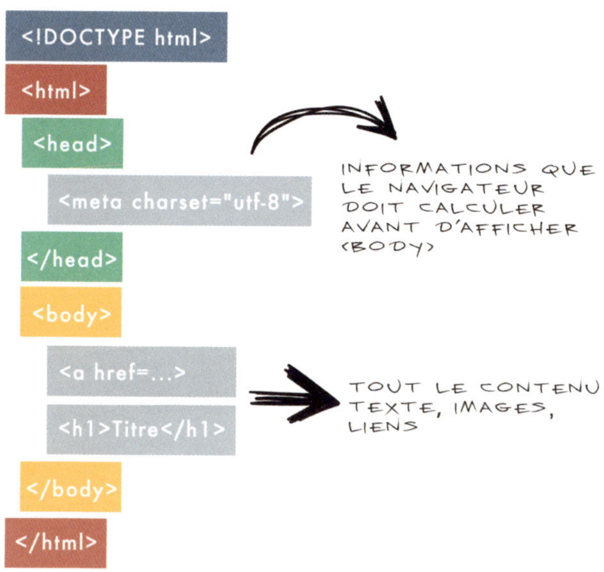

Figure 1-30
Structure du code HTML.

Vous remarquerez ici que les balises sont décalées vers la droite. Cela ne modifie aucunement le code, mais permet au développeur de se repérer plus facilement dans l'imbrication des balises. C'est ce qu'on appelle l'*indentation*. Ici, la balise `<html>` contient la balise `<head>` ainsi que la balise `<body>`. La balise `<body>` contient la balise Lien. En un coup d'œil, vous avez une vision claire de vos éléments. Reproduisons à présent cette technique d'indentation et profitons-en pour supprimer le titre `<h3>J'apprends à coder</h3>`.

Figure 1-31
Indentation du code source de la page.

```
index.html

<!DOCTYPE html>

<html>

  <head>
    <meta charset="utf-8">
  </head>

  <body>

    <a href="htpp://www.google.fr">Allez sur Google !</a>
    <h1>OhMyCode</h1>
    <h2>Je code mon premier site</h2>
    <h3>Toutes les infos ici</h3>

  </body>

</html>
```

Nous allons ajouter une information supplémentaire dans la balise `<head>`. Dans le navigateur, l'onglet affiche pour l'instant le nom du fichier.

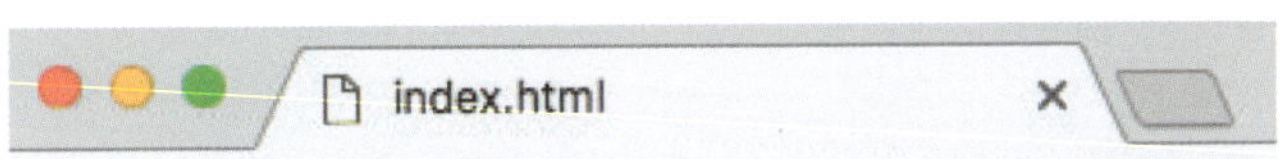

Nous allons modifier le titre de l'onglet pour qu'il affiche un nom plus parlant qui permette à vos visiteurs de se repérer sur le contenu de cette page.

```
<head>
  <meta charset="utf-8">
  <title>OhMyCode</title>
</head>
```

Le navigateur a besoin de cette information avant d'afficher le contenu de la page à vos visiteurs, c'est pourquoi nous plaçons cette balise dans la partie <head>.

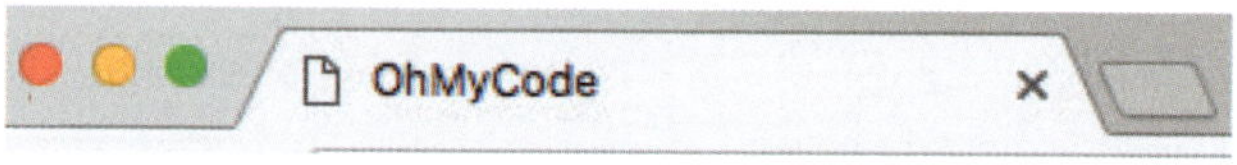

La balise <head> fournit également à vos visiteurs une description de votre page, avant même qu'ils ne cliquent dessus : c'est le texte qui apparaît dans les résultats des moteurs de recherche.

Figure 1-32
Exemple d'affichage d'un résultat sur un moteur de recherche.

Quelques recommandations avant de rédiger cette description : l'espace alloué par les moteurs de recherche est limité ! Assurez-vous de ne pas dépasser 160 caractères. Ensuite, ce texte doit être en rapport avec le titre de votre page et son contenu, sans quoi votre page pourrait être considérée comme spam.

```
<title>OhMyCode</title>
<meta charset="utf-8">
<meta name="description" content="OhMyCode! Je code mon premier site web" />
```

Bien sûr, vous ne pouvez pas encore vérifier l'aspect final dans les moteurs de recherche, puisque votre page n'est pas encore sur le Web, mais rien ne vous empêche de préparer ce texte dès maintenant.

La structure que nous venons de voir est la structure officielle de tous les sites web. Pour vous en assurer, rien de plus simple.

Allons visiter le site du journal *Le Monde* (*www.lemonde.fr*). Une fois la page ouverte, nous pouvons accéder au code source en faisant un clic droit avec la souris n'importe où dans la page.

Figure 1-33
Accès au code source d'une page web.

Dans le menu contextuel qui apparaît, choisissons Afficher le code source de la page.

Une nouvelle page s'ouvre alors, il s'agit du code source de la page web écrit par le développeur. Si vous regardez à gauche, chaque ligne est numérotée, tout comme dans votre éditeur de texte.

Cette page a manifestement beaucoup de contenu, nous ne regarderons que quelques lignes.

```
1 <!doctype html>
2 <!--[if lt IE 9]><html class="ie"><![endif]-->
3 <!--[if IE 9]><html class="ie9"><![endif]-->
4 <!--[if gte IE 9]><!-->
5 <html lang="fr">
6 <!--<![endif]-->
7 
8 <head>
```

En ligne 1, la balise <! DOCTYPE html> est bien présente.

En ligne 5, la balise <html> a bien été ouverte, avec en plus l'indication que la page est écrite en français (cela n'encode pas votre texte mais permet aux moteurs de recherche de proposer en priorité votre contenu aux utilisateurs dans la même langue ou encore de traduire au mieux votre page pour ceux qui le souhaitent).

En ligne 8, la balise <head> est ouverte. Elle contient la balise <title>.

```
239 
240 </head>
241 <body class="accueil site-gratuit">
```

Un peu plus loin, la balise <head> est fermée par </head>.

En ligne 241, la balise <body> débute. On peut imaginer que plus loin, on retrouve la balise de fermeture </body>.

Vous pouvez vous amuser à explorer tous les sites que vous aimez, vous retrouverez systématiquement cette structure.

Nous avons parcouru beaucoup de chemin dans ce premier chapitre ! Prenez le temps d'intégrer toutes ces nouvelles informations.

Apprendre un nouveau langage avec son vocabulaire, sa syntaxe, sa logique demande du temps. Je tiens à préciser que c'est le quotidien du développeur que de ne pas tout savoir ! Le code ne répond pas à la logique du *par cœur*. Mieux qu'apprendre, il faut comprendre ! Vous savez à présent que les balises sont indispensables pour être compris par le navigateur. De plus, elles jouent un rôle essentiel dans le référencement par les moteurs de recherche. Dans le chapitre suivant, nous allons étudier de nouvelles balises qui vont nous aider à construire notre page.

2. J'UTILISE MES PREMIÈRES BALISES

Au chapitre précédent, vous avez découvert quel est le rôle de l'HTML et des balises. Ces connaissances vont à présent vous servir pour aller plus loin dans la construction de votre page où de nouveaux défis vous attendent. Dans ce deuxième chapitre, vous allez créer le menu du site, apprendre à insérer une image et à donner à vos visiteurs une meilleure expérience utilisateur avec un peu de code supplémentaire. Alors, on y va ?

LE MODÈLE DE PAGE

Au chapitre 1, nous avons présenté brièvement le modèle de page que vous allez utiliser pour construire votre site web.

Avant de vous lancer, prenons quelques instants pour détailler les différentes sections de cette page.

La section hero

En développement web, les sites sont organisés en sections, lesquelles sont définies par un objectif unique. Ici, la première section a pour but de vous mettre en avant. Il s'agit de capter l'attention de vos visiteurs rapidement. En effet, c'est cette partie du site qu'ils verront en premier. Vous n'avez que quelques secondes pour susciter l'intérêt, avant qu'ils ne referment la page définitivement. Il faut à la fois donner de l'information tout en étant le plus bref possible. En webdesign, cette section est appelée « hero ». Nous reprendrons ce terme tout au long du livre.

Figure 2-1
Les sections du modèle de page.

Découvrons les éléments placés *au-dessus* de l'image qui montre l'ordinateur.

Le bandeau blanc

Un bandeau blanc légèrement transparent est ajouté au-dessus de l'image de fond. Cela met en valeur plus facilement le contenu affiché sur l'image, comme votre logo ou votre photo et un texte d'accroche. Vous remarquerez également que le texte a différentes tailles et différents styles de polices.

Vouloir un beau site ne doit jamais vous faire oublier l'objectif principal de votre présence en ligne : susciter une action de la part du visiteur. Dans le cas présent, celui-ci peut entrer en contact avec vous en un clic grâce au bouton Contactez-moi. Sa prise de décision n'en est que facilitée. Votre site devient alors un outil efficace de prise de contact.

Figure 2-2
La section hero affiche une grande image dont le but est d'interpeller le visiteur.

L'indispensable call-to-action

Le *call-to-action* (CTA) est un terme utilisé en marketing web. Le but est de favoriser une action précise de la part des visiteurs. Cela recouvre une vaste liste d'objectifs marketing comme récolter plus d'e-mails, vendre davantage ou générer plus de demandes de contacts (ce qu'on appelle des *leads*). Pour cela, le call-to-action doit être placé au bon endroit avec la bonne phrase d'accroche, voire avec une couleur qui incite à l'action (des tests sont même effectués pour détecter la couleur qui fait le plus cliquer !). Cela peut aller très loin, mais gardez en tête une chose : même à l'échelle d'un site personnel, vous attendez une action de la part de vos visiteurs. Pour favoriser cette action (une prise de contact, par exemple), il convient de limiter la friction, c'est-à-dire limiter au maximum les étapes qui vont séparer le visiteur du clic décisif (par exemple, dans ce cas, envoyer un e-mail). C'est pourquoi la règle qui prévaut est un seul objectif marketing par page, soit un CTA par page, deux au maximum, au risque que votre visiteur renonce à une prise de décision.

En cliquant sur ce bouton, vos visiteurs pourront vous écrire un message depuis leur boîte de messagerie. Ce bouton changera de couleur au survol de la souris, effet graphique intéressant pour indiquer un lien actif.

Figure 2-3
Bouton qui change de couleur au survol de la souris.

Le menu

En haut de la page, nous ajouterons un menu avec plusieurs items (éléments). Le menu permet également de multiplier les pages vues et de maintenir votre visiteur plus longtemps sur votre site. Ce projet ne comporte qu'une page, mais à la fin de ce livre, vous pourrez en construire autant que vous voulez et ajoutez les liens correspondant dans le menu.

Figure 2-4
Le menu.

Pour l'instant, vous redirigerez les internautes vers d'autres sites ou vers un document, par exemple votre CV. Ces liens changeront également de couleur au survol de la souris pour indiquer à vos visiteurs qu'ils sont actifs.

La section à propos

Votre visiteur semble intéressé : il continue d'explorer votre site. Donnez-lui plus d'informations ! Le but de cette section est de présenter davantage votre activité (peut-être votre parcours ?) et de montrer une autre photo.

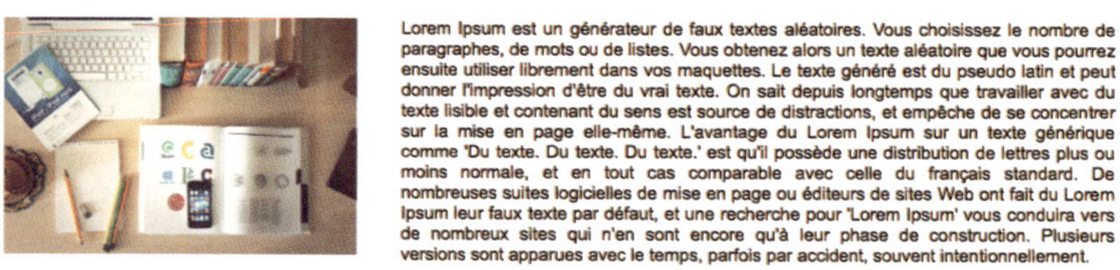

Figure 2-5
La section à propos.

La section services

Il est temps de détailler en quelques points vos services, votre valeur ajoutée ou votre mode de fonctionnement. La mise en page en colonnes (figure 2-6) permet de rendre le contenu texte plus lisible.

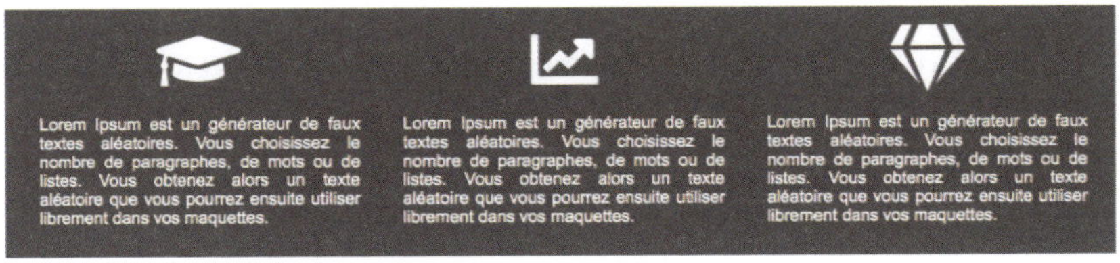

Figure 2-6
La section services.

L'utilisation des icônes est particulièrement appropriée pour comprendre en un clin d'œil ce que vous proposez.

La section lead

Votre visiteur a fait le tour de votre site et il s'apprête à refermer la page sans vous avoir écrit un e-mail ? Vous pouvez encore récupérer ses informations et garder contact. C'est l'objectif de la section lead (qui signifie « prospect », c'est-à-dire un client potentiel). Dans cette section, vous pourrez mettre en place un système de récupération d'e-mails.

Figure 2-7
La section lead.

La section réseaux sociaux

Cette dernière section est en fait un pied de page : une façon de terminer avec des informations plus générales. Montrez que vous êtes présent et actif sur les réseaux sociaux peut rassurer vos visiteurs. Vous aurez ici l'occasion d'ajouter les icônes correspondant aux différentes plates-formes qui renverront vers vos pages.

Figure 2-8
La section réseaux sociaux.

Au survol de la souris, ces icônes changeront de couleur : l'objectif est de toujours renseigner le visiteur sur les liens actifs.

Le modal

Voici un pur élément de webmarketing, le modal, aussi connu sous le nom de pop-up. Grâce à lui, votre site prend une autre dimension en interagissant avec votre visiteur. Dans votre page web, ce modal se déclenchera en fonction d'une action précise du visiteur.

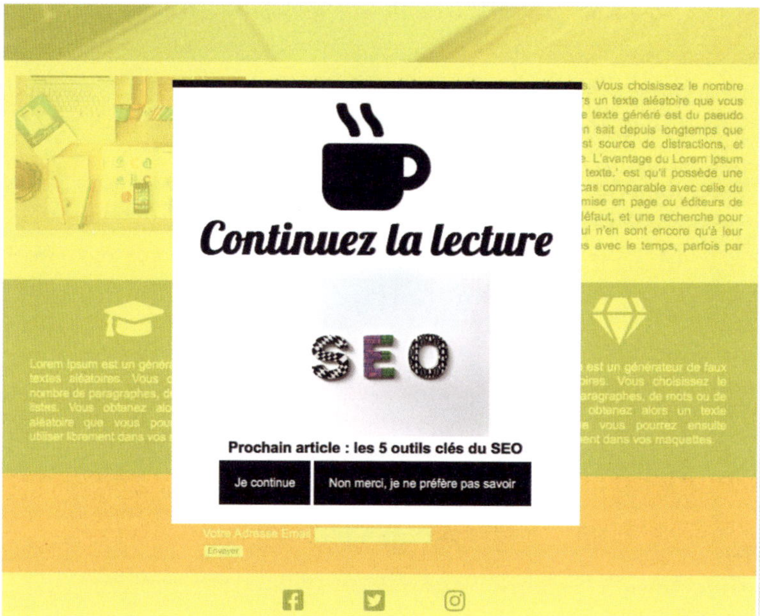

Une question de design

Dans votre projet, une grande image vient recouvrir l'intégralité de la page. Il est très courant sur le Web de placer une image en fond et de superposer des éléments au-dessus : il s'agit des sites pleine page ou pleine largeur. Inversement, on trouve les styles dits « en boîte » : un contenant délimite le site dans sa largeur.

Figure 2-9
Modèle de page Boxed layout (« en boîte » en français). Le contenu du site est intégré dans un contenant clairement délimité.

Figure 2-10
Modèle de page Pleine largeur. L'image s'étend sur l'intégralité de la page, ici avec une phrase d'accroche.

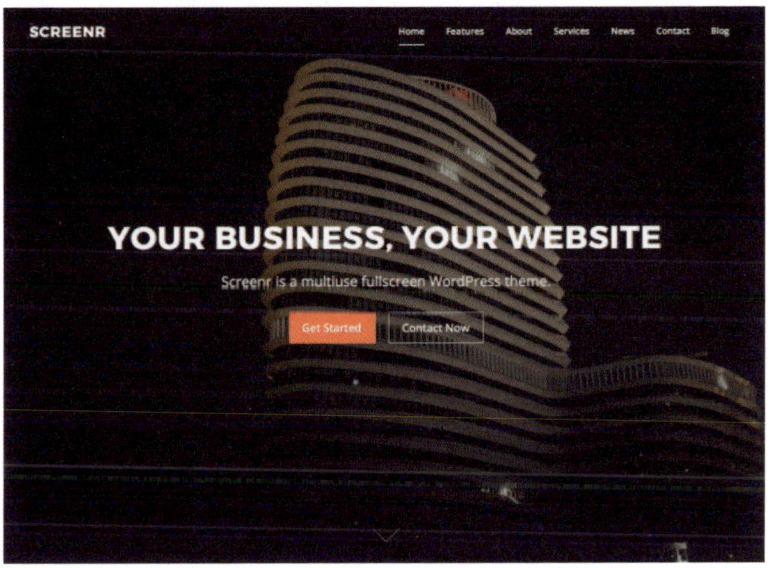

Au fil de l'évolution du Web, les designers se sont éloignés des structures « en boîte » qui ne s'adaptent pas aussi harmonieusement à toutes les dimensions d'écrans que les structures en pleine page.

On note que le style est de plus en plus épuré. Les sites tendent à afficher moins de texte, parfois simplement une phrase d'accroche et un call to action.

Par exemple, sur la figure 2-10, le visiteur a le choix entre découvrir l'offre ou contacter l'entreprise. Votre page personnelle suivra ce design en pleine largeur.

JE PRÉPARE MES IMAGES

Nous avons vu en détail la structure de votre projet de site, voyons à présent les prérequis à sa réalisation.

Images et dimensions

Dans votre site, l'image de fond recouvre l'intégralité de la page. Pour s'assurer que l'image pourra recouvrir tous les écrans, du plus petit au plus grand, nous utiliserons une image de 1 900 × 1 200 pixels. Voyons ensemble ce qu'il se passe si les dimensions de l'image sont insuffisantes. Dans l'exemple de la figure 2-11, l'image de fond mesure 600 × 400 pixels et l'écran est un 13 pouces.

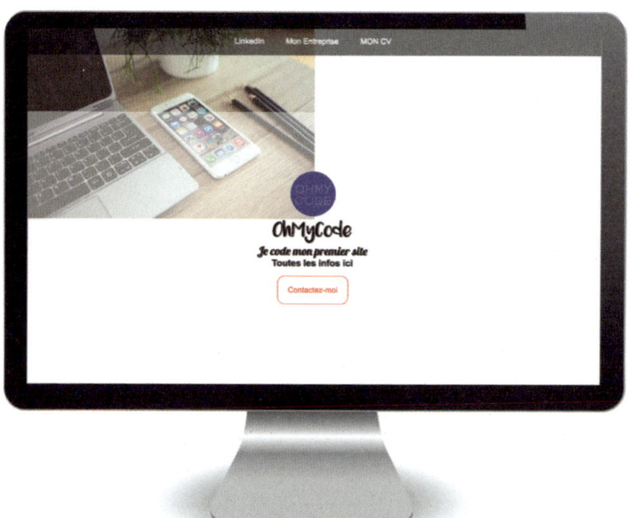

Figure 2-11
Image mal dimensionnée.

L'image s'affiche, mais elle semble bien trop petite pour un si grand écran.

Pixels, résolution et dpi

On doit considérer plusieurs paramètres pour mesurer et évaluer la qualité d'une image. Tout d'abord, ses dimensions réelles. Pour cela, on utilise l'unité de mesure *inch* (« pouce » en français), soit 2,54 cm. Ensuite, on va s'intéresser au nombre de pixels qui composent chacun de ces pouces. Les pixels sont des petits points (*dot* en anglais) qui colorent votre image. Plus le nombre de pixels est élevé, plus l'image sera nette et de bonne qualité, mais plus elle sera également longue à charger. Le dpi *(dot per inch)* correspond à ce rapport.

L'image de gauche a une résolution de 72 dpi, contre 300 dpi pour l'image de droite. À droite, le texte est beaucoup plus net et les traits sont mieux dessinés. À gauche, on distingue à l'œil nu les pixels qui composent l'image. Les images pour le Web ne doivent pas excéder 72 dpi, mais les visuels plus stratégiques, comme votre logo, nécessiteront sûrement une meilleure résolution. La résolution ne peut être modifiée que depuis un éditeur d'images comme Photoshop.

Vérifiez donc les dimensions de votre image avant de la choisir pour votre projet. Comment faire pour connaître les dimensions ? Si vous cliquez sur l'image depuis votre fichier, vous aurez par défaut cette information, comme ici sur Mac.

Figure 2-12
Dimensions d'une image.

Bien sûr, afficher une image de grande dimension n'est pas sans désagrément ! Plus l'image est grande, plus le temps de chargement est long. Nous ne chercherons pas à améliorer ce point dans ce livre, mais sachez que nous pouvons grâce à un éditeur d'images comme Photoshop, optimiser ces images pour le

Web. Le principe consiste à enlever des pixels pour que l'image soit plus légère. Attention aux optimisations trop extrêmes cependant, qui risquent de pixelliser l'image.

En complément de la première action, nous pouvons demander au navigateur d'utiliser des images différentes, suivant les dimensions de l'écran de l'utilisateur. C'est la mission du responsive design que nous verrons un peu plus loin dans ce livre.

Où trouver de belles images ?

Votre site est votre ambassadeur en ligne. Il vous représente et c'est pourquoi vous devrez choisir tous vos visuels avec soin. Si vous êtes vous-même photographe professionnel et pouvez réaliser de très belles photos qui pourront illustrer votre site, je vous encourage à le faire bien sûr. Sinon, rassurez-vous, d'autres options existent. Tout d'abord, écartons tout de suite l'option de prendre n'importe quelle photo sur Internet, il y a de forts risques pour qu'elle ne soit pas libre de droits. Allons plutôt regarder du côté des banques d'images en ligne. Je vais vous citer ici quelques sites qui proposent des images libres de droit gratuites ou payantes.

Sur les sites très populaires tels que Shutterstock ou Fotolia, vous trouverez une immense variété de visuels. Mais évitez les images trop passe-partout, sans personnalité, par exemple montrant un groupe de gens qui arborent un sourire immaculé devant l'objectif. Cela fait professionnel, certes, mais ce n'est vraiment pas utile pour se distinguer dans le flot de sites web et pour exprimer votre personnalité !

Sans ordre de préférence, je vous invite à aller visiter les sites *unsplash.com*, *pexels.com* ou encore *picjumbo.com*. Ces banques d'images proposent de très belles photos que vous pourrez utiliser sur votre site. Vous y trouverez également des icônes, ces petits visuels qui représentent une action (par exemple, les sites utilisent souvent un chariot pour symboliser l'achat) ou un service (un pouce relevé pour indiquer la qualité du produit). Les sites *freepik.com* ou *flaticon.com* offrent de nombreuses idées.

Tous ces éléments graphiques sont l'occasion d'exprimer le ton de votre site. La figure 2-13 présente des exemples d'icônes pour les réseaux sociaux (Facebook, Twitter, Pinterest...) dans une version dessinée à la main ou dans une version classique. On peut facilement imaginer le premier lot d'icônes utilisé sur un site avec un ton moins *corporate*, peut-être sur un site dans le domaine artistique.

Figure 2-13
Exemples d'icônes pour les réseaux sociaux.
À gauche, les icônes ont été réalisées par une graphiste (Source : saraelanillustration.com).
À droite, un lot d'icônes disponibles sur le site iconfinder.com.

JE COMMENCE À CODER MON SITE

Côté méthodologie, le développement web comporte deux temps : la création de la structure et la mise en page. Ainsi, vous allez tout d'abord intégrer le contenu texte et, grande première, afficher une image (ce sera d'ailleurs l'occasion d'utiliser une nouvelle balise). Le but de cette première étape est de faire exister chacun des éléments dans la page, sans mise en forme particulière. Viendra ensuite l'étape de mise en page (autrement dit le style), ce sera l'objet du chapitre suivant.

Je crée le menu

Pourquoi commencer par le menu ? Le navigateur va lire le code de haut en bas (à partir de la ligne 1), c'est pourquoi si nous voulons faire apparaître le menu tout en haut, il faut l'intégrer en premier.

J'utilise la balise Lien pour ouvrir une nouvelle page

Le but d'un menu est de renvoyer votre visiteur soit sur une autre page de votre site ou sur un autre site (Facebook, Twitter, LinkedIn...). Un menu n'est rien d'autre qu'une succession de liens. Par conséquent, nous devons communiquer au navigateur ces fameux liens (rappelez-vous, notre but est d'être toujours parfaitement compris par le navigateur). Pour ce faire, nous devons absolument utiliser la balise adéquate : la balise Lien. Pour le plaisir, je vous rappelle ici sa syntaxe.

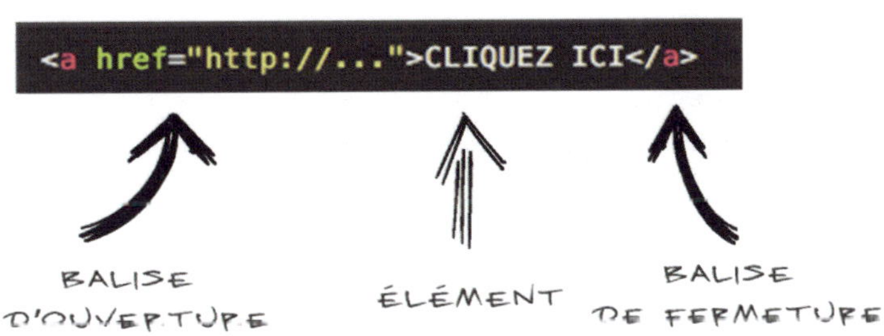

Figure 2-14
Syntaxe de la balise Lien.

Regardons de près le modèle que nous devons reproduire (figure 2-15). Nous avons ici trois liens :

- le premier renvoie vers une page LinkedIn ;
- le deuxième vers le site de votre entreprise ;
- le troisième vers un document PDF.

Figure 2-15
Menu de la page web.

Retournons dans le document `index.html` depuis l'éditeur de texte.

```
<body>

  <a href="http://www.google.fr">Allez sur Google !</a>
  <h1>OhMyCode</h1>
  <h2>Je code mon premier site</h2>
  <h3>Toutes les infos ici</h3>

</body>
```

Figure 2-16
Code source actuel de votre page.

Pour mieux suivre ce que vous faites, n'oubliez pas de partager votre écran avec l'éditeur d'un côté et le navigateur de l'autre ! Prenez quelques instants pour essayer de déterminer où et comment nous allons ajouter les liens dans le document `index.html`. Si nous regardons la page affichée par le navigateur, on voit tout en haut le lien Allez sur Google !, au-dessus des titres. C'est justement là que nous voulons ajouter notre menu, non ? Avant de continuer, supprimez le lien Allez sur Google ! qui nous servait d'exercice. Et maintenant, à vous de coder !

Tout d'abord, ajoutons le lien vers le profil LinkedIn.

```
<body>

  <a href="http://www.linkedin.fr">LinkedIn</a>
  <h1>OhMyCode</h1>
  <h2>Je code mon premier site</h2>
  <h3>Toutes les infos ici</h3>

</body>
```

Figure 2-17
Ajout du lien vers LinkedIn.fr.

Pour ce faire, nous avons ajouté la balise Lien qui renvoie vers l'adresse *http://www.linkedin.fr*.

Observons le résultat obtenu côté navigateur.

Figure 2-18
Affichage du résultat dans le navigateur.

L'éditeur de texte qui vous veut du bien

Vous êtes le seul à écrire votre code mais dans cette aventure, votre éditeur de texte vous sera d'une précieuse aide !

Vous l'avez peut-être remarqué à ce stade, l'éditeur de texte va vous proposer, lorsque vous voulez fermer une balise, d'écrire à votre place la suite du texte. Vous n'avez qu'à écrire </. Selon ce que vous avez ouvert auparavant, une balise Lien, Titre ou autre, l'éditeur de texte vous suggérera une balise à refermer. Vous n'avez qu'à cliquer sur la touche Entrer pour accepter la suggestion. Vous gagnez ainsi du temps et évitez des erreurs.

Par ailleurs, l'éditeur de texte va vous aider à un autre niveau, visuel cette fois. En effet, il va valider les balises ou vous signaler la présence d'erreur grâce à un code couleurs (celui-ci est propre à chaque éditeur).

Ici, notre balise respecte la syntaxe, le lien est jaune.

```
<a href="http://www.linkedin.fr">LinkedIn</a>
```

Et voici la même balise, cette fois en omettant le signe = après `href`.

```
<a href"http://www.linkedin.fr">LinkedIn</a>
```

Sublime Text signale que le lien n'est pas valide, puisqu'il devrait être en jaune. Cette aide visuelle permet de repérer encore plus facilement les petites coquilles inévitables au début.

Comme prévu, le lien est visible en haut de la page. Si vous cliquez dessus, la page de destination va s'ouvrir. Faisons de même pour le deuxième lien, celui qui renvoie vers la page de votre entreprise. Depuis l'éditeur de texte, ajoutons une deuxième balise Lien en dessous de la première, cette fois-ci avec une autre adresse de destination et un autre texte sur lequel cliquer.

```
<body>
  <a href="http://www.linkedin.fr">LinkedIn</a>
  <a href="http://www.monentreprise.fr">Mon Entreprise</a>

  <h1>OhMyCode</h1>
  <h2>Je code mon premier site</h2>
  <h3>Toutes les infos ici</h3>

</body>
```

Figure 2-19
Ajout d'un deuxième lien.

Voyons à présent ce qu'il se passe côté navigateur.

Figure 2-20
Affichage du résultat dans le navigateur.

Le lien vers votre entreprise apparaît à côté du premier. Vous remarquez que les liens se sont placés côte à côte alors que nous avons écrit les balises Lien les unes *en dessous* des autres. Pourquoi cela ? Chaque balise a un comportement soit en ligne (les éléments vont se mettre les uns à la suite des autres sur une même ligne), soit en bloc (les uns en dessous des autres). La balise Lien <a href> est une balise en ligne, c'est pourquoi tous les liens apparaissent sur une même ligne. En revanche, les balises Titre, sont quant à elles des balises en bloc. Rappelez-vous quand nous avons ajouté les balises Titre <h1>, <h2> et <h3>, le navigateur a affiché les titres sur des lignes différentes, séparées par des sauts de ligne. Quand on y pense, c'est finalement assez logique. Effectivement, il n'y a jamais qu'un seul titre par ligne, mais il est possible d'avoir plusieurs liens sur une même ligne.

J'utilise la balise Lien pour ouvrir un document

Très bien, notre menu prend forme et il nous manque uniquement le dernier lien. Celui-ci est un peu différent dans la mesure où il ne renvoie pas vers une page web mais vers un document PDF. Cependant, la logique est la même.

La première étape consiste à ajouter un document PDF dans le dossier de votre projet. Dans notre exemple, le document PDF se nomme `monCV.pdf`. Ajoutons à présent une nouvelle balise Lien, cette fois avec le nom du document ainsi que son extension.

Figure 2-21
Ajout d'une balise Lien vers un document PDF.

```
<body>
  <a href="http://www.linkedin.fr">LinkedIn</a>
  <a href="http://www.monentreprise.fr">Mon Entreprise</a>
  <a href="monCV.pdf">MON CV</a>
```

Sensibilité à la casse

La casse caractérise la façon d'écrire un mot, soit en majuscule, soit en minuscule. Depuis la nouvelle version d'HTML 5, vous pouvez indifféremment écrire toutes les variantes d'un même mot, le navigateur retrouvera le document auquel vous faites référence. Par exemple, dans notre dossier, le document PDF s'appelle `monCV.pdf`.

Dans l'éditeur, nous pouvons écrire `MonCv.pdf` ou encore `MONCv.pdf`, cela fonctionnera toujours !

```
<a href="MONCv.pdf">MON CV</a>
```

```
<a href="MonCv.pdf">MON CV</a>
```

Cependant, pour rester constant dans votre écriture, je vous conseille de respecter la casse de votre document tel qu'enregistré dans votre dossier. De plus, si un autre développeur vient à reprendre votre code, il s'y retrouvera beaucoup plus facilement.

Figure 2-22
Affichage du résultat dans le navigateur.

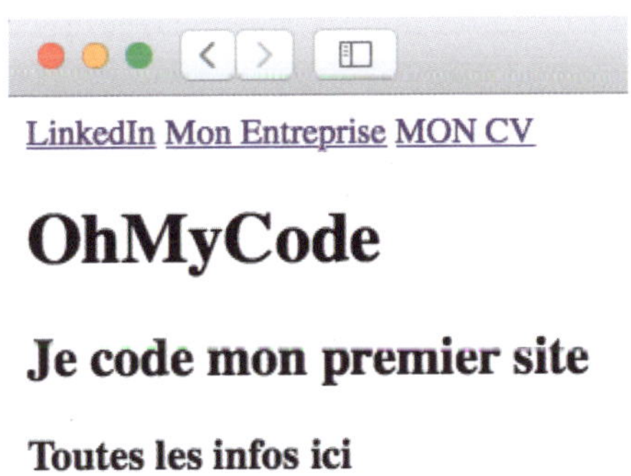

En cliquant sur le lien, le document PDF s'ouvre.

J'améliore l'expérience utilisateur avec les attributs

Bravo, vous n'en avez peut-être pas l'impression, mais vous venez d'ajouter un menu à votre page web ! Il nous reste encore à lui donner un joli habillage, mais la structure HTML est là, nous n'aurons plus à revenir dessus. Ah, peut-être en fait, un dernier élément qui tient plus de l'expérience utilisateur : les attributs.

Les attributs sont des compléments d'informations que l'on ajoute dans une balise et qui modifient son fonctionnement. Concernant la balise Lien, nous avons à disposition des attributs qui vont modifier l'affichage de la page. Cela peut paraître insignifiant, mais ne trouvez-vous pas rageant de cliquer sur un lien et que la nouvelle page remplace la précédente, alors même que vous vouliez garder la première page ouverte ? Faites le test, si vous cliquez sur MON CV, vous ne verrez plus la page *index.html*. Il vous faudra revenir en arrière pour y accéder de nouveau.

Il s'agit du fonctionnement par défaut des liens, qui peut être modifié. Réfléchissons à ce que nous voulons obtenir après avoir cliqué sur MON CV.

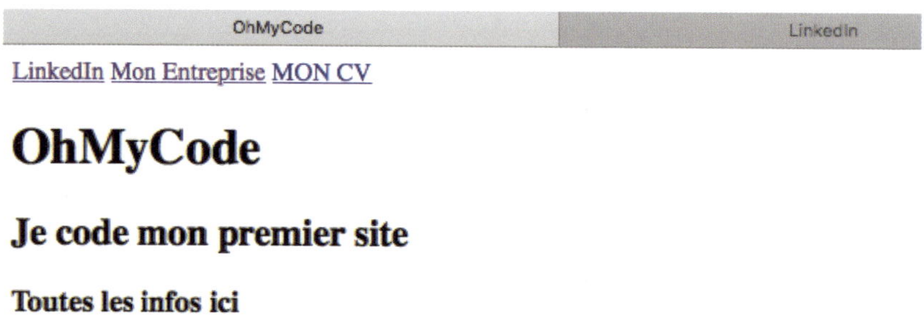

Figure 2-23
Un nouvel onglet s'ouvre après avoir cliqué sur MON CV.

Dans une même page, deux onglets apparaissent. L'ouverture de la page LinkedIn n'empêche pas de revenir sur la page principale à tout moment. Pratique. Alors, comment ça marche ?

Nous allons ajouter une information complémentaire à la balise Lien comme ceci :

```
<a href="monCV.pdf" target="_blank">MON CV</a>
```

Juste après l'URL de destination, nous avons ajouté :

```
target="_blank"
```

Ceci est un attribut, c'est-à-dire qu'il ajoute une caractéristique à la balise Lien. Le terme `target` désigne la page de destination (la page cible, *target* en anglais) et `_blank` sa valeur. Ici, nous demandons au navigateur d'ouvrir la page de destination dans une page vide (*blank* en anglais). Il existe d'autres attributs, mais celui-ci est le plus utile.

À présent, ajoutons cet attribut avec la valeur `_blank` à tous nos liens.

Figure 2-24
Ajout de l'attribut target.

```
<a href="http://www.linkedin.fr" target="_blank">LinkedIn</a>
<a href="http://www.monentreprise.fr" target="_blank">Mon Entreprise</a>
<a href="MONCv.pdf" target="_blank">MON CV</a>
```

Faites le test et assurez-vous que pour chacun de vos liens, un nouvel onglet s'ouvre bien.

Je crée le contenu du bandeau

Notre menu est en place, nous pouvons à présent nous occuper du contenu du bandeau blanc. Regardons ensemble la page qui nous sert de modèle.

Figure 2-25
Modèle de bandeau.

Comme vu précédemment, nous trouvons une image en haut, puis trois phrases, toutes écrites avec des polices ou des tailles de caractères différentes.

Intégration d'une image

Commençons donc par l'élément qui se trouve au-dessus : l'image. Dans votre cas, il s'agit peut-être d'une photo ou d'un logo ? Vous pouvez ajouter votre visuel directement dans le dossier de votre projet, comme ceci :

Les formats d'images

Le format des images va jouer un rôle décisif dans le temps de chargement de vos pages. C'est pourquoi, il vous faut privilégier les formats d'images compressés. Ces formats vont restituer vos images au plus près, mais en optimisant les pixels (chaque petite touche de couleurs) pour que votre image devienne plus légère. C'est en effet la quantité de pixels qui détermine le poids de vos images.

Trois formats sont à retenir, chacun avec son usage propre.

- Le format JPEG vous permet de conserver jusqu'à 16 millions de couleurs. L'œil nu ne fera pas la différence avec une photo haute définition. C'est donc un format à privilégier.
- Le format GIF est le poids léger de tous les formats. En contrepartie, avec 256 couleurs disponibles seulement, votre image n'affichera pas toutes les subtilités de votre visuel. Sûrement à éviter pour vos images stratégiques comme votre logo.
- Le format PNG : en plus de restituer 16 millions de couleurs, son utilité principale est de conserver la transparence. Pourquoi vouloir une image transparente ? Prenons l'exemple de votre logo par exemple. Si vous n'utilisez pas le format .png, lorsque vous enregistrerez votre image, vous aurez par défaut un fond blanc.

Avec le format .png, le fond sera transparent. Vous pourrez donc utiliser votre image où vous le voulez, que votre page soit blanche ou rouge.

Pour l'instant, nous avons vu comment insérer du texte important comme les titres avec les balises <h1> à <h6>, et les liens avec les balises Lien.

Pour afficher une image, nous allons avoir besoin d'une toute nouvelle balise : la balise <img/> (*image* en abrégé). Elle réclame deux attributs obligatoires. Rappelez-vous, les attributs permettent d'ajouter de l'information à une balise.

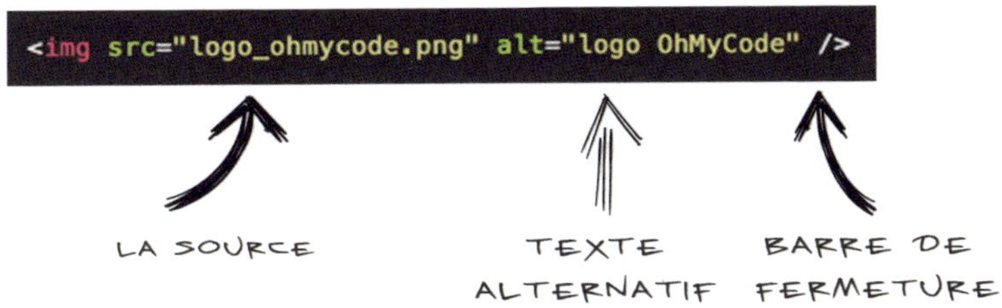

Figure 2-26
La balise pour insérer une image.

Le premier attribut `src` (la source) va indiquer au navigateur où trouver l'image que nous voulons afficher. Comme celle-ci se trouve dans le dossier de notre projet, nous n'avons qu'à indiquer le nom de l'image.

Avec le second attribut `alt`, vous pouvez gérer le texte qui s'affiche en *alternative* de l'image. Dans le cas d'un chargement un peu long, le texte arrive toujours en premier (le plus léger) et les images en dernier. À la place de l'image, c'est l'attribut `alt` qui apparaîtra en attendant le chargement complet de l'image. L'attribut `alt` est également utile pour les moteurs de recherche ! Vous allez en effet devoir décrire chacune de vos images pour que les moteurs de recherche identifient son contenu, sans quoi, ils n'ont aucun moyen d'analyser l'image et de deviner qu'il s'agit de votre joli profil. C'est donc un outil efficace pour un meilleur référencement. Il est difficile de vous donner des chiffres, puisque Google ne les communique pas, mais sachez qu'une partie croissante du trafic provient de la recherche par images. Si l'internaute fait une recherche sur le terme « consultant » et que vous avez ajouté ce mot-clef dans l'attribut `alt` de votre logo, Google comprendra que votre logo est pertinent pour cette requête et pourra (en fonction d'autres critères) l'afficher. Petite précision : il est très tentant de profiter de cet attribut pour ajouter un maximum de mots-clefs dans l'espoir de se positionner sur un maximum de requêtes. Google pénalise de tels sites jusqu'à les considérer comme des spams et ne plus les afficher dans les résultats.

Un autre élément à prendre en compte est l'accessibilité de votre site. Il s'agit de le rendre lisible et utilisable pour les personnes qui utilisent des logiciels d'assistance (malvoyants, personnes âgées…). Ces outils permettent aux visiteurs de lire le texte mais également, de *lire* les images, ainsi que de décrire avec précision le contenu des vidéos ou encore les actions possibles sur un site, comme l'utilisation d'un bouton. Tout cela est possible grâce à une meilleure description des images, notamment avec l'attribut `alt`. Sans cet attribut, les logiciels d'accessibilité manquent d'information et ne peuvent décrire le visuel à leurs utilisateurs.

Le nom de vos images

Le nom de vos images doit également renseigner sur leur contenu. Ainsi, si vous avez une image nommée `IMG7978.jpg`, vous renseignez assez peu (en fait pas du tout) les moteurs de recherche sur le contenu de votre visuel. Si en revanche, vous renommez votre image avec un nom plus explicite tel que `logo-consultant-paris.jpg`, les moteurs de recherche seront en mesure de s'en servir.

Par ailleurs, pensez à la formation de vos URL (*Uniform Resource Locator*, c'est-à-dire, une adresse) . Ces dernières prennent le nom des documents, que ce soit le nom des pages ou le nom des visuels qu'elles doivent afficher. Dès que vous ajoutez un document ou une image dans le dossier de votre projet, il devient disponible à une URL unique.

Dans notre cas, imaginons que le site principal soit accessible depuis *www.monagence.fr*, et que tous les documents et images soient dans le dossier principal. Alors, l'image `logo-consultant-paris.jpg` est accessible depuis *www.monagence.fr/logo-consultant-paris.jpg*. Le nom de l'image est devenu une URL.

Dernier élément de la balise `<img>`, la barre oblique de fermeture /. C'est la première fois que nous voyons ce genre de syntaxe. Jusqu'à maintenant, chaque balise ouverte devait également être fermée. Pour la balise `<img/>`, elle s'auto-ferme. Il est donc inutile et incorrect d'essayer de fermer cette balise une seconde fois. Nous n'avons en fait pas besoin d'indiquer au navigateur où se ferme l'image, puisque c'est un contenu qui ne s'ouvre et ne se ferme pas. C'est ce qu'on appelle une « balise orpheline ». Il en existe quelques-unes dans le paysage HTML, je vous laisse lire l'encadré suivant pour en savoir plus.

Les balises orphelines

Vous allez rencontrer quelques balises qui ne répondent pas à la règle d'ouverture et de fermeture obligatoire, c'est ce qu'on appelle des balises orphelines.

Comment ça marche ? Ces balises n'ont en fait pas besoin d'être fermées puisqu'elles n'encapsulent aucun élément. La balise `<img />`, par exemple, renseigne sur l'image à afficher directement grâce à l'attribut `src` placé dans la balise. Celle-ci se suffit donc à elle-même.

```
<img src="logo_ohmycode.png" alt="logo OhMyCode" />
```

Pour vous donner un autre exemple, et comme vu précédemment, l'éditeur de texte ne prend pas en compte les retours à la ligne. Pour ce faire, nous avons besoin d'une balise spécifique pour signaler au navigateur notre souhait d'aller à la ligne. La balise
 (*break* en anglais) permet d'accomplir cela. Par défaut, <br/> ajoute un seul retour chariot. Vous n'avez donc pas besoin d'indiquer quand refermer cette balise ! Si vous voulez insérer plusieurs retours chariot, vous pouvez écrire :

```
<br/><br/>
```

Chacune de ces balises ajoutera un seul retour chariot.

À votre tour, dans l'éditeur de texte, juste en dessous des trois liens de votre menu, ajoutez la balise <img/>.

Figure 2-27
Ajout de la balise <img/>.

```
    <h3>Toutes les infos ici</h3>

    <img src="logo_ohmycode.png" alt="logo OhMyCode"/>

  </body>
```

Et regardons ensemble le résultat :

Figure 2-28
Affichage du résultat dans le navigateur.

Notre image s'affiche bien, mais elle semble trop grande. Peut-être que de votre côté également, votre image est surdimensionnée ? Pour régler cela, plusieurs solutions s'offrent à nous. La première est de réduire les dimensions de l'image à l'aide d'un logiciel de traitement d'images. En réduisant sa dimension, on réduit également son poids, ce qui rend cette image plus facile à afficher par le navigateur. Bon point ! En revanche, si vous changez d'avis et voulez modifier sa dimension, vous devez de nouveau récupérer votre fichier d'origine et modifier en fonction. Une autre solution consiste à demander au navigateur de redimensionner cette image pour nous : il faut pour cela ajouter un attribut à la balise `<img/>`. L'inconvénient est que le temps d'affichage peut être impacté, puisque que le navigateur doit passer par une étape supplémentaire avant l'affichage. Cet attribut est malgré tout utilisé sur le Web et vous risquez de le rencontrer : voyons ensemble comment cela fonctionne.

Des attributs pour éviter d'utiliser Photoshop

De nouveau, les attributs ! Ici, deux attributs rattachés à la balise `<img/>` vont nous permettre de spécifier une largeur (`width` en anglais) ou une hauteur (`height`) fixe à nos images. Le navigateur va interpréter ces informations et afficher l'image telle que nous la voulons. Nous ne précisons pas l'unité (pixels) uniquement la valeur, ici par exemple `100`.

```
<img src="logo_ohmycode.png" alt="logo OhMyCode" width="100"/>
```

Vous remarquerez qu'une seule valeur est renseignée, la valeur `width`. Le navigateur va se référer à cette valeur et adapter automatiquement la hauteur correspondante. C'est à vous de déterminer cette valeur en fonction de vos goûts, et de l'organisation globale de votre page.

Observons ensemble le résultat :

Figure 2-29
L'image apparaît plus petite.

Cela ressemble déjà beaucoup plus à notre design !

Le but de ne renseigner qu'une valeur est de respecter le ratio largeur/hauteur du visuel et ainsi de ne pas déformer l'image. Faisons le test en renseignant également la valeur `height` pour laquelle nous indiquerons 200 pixels, comme ceci :

```
<img src="logo_ohmycode.png" alt="logo OhMyCode" width="100" height="200"/>
```

Et voici le résultat, pas très esthétique :

Figure 2-30
Le visuel est étiré verticalement.

L'image est étirée verticalement pour respecter la dimension de 200 pixels. Même si votre image n'est pas aussi déformée, il convient de ne pas combiner `width` et `height`. Une seule valeur transformera l'autre, sans autre action de votre part : le ratio largeur/hauteur de l'image d'origine sera toujours respecté.

Comment la balise `<img/>` est-elle utilisée sur le Web ? Il est toujours utile dans votre apprentissage de confronter les usages. Le code source de toutes les pages est à votre portée. Saisissez cette opportunité pour valider vos connaissances : il est souvent rassurant de savoir que ce que l'on apprend est bien utile dans la vraie vie !

Revenons à la balise `<img/>` et visitons un site. Comme indiqué précédemment, pour connaître la structure HTML d'une page il suffit d'effectuer un clic droit n'importe où sur cette page ou sur un élément en particulier (ici, le logo). Dans le menu contextuel qui apparaît, choisissez Inspecter l'élément.

Figure 2-31
Option Inspecter l'élément.

Le résultat donne ceci :

```
<img src="/images/logo/librairie_eyrolles_com.png?v2.0" id="logo_site" alt=
"Librairie Eyrolles.com, la librairie des passionnés et des experts" title="Accueil
de la librairie Eyrolles.com"> == $0
```

On voit clairement la balise `<img/>` accompagnée de l'attribut `alt` et de l'attribut `title`. Cet attribut (optionnel) permet d'afficher une infobulle contenant du texte au survol de l'élément par la souris.

Des balises qui font sens

Excusez ici l'anglicisme mais c'est pour vous parler des balises dites sémantiques, c'est-à-dire des balises qui vont fournir au navigateur le sens de votre contenu.

La balise `<strong>` en est justement un bon exemple. Ajoutons tout d'abord du texte à l'aide de la balise `<p>` (pour « paragraphe »). Comme on l'a vu, cette dernière permet d'ajouter du texte sans mise en avant particulière.

Figure 2-32
Code source actuel de votre page.

```
<h1>OhMyCode</h1>
<h2>Je code mon premier site</h2>
<h3>Toutes les infos ici</h3>
<p>Ceci est un paragraphe</p>
```

Et voici le résultat dans le navigateur :

Je code mon premier site

Toutes les infos ici

Ceci est un paragraphe

Nous voulons communiquer au navigateur que ce texte est important, sans pour autant être un titre. Nous allons donc l'entourer de la balise `<strong>` :

```
<p><strong>Ceci est un paragraphe</strong></p>
```

Comment le navigateur interprète-t-il cette balise ? Comme ceci :

Je code mon premier site

Toutes les infos ici

Ceci est un paragraphe

Le texte entouré est maintenant en gras, c'est la façon pour le navigateur de nous signaler visuellement cette mise en exergue. Par ailleurs, mentionnons l'existence d'une autre balise pour signaler cette fois un texte *assez important* : la balise `<em>` (pour « emphase »).

Faisons le test ensemble.

```
<p><em>Ceci est un texte assez important</em></p>
```

Voici le résultat :

Je code mon premier site

Toutes les infos ici

Ceci est un texte assez important

En italique, cette fois !

Mais halte-là, ces balises ne servent ni à mettre en gras ni à mettre en italique ! Mais alors à quoi servent-elles ? Elles sont à destination du navigateur (et non pas de vos visiteurs) pour lui indiquer le texte important (ou moins important) de votre page personnelle. Les moteurs de recherche vont scanner votre site à la recherche de ces balises et les comparer aux requêtes des utilisateurs. N'hésitez pas à les utiliser pour un meilleur référencement.

Il en existe encore qui permettent d'entourer une citation, un texte légal (copyright), la référence à une œuvre... Ce qu'il faut retenir ? Une foule de balises sont à disposition mais nous n'avons aucune obligation de toutes les utiliser ! En revanche, elles peuvent s'avérer être des outils de référencement naturel utiles. À ne pas négliger donc.

Nous sommes à la fin de ce deuxième chapitre. Que de chemin parcouru. Pourtant, si vous regardez votre site, vous serez (peut-être) à moitié content. Effectivement, votre page personnelle est encore assez rudimentaire, dans un look années 90. Mais nous allons y remédier.

Comme je vous l'expliquais au début de ce chapitre, le développement web se fait en deux parties :

- tout d'abord la structure : c'est ce que vous venez d'accomplir avec la section hero. Vous avez ajouté du texte, des liens et une image ;
- la deuxième partie consiste à styler ce contenu : depuis la couleur du texte, jusqu'à la mise en page.

Gardez ce grand principe en tête, chaque section sera décomposée de la même façon : structure, puis style.

Le style en développement web est l'affaire d'un autre langage (surpuissant) qui marche de pair avec l'HTML : le CSS. Et c'est ce que nous allons voir dès maintenant.

3. JE M'EXPRIME AVEC STYLE

Grâce aux balises, votre page contient du texte, des images et des liens. Tout ce contenu constitue la structure de votre site. En développement web, la structure est totalement séparée des caractéristiques graphiques, le style. Comment définir le style ? Vous allez ajouter à votre site la richesse du CSS, le seul langage dont le rôle unique est de modifier l'aspect visuel des balises. Toutes les caractéristiques de vos éléments, comme la couleur ou la taille vont être définies avec le CSS. Avec le HTML, le CSS forme le duo incontournable du développement web. Comprendre comment collaborent ces deux langages va vous permettre de créer et de modifier sans limite. L'enjeu est grand ! Démarrons sans plus attendre.

MON PREMIER STYLE AVEC CSS

Le CSS (*Cascade StyleSheet*, soit « feuille de styles en cascade », en français) est un langage à part entière dans le paysage web, mais il ne s'applique qu'en binôme avec l'HTML. Une feuille de styles n'est en fait qu'un document dans lequel on écrit du code en CSS. Quant au terme « en cascade », il caractérise la puissance du CSS qui permet en une ligne de code de modifier toute ou partie de votre site. Voyons ensemble comment cela fonctionne.

Je crée ma feuille de styles

Notre première action va être de créer une feuille de styles, autrement dit, un nouveau document pour écrire du code en CSS. Depuis l'éditeur de texte Sublime Text, cliquez sur le menu File>New File.

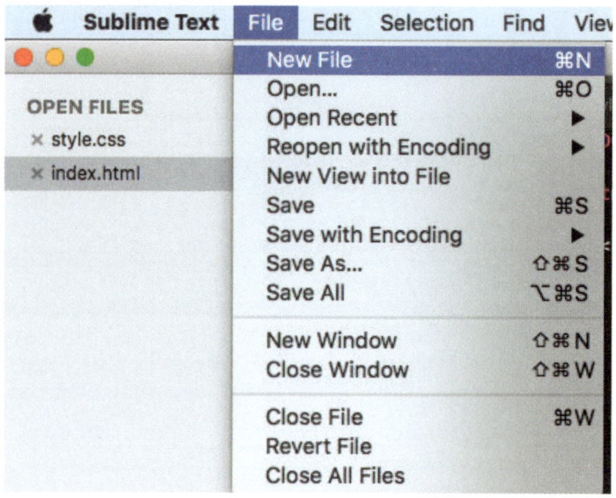

Figure 3-1
Le menu File de Sublime Text.

Enregistrons ce document dans le dossier de notre projet. Votre feuille de styles principale s'appelle par convention `style`. Cette fois, remarquez que l'extension n'est plus .html mais .css.

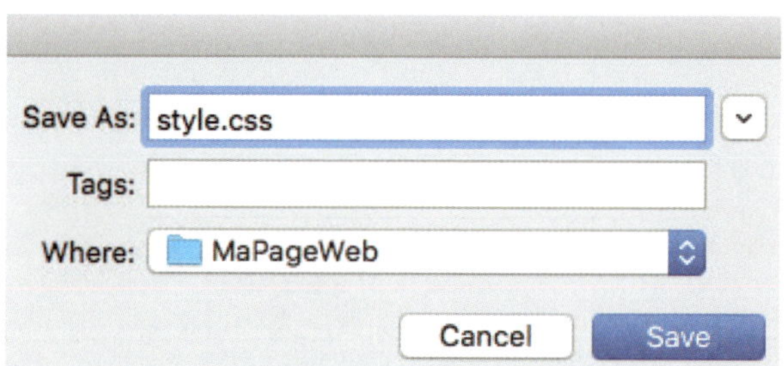

Figure 3-2
Enregistrement du document.

Nous avons à présent quatre documents dans le dossier `MaPageWeb` :

Je définis mon premier style

Tout le jeu va maintenant consister à définir le style des éléments HTML *dans* la feuille de styles CSS. Nous avons tout d'abord besoin de savoir quel élément HTML sera concerné : commençons par le premier titre avec la balise `<h1>`.

Dans le document `style.css`, nous faisons référence à la balise, mais cette fois avec une syntaxe particulière propre au langage CSS.

Figure 3-3
Déclaration CSS de la balise <h1> en rouge.

Vous ne connaissez pas encore ce langage, mais en cherchant bien, je suis sûre que vous pouvez deviner à quoi servent ces quelques lignes ! Il est indiqué ici, `color` et `red` (les langages informatiques n'utilisent que l'anglais). Si l'on traduit, cela donne `h1` *couleur rouge*, plutôt explicite ! Ces lignes de code vont donc rendre la balise `<h1>` rouge. On essaie ?

Retournez dans votre navigateur, rafraîchissez... et rien ! Réfléchissons un instant ensemble. Qu'avons-nous ouvert avec le navigateur ? Le document `index.html`. Le navigateur ne connaît que le document qu'il a ouvert. Pour qu'il tienne compte du document `style.css`, il faut le prévenir qu'une feuille de styles existe. Pour cela, nous allons ajouter une nouvelle balise dans le fichier `index.html`.

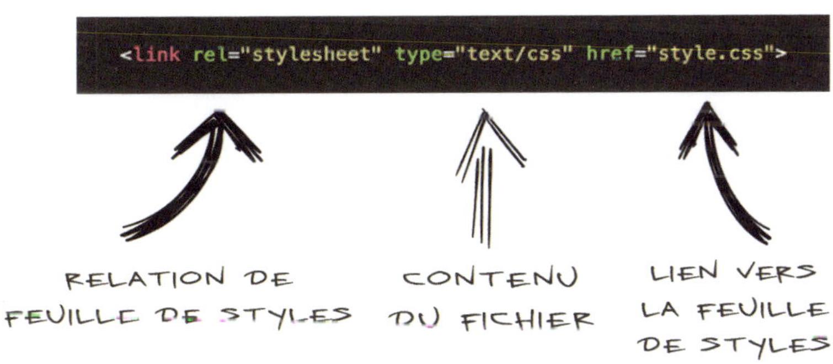

Figure 3-4
Lien vers la feuille de styles

En premier lieu, on définit la relation qui unit les deux documents entre eux grâce à l'attribut `rel` (pour *relationship*) et la valeur `stylesheet`. Le navigateur est maintenant au courant qu'il existe une feuille de styles. L'autre attribut essentiel est le chemin vers cette feuille de styles, qui sera indiqué grâce à un attribut que vous connaissez déjà, `href`. Ici, nous lui indiquons le chemin vers `style.css`. Le navigateur a maintenant toutes les informations nécessaires pour interpréter cette feuille de styles. L'attribut `type`, quant à lui, informe le navigateur du type de contenu du document, ici du CSS.

Il ne nous reste plus qu'à intégrer cette balise dans le document `index.html`. Ensemble, essayons de réfléchir au meilleur endroit pour cela. Rappelez-vous les balises `<head>` et `<body>`. `<head>` sert à transmettre des informations au navigateur avant qu'il n'affiche la page au visiteur. La balise `<body>` contient, quant à elle, le contenu de la page (texte et image notamment).

C'est effectivement dès le début de la page, dans la balise `<head>`, que nous devons informer le navigateur de la présence d'une feuille de styles. En une fraction de seconde, il va interpréter son contenu pour montrer à vos visiteurs, une belle page qui tient compte de la ou des feuille(s) de styles.

```
<head>
  <meta charset="utf-8">
  <title>OhMyCode</title>
  <meta name="description" content="OhMyCode! Je code mon premier site web" />
  <link rel="stylesheet" type="text/css" href="style.css">
</head>
```

Figure 3-5
Insertion du lien vers la feuille de styles dans la balise <head>.

Regardons le résultat dans le navigateur.

Figure 3-6
Résultat affiché dans le navigateur.

Le navigateur a bien pris en compte la feuille de styles. Grâce aux attributs, il sait où et quel fichier contient les styles rattachés à votre page personnelle.

Retour sur la syntaxe CSS

Revenons un instant sur ce nouveau langage. Pour colorer notre texte en rouge, voici le code que nous avons écrit.

Que remarquons-nous ? `h1` est en minuscule, et sans les chevrons ouvrant et fermant <>. Effectivement, dans le langage CSS, `<h1>` (et les autres balises d'ailleurs), ne s'appellent plus des balises mais des sélecteurs. En CSS, on sélectionne un élément présent dans le document HTML (`<h1>`, `<h2>`...) et on lui attribue des styles entre des accolades ouvrante et fermante `{}`.

Figure 3-7
Formation d'une déclaration de style en CSS.

On ouvre les accolades juste après le sélecteur et on le style entre ces accolades. En langage CSS, cela s'appelle une « déclaration ». D'un côté se trouve une propriété (`color`) et de l'autre, une valeur (`red`). Un sélecteur peut avoir de multiples déclarations à l'intérieur des accolades, comme nous le verrons un peu plus loin. Cette syntaxe sera toujours la même pour n'importe quelle propriété CSS : vous sélectionnez un élément, ouvrez les accolades et ajoutez du style à l'intérieur.

Propriétés et valeurs

Pour définir chaque style en CSS, nous avons besoin de définir sa propriété et sa valeur. Rassurez-vous, ce n'est pas le développeur qui détermine les termes utilisés, ni ce que l'on peut faire en CSS. Nous avons à disposition, comme pour l'HTML, une liste de propriétés disponibles. Il nous suffit de piocher dans celles qui nous intéressent : couleur, taille... À chacune de ces propriétés correspond également une liste de valeurs disponibles. Nous allons, au fil de ce livre, découvrir ensemble plusieurs propriétés, mais il en existe des centaines d'autres. Soyez curieux et allez voir tout ce que CSS peut faire pour vous !

Le point-virgule

À la fin de toute déclaration, nous nous acquittons d'un point-virgule. Notez que ce dernier élément n'est pas indispensable lorsqu'on a une seule déclaration, mais indispensable lorsqu'on en a plusieurs. C'est pourquoi je vous conseille vivement de prendre le réflexe de terminer vos déclarations par un point-virgule, toujours dans l'optique de repérer plus facilement les erreurs et d'écrire un code constant.

Bien présenter son code CSS

Dans l'éditeur, nous avons écrit le sélecteur, ouvert l'accolade, sauté une ligne pour définir le style, et refermé l'accolade sur une autre ligne. Cette mise en page n'est absolument pas indispensable au bon fonctionnement de votre code. Nous aurions pu tout aussi bien écrire ceci :

```
h1{color: red;}
```

Pourquoi alors écrire notre code sur plusieurs lignes ?

Comme vous allez le voir, nous pouvons appliquer plusieurs styles à un seul sélecteur. Dans ces cas-là, les déclarations s'écrivent les unes à la suite des autres, toutes séparées par un point-virgule. Cela peut vite devenir illisible et impossible à maintenir par vous ou par un autre développeur si vous ne sautez pas de lignes. Pour une plus grande lisibilité et détecter les coquilles plus facilement, la convention est d'aller à la ligne pour chaque style.

J'AJOUTE PLUS DE STYLES

Je change la couleur du texte

Nous avons déjà utilisé une première propriété CSS : `color`. Dans notre premier exemple, nous avons indiqué comme valeur le nom de la couleur souhaitée, ici `red`. Il existe en réalité plusieurs façons de déclarer des couleurs et d'être compris par le navigateur.

Identification des couleurs par leur nom

La première façon est d'indiquer le nom de la couleur (toujours en anglais). Les navigateurs disposent d'une liste de couleurs qu'ils peuvent comprendre et interpréter, soit environ 140 couleurs.

Figure 3-8
Échantillon des couleurs comprises par les navigateurs.

Essayons de remplacer la couleur `red` du sélecteur `h1` par `chartreuse`. Rien de plus simple ! Il suffit de retourner dans notre feuille de styles et de modifier la valeur comme ceci :

Figure 3-9
Utilisation de la couleur Chartreuse.

Et admirons le résultat dans le navigateur.

Figure 3-10
Résultat affiché dans le navigateur.

Premier constat, le navigateur nous a bien compris ! Ensuite, aïe, ça pique les yeux ! Vous allez vite constater que les couleurs que nous proposent les navigateurs ne sont pas des plus subtiles. On pourrait se dire que 140 couleurs c'est bien suffisant pour couvrir tous les besoins, mais dans la réalité, cela ne correspond jamais à la nuance recherchée ! Un autre inconvénient est que, suivant les navigateurs, `blue` ou `red` ne rendront pas le même résultat. Vous n'êtes donc pas en totale maîtrise de votre design. C'est un inconvénient majeur pour faire respecter votre charte graphique. Dans la pratique, les couleurs mises à disposition par les navigateurs sont surtout utiles lorsqu'on ne recherche pas de nuance particulière, autrement dit : `black` et `white`. Ce sont les deux seules occasions où vous pourrez utiliser ces couleurs (éventuellement `red`, mais là encore quand cela ne fait pas partie de votre charte graphique).

Rouge Vert Bleu

Du rouge, du vert et du bleu et le tour est joué ! Pour les familiers des outils de graphisme tels que Adobe Photoshop, vous ne serez pas dépaysé. Rouge Vert Bleu, autrement dit RVB (ou RGB, *Red Green Blue* en anglais), correspond à un mélange des trois couleurs primaires pour obtenir la couleur souhaitée. Une valeur comprise entre 0 et 255 est attribuée à chaque couleur (rouge, vert ou et bleu). Dans la feuille de styles, la valeur est toujours écrite en anglais soit *rgb*. Pour que cela fonctionne, notez qu'il n'y a pas d'espace entre `rgb` et l'ouverture de la parenthèse.

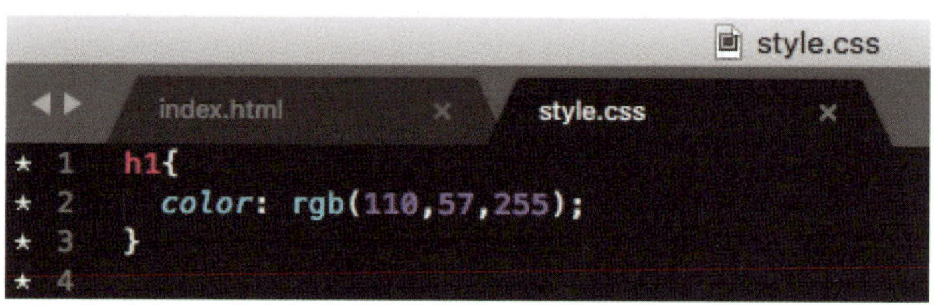

Figure 3-11
Utilisation des valeurs Rouge Vert Bleu pour déclarer une couleur.

Et voici le résultat :

Figure 3-12
Résultat affiché dans le navigateur.

Comment connaître les valeurs qui correspondent à la couleur recherchée ? Pour vous aider, des outils en ligne sont disponibles pour déterminer l'exacte combinaison RVB. Il existe une multitude de générateurs RVB. Je tiens à mentionner le site Adobe Color CC qui met à disposition non seulement un générateur RVB mais qui propose également d'aller plus loin avec une palette de couleurs complémentaires, monochromes ou composites. Allez y faire un tour, c'est beau !

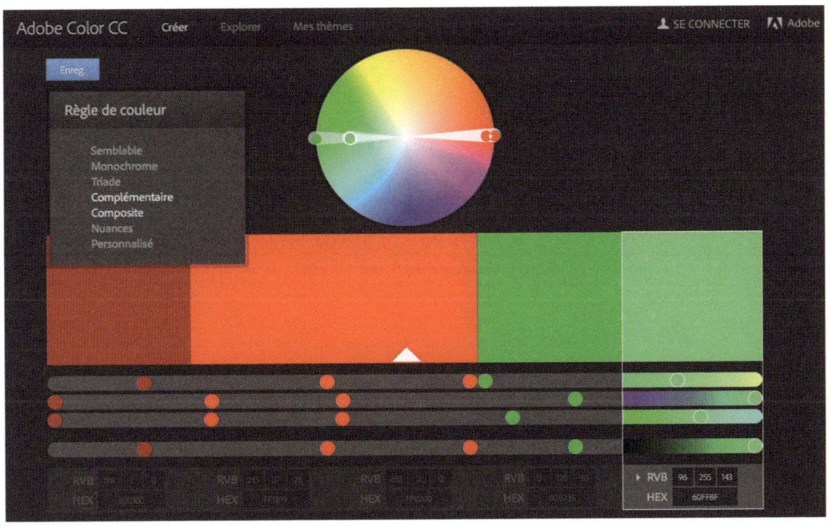

Figure 3-13
Outil en ligne (Adobe Color CC) pour déterminer les valeurs RGB et HEX des couleurs.

Juste en dessous des couleurs apparaît la valeur RVB. Ensuite, il nous suffit de retranscrire ces valeurs dans notre feuille de styles. Attention à bien respecter l'ordre dans lequel vous voyez ces valeurs, chacune correspondant à la bonne dose de rouge, de vert ou de bleu.

De la transparence

On peut également jouer avec les couleurs et ajouter de la transparence. Pourquoi voudrait-on avoir une couleur de texte transparente ? On utilise surtout cet effet sur une *surface* comme ici, avec le bandeau.

Figure 3-14
Le bandeau est blanc, légèrement transparent.

Pour accomplir cela, nous aurons besoin des valeurs RVB mais également d'ajouter un effet de transparence. Pour ajouter de la transparence à une couleur, nous utiliserons toujours notre trio Rouge Vert Bleu mais avec une valeur supplémentaire, Alpha. Cette valeur est comprise entre 0 (totalement transparent) et 1 (totalement opaque). Dans notre feuille de styles, voici à quoi cela peut ressembler :

```
h1{
  color: rgba(110,57,255, 0.5);
}
```

Ici, nous définissons la couleur avec `rgb` *(red green blue)* et nous ajoutons `a` (alpha) à la fin. La valeur `0.5` signifie que la couleur est à moitié transparente. Il n'y a pas de bonne ou mauvaise valeur : c'est à votre sens graphique que vous ferez appel pour juger du bon degré d'opacité.

Tous à vos lunettes !

La déclaration des couleurs en **rgb** ou **rgba** est l'occasion de prêter une attention particulière à la syntaxe. C'est en effet ici que bien souvent, un signe sera utilisé à la place d'un autre, conduisant le navigateur à ne pas comprendre votre déclaration. L'écriture est ici absolument stricte : comme vu plus haut, le terme **rgba** ou **rgb** doit être directement suivi de la parenthèse ouvrante, sans espace. De plus, chaque valeur RGB est séparée par une virgule. Enfin, la valeur décimale de Alpha (comme 0.1) doit, quant à elle, utiliser un point et non une virgule.

Si vous avez laissé un espace avant la parenthèse, l'éditeur de texte vous indique l'erreur par un changement de couleur : **rgb** devient blanc au lieu d'être bleu.

```
color: rgba (110,57,255,0.5);
```

En revanche, si vous avez utilisé une virgule à la place du point pour définir l'Alpha, le chiffre après la virgule sera considéré comme une cinquième valeur, et malheureusement l'éditeur ne vous informera pas que votre déclaration est incorrecte. À vous donc de redoubler de vigilance !

```
color: rgba(110,57,255,0,5);
```

Hashtag #couleur

Les couleurs peuvent aussi se définir par une suite de chiffres et de lettres, précédée du signe #. Ce sont les couleurs hexadécimales : #RRVVBB. Vous aurez reconnu le R pour Rouge, V pour Vert et B pour Bleu. Reprenons par exemple la valeur RVB initiale :

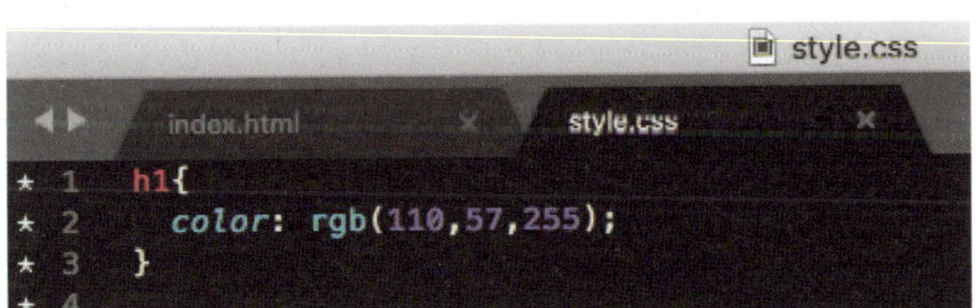

Sur le site Adobe Color CC, indiquons les valeurs RVB.

Figure 3-15
Valeurs RVB et HEX pour déclarer la même couleur.

La valeur hexadécimale correspondante apparaît en dessous, ici `6E39FF`. Nous n'avons plus qu'à reporter cette valeur dans la feuille de styles, sans omettre le signe # devant.

Pour vous rendre compte de la concordance des couleurs entre RVB et hexadécimale, changeons la couleur du sélecteur `h2`, cette fois-ci en hexadécimale.

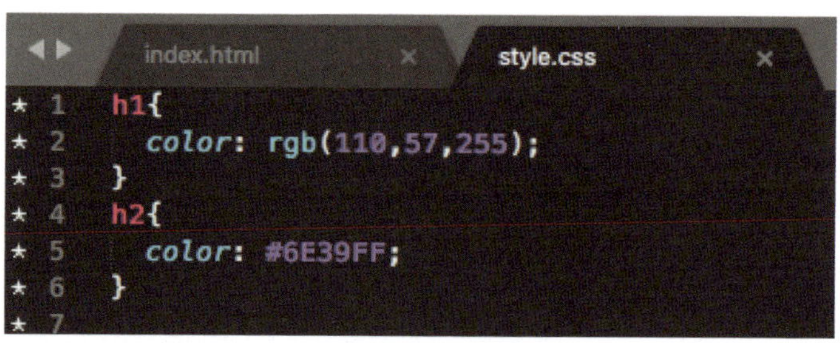

Figure 3-16
Utilisation des valeurs RVB et HEX pour la même couleur.

Observons le résultat obtenu du côté du navigateur.

Figure 3-17
Résultat affiché dans le navigateur.

<h2> est bien de la même couleur que <h1>.

Dans notre modèle, les balises <h1>, <h2> et <h3> seront noires (mais libre à vous d'en décider autrement). Nous pouvons donc simplement indiquer `color: black`, la valeur RVB ou hexadécimale correspondante (ces valeurs sont indiquées en commentaires dans la capture d'écran suivante). Notez que pour certaines couleurs, la valeur hexadécimale se raccourcit pour ne préciser que trois valeurs. Ici, la valeur de la couleur noire s'écrit également #000. Ne soyez donc pas surpris si vous rencontrez cette écriture.

```css
h1{
  color: black;/*rgb(0,0,0) ou #000 */
}
h2{
  color: black;
}
h3{
  color: black;
}
```

Figure 3-18
Plusieurs écritures possibles pour la couleur noire.

Commentez !

Quand on rédige son code, on est à 100 % dans son projet. On sait exactement ce à quoi fait référence telle ou telle ligne. Un peu plus tard, cela devient parfois un peu plus obscur. Heureusement, les éditeurs de texte nous permettent d'annoter le code grâce aux commentaires. C'est une action tout à fait transparente pour le navigateur qui va simplement les ignorer. Les commentaires vous permettent d'indiquer toutes les informations que vous jugez utiles pour vous et pour un futur développeur qui viendrait à reprendre votre code. Suivant le langage de votre document, le commentaire ne s'écrit pas de la même façon.

Dans le langage CSS :

```css
h1{
  color: black;/*ceci est un commentaire */
}
```

Dans le langage HTML :

```html
<h1>OhMyCode</h1><!--ceci est un commentaire-->
```

Vous avez vu les façons les plus courantes de déclarer des couleurs. Peut-être vous demandez-vous s'il est préférable d'utiliser le nom de la couleur, sa valeur RVB ou sa valeur hexadécimale ? Cela dépend de votre usage actuel et futur. Avec la valeur RVB, il est très aisé d'ajouter de la transparence (RGBa), chose impossible avec la valeur hexadécimale ou avec simplement le nom de la couleur. Celui-ci est en revanche très utile pour indiquer facilement *blanc* ou *noir*. La valeur hexadécimale et la valeur RVB se retrouvent dans de nombreux logiciels de traitement d'images. Un simple copier-coller du logiciel à votre éditeur de texte et le tour est joué. À vous de déterminer ce avec quoi vous êtes le plus à l'aise et ensuite essayez d'être constant dans votre code et d'exprimer les couleurs toujours de la même façon.

Je change la taille du texte

Comme on l'a vu, le navigateur attribue des tailles par défaut aux balises Titre ou paragraphe en fonction de leur importance. Mais vous avez la main pour modifier ce comportement et appliquer la taille que vous voulez. C'est d'ailleurs tout à fait recommandé, d'autant que suivant les navigateurs, les balises auront des tailles différentes : vous n'êtes donc pas en totale maîtrise de votre design. À proscrire absolument. Comment faire ? Faisons appel à une nouvelle propriété pour changer la taille du texte : `font-size`. Comme son nom l'indique, cette propriété définit la taille (`size`) de la police (`font`). Dans la feuille de styles, ajoutons une nouvelle déclaration pour `h1`, comme ceci :

```
h1{
  color: black;/*rgb(0,0,0) ou #000 */
  font-size: valeur;
}
```

À la place du mot `valeur`, nous allons indiquer un chiffre avec une unité. Là encore, plusieurs façons de procéder. Pour l'instant, cependant, nous utiliserons le pixel (`px`) comme unité.

```
h1{
  color: black;/*rgb(0,0,0) ou #000 */
  font-size: 24px;
}
```

De façon totalement arbitraire, la taille de la police pour le titre `<h1>` est fixée à `24px`. Rappelez-vous que le Web n'est pas figé dans le marbre et donc nous pouvons à tout moment modifier cette valeur. Si la police de `<h1>` a une taille de `24px`, il y a fort à parier pour que les polices des titres `<h2>` et `<h3>` soient plus petites. Prenez le temps d'ajouter ces déclarations aux balises correspondantes et de tester tout cela dans le navigateur avant de continuer la lecture.

J'ajoute des effets au survol

Un effet au survol ? Ce n'est pas une figure de danse classique mais simplement un changement visuel d'un texte ou d'une image quand la souris passe au-dessus. Par exemple, le lien peut changer de couleur ou une image s'agrandir. Comment ça marche ? Ce n'est pas une propriété CSS à proprement parler. Le nom technique est « pseudo-classe ». Cette pseudo-classe va nous servir à modifier la couleur des liens au survol. Dans un premier temps, déterminons la couleur des liens *sans* survol, à l'état initial. Rappelez-vous les balises des liens.

```
<a href="https://www.linkedin.fr" target="_blank">LinkedIn</a>
<a href="http://www.monentreprise.fr" target="_blank">Mon Entreprise</a>
<a href="monCV.pdf" target="_blank">MON CV</a>
```

Les liens dans tous leurs états

Par défaut, les navigateurs mettent en avant les liens d'une page web avec un code couleur pour permettre au visiteur de les distinguer du contenu texte. En fonction de leur état, leur couleur ne sera pas la même. Les navigateurs distinguent tout d'abord les liens actifs qui n'ont jamais été cliqués. Ces liens sont bleus et soulignés.

LIEN ACTIF JAMAIS CLIQUE

Ensuite, les liens actifs qui ont déjà été cliqués : ils sont violets et soulignés.

LIEN ACTIF DEJA CLIQUE

C'est avec le CSS que l'on peut contourner ces styles et appliquer des couleurs en accord avec la charte graphique.

Côté CSS, nous ferons référence à ces balises uniquement par le `a` de `<a href>`. Le sélecteur correspondant se nommera donc `a`. Pour bien visualiser l'effet, indiquons la valeur `green` (vert).

```
a{
  color: green;
}
```

Observons le résultat dans le navigateur : tous les liens sont verts à l'état initial, sans survol.

En dessous du sélecteur `a`, nous écrivons une nouvelle déclaration avec la pseudo-classe `:hover`. Pour plus de visibilité, choisissons une couleur éloignée du vert, ici `red` (rouge). Cette déclaration permet de définir de nouvelles propriétés pour les liens, au survol.

```
a:hover{
  color: red;
}
```

Constatons le résultat dans le navigateur en passant la souris sur un élément du menu.

Le lien change bien de couleur au survol. Cette simple pseudo-classe `:hover` va vous permettre en quelques lignes de donner un look plus travaillé à votre page personnelle. Pour l'instant, la combinaison rouge/vert n'est pas des plus heureuses. Nous reviendrons sur ces déclarations un peu plus loin dans le livre.

Je modifie la police

Je choisis une police

La police de votre site fait partie intégrante de votre design. C'est un élément déterminant qui va à la fois vous positionner (plutôt *corporate*, plutôt décontracté ?), et vous différencier dans le paysage web. C'est pourquoi son choix doit être tout à fait réfléchi. Comment choisir ? Mises à part les polices connues de tous, du type Arial ou Times New Roman, si nous voulons être plus original, de nombreux sites proposent des polices moins courantes, parfois même gratuites, comme *dafont.com*, ou encore *fontsquirrel.com*. Ces derniers mettent à disposition un large choix, du plus classique au plus extravagant.

Figure 3-19
Échantillon de polices sur le site dafont.com.

Figure 3-20
Échantillon de polices sur le site fontsquirrel.com.

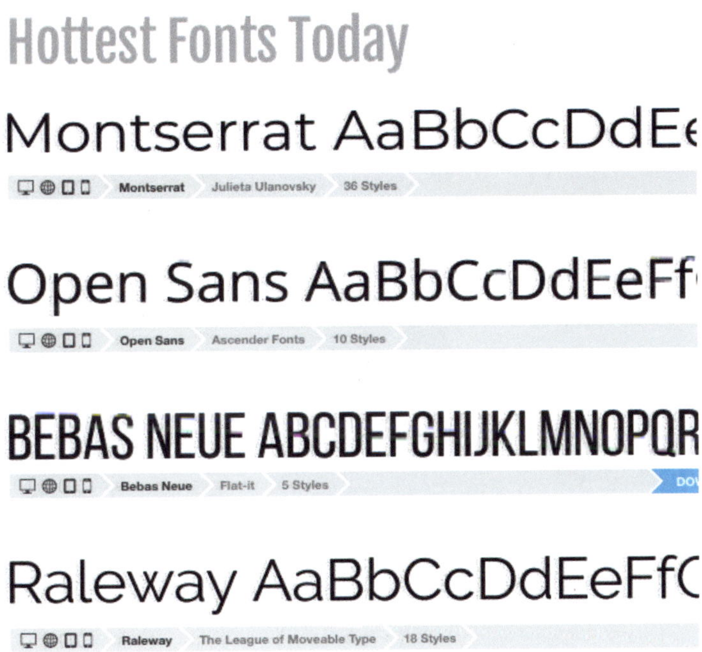

Serif ou sans serif ?

Ces termes définissent le style de votre police. Bien souvent d'ailleurs, sur les sites de typos, vous pourrez filtrer les résultats sur ce critère. Les polices se rangent dans leur grande majorité selon qu'elles ont un empattement (serif) comme Times New Roman, ou sans empattement (sans serif) comme Arial.

Times New Roman est une police avec empattement, ce qui lui confère un caractère plutôt solennel.

Times New Roman

Visuellement, les polices sans empattement donnent un style beaucoup plus moderne, comme ici avec Arial ou Verdana.

Arial Verdana

Il existe d'autres familles de polices, comme les cursives ou encore les monospaces qui vont respecter un même espacement entre chaque lettre.

En version payante, les sites *behance.net* ou *creativemarket.com* regorgent de propositions. Des designers présentent ici leur travail. Les polices sont forcément moins répandues et vous pouvez vous démarquer plus facilement.

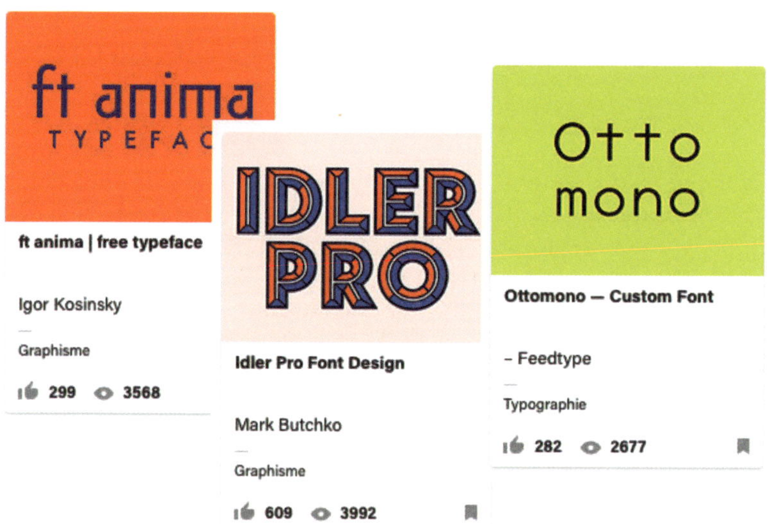

Figure 3-21
Échantillon de polices sur le site behance.net.

Il arrive que de très belles polices ou visuels soient également gratuits, je vous conseille donc d'y faire un tour !

Figure 3-22
Échantillon de polices sur le site creativemarket.com.

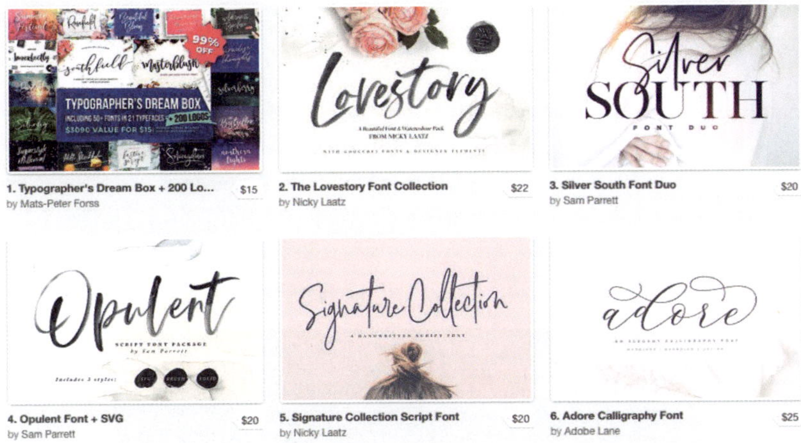

Par ailleurs, on connaît Google pour son moteur de recherche, un peu moins pour ses activités annexes. Pourtant GoogleFonts est un acteur majeur des polices sur le Web. Son mode de fonctionnement révolutionne les polices en ligne. Je vous expliquerai en détail comme cela fonctionne dans la partie suivante. Sur le site Google Fonts, vous trouverez plus de 850 typos gratuites, serif, sans serif et avec bien d'autres critères.

Figure 3-23
Échantillon de polices sur le site fonts.google.com.

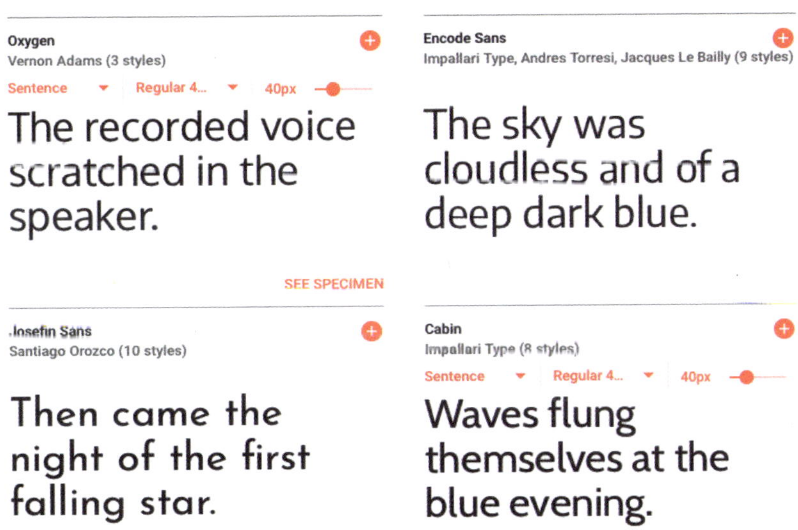

Je change de police

J'utilise la propriété font-family

Votre page personnelle affiche le texte en utilisant une typo définie. Pourtant, nous n'en avons spécifié aucune ! C'est le navigateur qui a choisi une typo parmi celles qui sont déjà installées sur votre ordinateur. Comment modifier cette typo par défaut ? Tout simplement en ajoutant une nouvelle propriété CSS. Dans le fichier `style.css`, nous allons ajouter au sélecteur `h1` une nouvelle propriété, à savoir `font-family`, qui aura pour valeur `arial`.

```
h1{
  color: black;/*rgb(0,0,0) ou #000 */
  font-size: 24px;
  font-family : arial;
}
```

Dans le navigateur, le titre `<h1>` s'affiche maintenant dans une typo différente, en Arial.

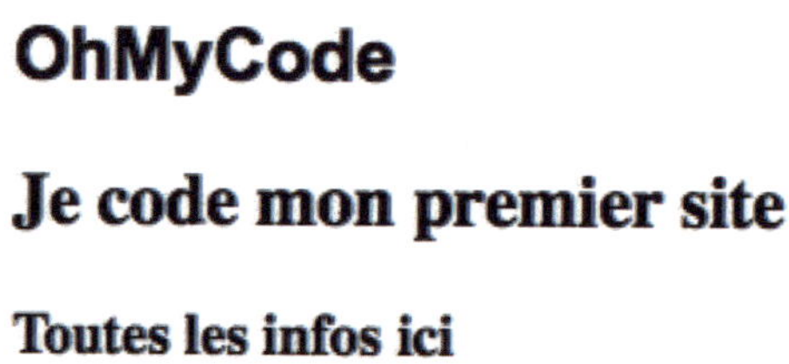

Point essentiel ! Il faut réunir deux conditions pour que vos visiteurs puissent voir la typo que vous avez choisi. Premièrement, comme on l'a vu, cette police doit être définie dans votre feuille de styles grâce à la propriété `font-family`. Mais cela ne suffit pas. Il faut encore que cette police *existe* sur l'ordinateur de vos visiteurs. Ici, Arial fait partie des polices les plus courantes installées sur les systèmes d'exploitation (Windows, Mac OS...), on ne prend pas un grand risque à utiliser cette typo dans `font-family`. Vous avez 100 % de chances que votre visiteur voit bien votre titre en Arial.

À présent, faisons un test ensemble et précisons une autre typo à la place de Arial. Prenons par exemple la police Josefin Sans proposée sur le site Google Fonts. Pour connaître l'exacte valeur à préciser dans la feuille de styles, cliquez sur l'icône + située à droite du nom de la typo.

Figure 3-24
Pour chaque police, une icône + permet d'accéder aux détails.

En bas de page, un rectangle noir apparaît, cliquez dessus.

Une fenêtre s'ouvre alors :

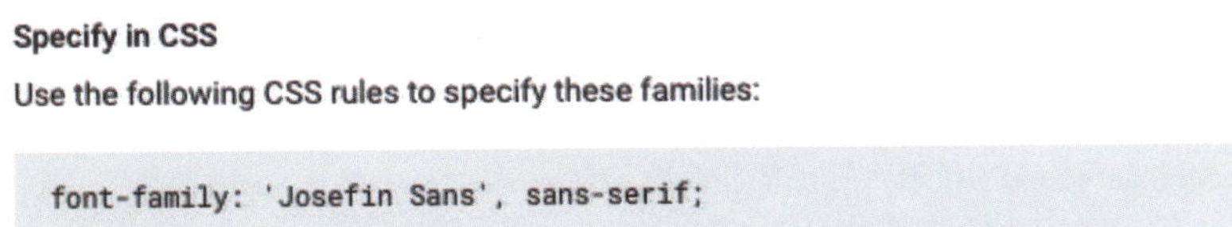

Regardons la partie Specify in CSS. Google Fonts nous fournit l'exacte déclaration à insérer dans la feuille de styles. Reportons-la dans notre fichier `style.css`. Remarquez que nous renseignons à la fois le nom de la typo mais également le type de police, ici `sans-serif`.

```
h1{
  color: black;/*rgb(0,0,0) ou #000 */
  font-size: 24px;
  font-family: 'Josefin Sans', sans-serif;
}
```

Quel est le résultat dans le navigateur ?

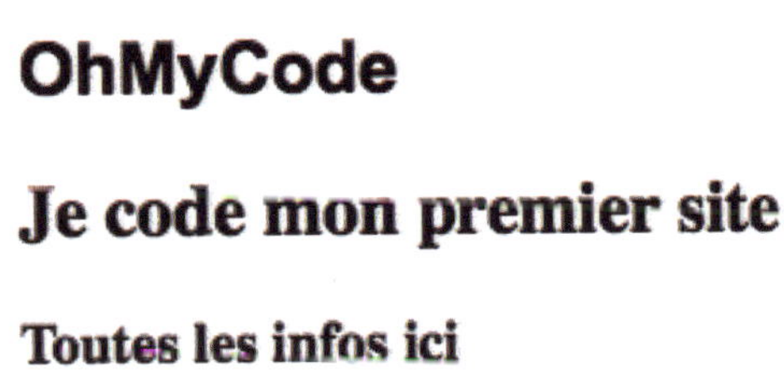

Oui, vous avez bien vu. Le titre est toujours en Arial. Que s'est-il passé ? Le navigateur n'a pas trouvé la police Josefin Sans sur votre ordinateur, alors il nous propose la police Arial. Mais pas au hasard. C'est grâce au deuxième élément de la déclaration que le navigateur a pu nous proposer une option de secours `sans-serif` : Arial. C'est donc une bonne pratique de préciser le type de police dans vos déclarations. Vous pouvez également combiner plusieurs polices dans une même déclaration. Si la première police n'est pas trouvée, le navigateur essaiera de trouver la deuxième et ainsi de suite.

```
font-family: 'Josefin Sans', Helvetica, Verdana, sans-serif;
```

À présent, comment faire pour être sûr que votre site affiche bien la police que vous aurez choisie dans le navigateur de vos visiteurs ? Il y a deux façons de procéder pour cela, chacune présentant des avantages et des inconvénients. Détaillons cela ensemble.

La typo de mon choix avec @font-face

Vous avez passé du temps sur les différents sites de polices et vous avez sûrement trouvé celle qui vous plaît. Et maintenant, comment s'assurer que celle-ci sera bien vue de vos visiteurs ? Il suffit pour cela d'ajouter une information supplémentaire à notre feuille de styles : `@font-face`. Ce n'est pas exactement une propriété mais une règle. `@font-face` permet d'indiquer au navigateur où trouver la police si celle-ci n'est pas installée sur l'ordinateur de vos visiteurs. Comme pour le reste des éléments de votre page personnelle, la police de votre site sera enregistrée dans le dossier de votre projet.

Sur le site *dafont.com*, téléchargeons la police Luna, par exemple (vous pouvez en choisir une autre si vous voulez), et plaçons le fichier téléchargé dans le dossier du projet.

Dans le dossier, nous avons désormais les éléments suivants :

Dans un premier temps, nous ajoutons la règle `@font-face` tout en haut de notre document CSS, en ligne 1. Dans cette règle, nous déclarons une nouvelle police du nom de `Luna`. Avec la propriété `src` (source), nous indiquons au navigateur où trouver la police.

Figure 3-25
Règle @font-face pour charger une police.

```
@font-face{
  font-family: 'Luna';
  src: url('./Luna.ttf');/*src est la source*/
}
h1{
  color: black;/*rgb(0,0,0) ou #000 */
  font-size: 24px;
  font-family: 'Luna';
}
```

Nous pouvons utiliser cette nouvelle police pour n'importe lequel de nos éléments. Ici, nous déclarons la police `Luna` pour le sélecteur `h1`. Notez deux choses. Tout d'abord, c'est vous qui déterminez le nom de votre police dans `@font-face`. Ici, on l'a simplement nommée `Luna`. C'est donc le nom que l'on reprend dans le sélecteur `h1`. Mais vous être libre de l'appeler comme vous le voulez. Ensuite, on place toujours la règle `@font-face` en tout début de document CSS, de sorte que le navigateur ait cette information *avant* d'interpréter l'affichage de `h1`.

Dans le navigateur, le titre s'affiche bien avec la typo Luna alors que cette police n'est pas installée sur votre ordinateur : le navigateur est allé la chercher dans le dossier de votre site et l'a appliquée à la balise `<h1>`. Quand votre site sera en ligne, cela fonctionnera de la même façon : le navigateur de vos visiteurs ira chercher la typo dans le dossier de votre site, cette fois sur un serveur (nous y reviendrons en détail au chapitre 6).

Figure 3-26
Résultat affiché dans le navigateur.

J'assure la compatibilité sur tous les navigateurs

On a réussi à afficher une police très originale grâce à la règle `@font-face`. Le navigateur a compris ce que nous voulions. Sauf que dans le paysage web, il n'y a pas qu'un seul navigateur. Internet Explorer, Chrome et Firefox ne fonc tionnent pas tous de la même façon, ce qui rend la vie des développeurs un peu plus compliquée ! Ainsi, la même propriété CSS peut ne pas donner le même résultat partout et c'est pourquoi il faut assurer la compatibilité de votre code pour tous les navigateurs. Dans le cas de la police Luna, nous avons téléchargé un fichier avec l'extension .ttf (*TrueTypeFont*). C'est un format de police très répandu, mais qui n'est pas compressé ni optimisé pour le Web. Il existe d'autres formats plus adaptés, mais tous ne sont pas compatibles sur tous les navigateurs. Alors quelle est la solution ? Il convient de convertir la police dans les autres formats et ajouter dans la règle `@font-face` les autres liens vers les autres polices. Chaque navigateur ira piocher le format qu'il peut lire. Pour accomplir cela, nous allons nous aider d'un générateur de polices du type FontSquirrel (*https://www.fontsquirrel.com/tools/webfont-generator*) qui va convertir pour nous le fichier .ttf initial dans les autres formats. Nous allons obtenir l'intégralité de la règle `@font-face` que nous pourrons alors recopier dans notre fichier CSS. Sur le site FontSquirrel, nous chargeons donc le fichier `luna.ttf` en cliquant sur le bouton Upload Fonts.

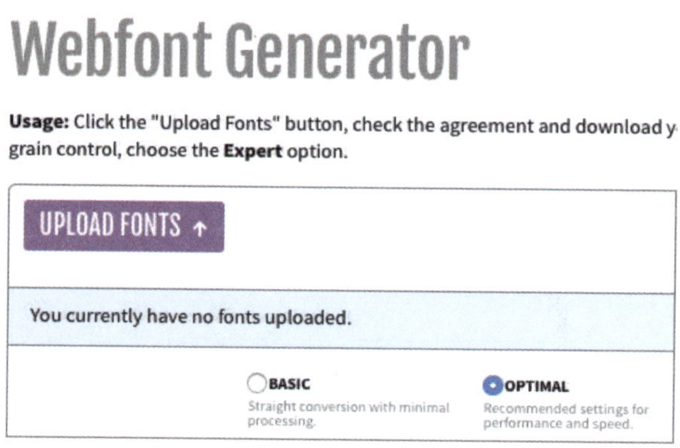

Figure 3-27
Bouton Upload Fonts pour charger une police.

Et nous téléchargeons le fichier obtenu avec le bouton Download Your Kit.

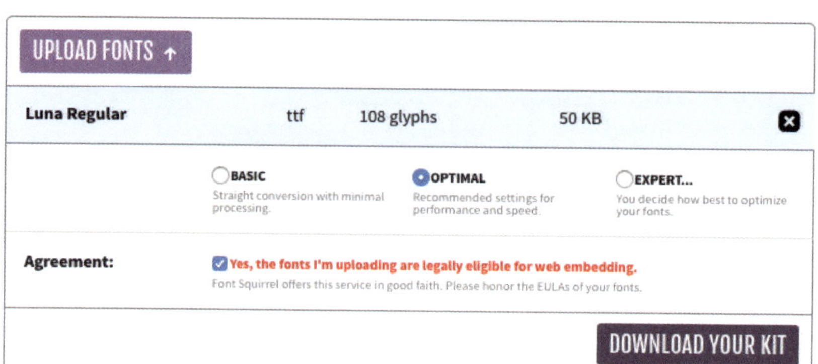

Figure 3-28
Bouton Download Your Kit pour charger les nouveaux formats de polices.

Voici le fichier que nous obtenons :

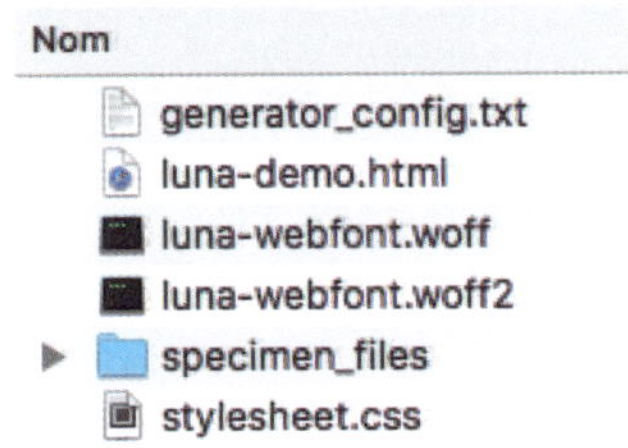

Le générateur a converti le fichier `luna.ttf` en différents formats : `luna-webfont.woff` et `luna-webfont.woff2`.

Par ailleurs, le générateur nous fournit la déclaration CSS que nous pouvons coller dans notre feuille de styles. Pour cela, ouvrez le document `stylesheet.css` dans Sublime Text et copiez l'intégralité de son contenu dans le fichier `style.css`, comme ceci :

Figure 3-29
Règle @font-face avec plusieurs formats de polices disponibles.

```
@font-face {
    font-family: 'lunaregular';
    src: url('luna-webfont.woff2') format('woff2'),
         url('luna-webfont.woff') format('woff');
    font-weight: normal;
    font-style: normal;
}
h1{
  color: black;/*rgb(0,0,0) ou #000 */
  font-size: 24px;
  font-family: 'lunaregular';
}
```

Remarquez ici que le générateur FontSquirrel a renommé le nom de la police en `lunaregular`. Il faut donc bien penser à reporter ce nom dans vos déclarations, comme ici pour le sélecteur `h1`.

Forcer le style d'une police

Le designer d'une police a le choix de créer différents styles en option. C'est pourquoi il arrive que certaines polices ne puissent pas se mettre en italique ou en gras, par exemple. C'est pour contourner cela que le CSS ajoute deux propriétés avec lesquelles vous pouvez forcer ces comportements.

La première propriété, **`font-weight`**, rend le texte plus gras ou plus fin. Avec une valeur de 900, par exemple (sans unité de valeur), la typo sera particulièrement épaisse.

La deuxième propriété, `font-style`, force la typo à se comporter d'une certaine façon, en italique notamment.

Ces deux propriétés ne sont pas indispensables pour afficher correctement une typo. En revanche, elles peuvent vous servir pour modifier leur aspect avec un style plus à votre convenance. Dans le cas présent, ces deux propriétés sont définies avec une valeur `normal`, cela signifie que l'on ne modifie pas l'aspect initial de la typo.

Dernière étape, déplacer les polices avec l'extension .woff et .woff2 dans le dossier de votre projet. Maintenant que vous avez plusieurs polices, vous allez créer, pour plus de clarté, un dossier `fonts`, dans lequel vous placerez toutes les polices.

Figure 3-30
Création du dossier fonts.

Il ne vous reste plus qu'à informer le navigateur de la nouvelle adresse, en ajoutant le nom du dossier `./fonts/`.

```
@font-face {
    font-family: 'lunaregular';
    src: url('./fonts/luna-webfont.woff2') format('woff2'),
         url('./fonts/luna-webfont.woff') format('woff'),
         url('./fonts/luna.ttf');
    font-weight: normal;
    font-style: normal;
}
h1{
  color: black;/*rgb(0,0,0) ou #000 */
  font-size: 24px;
  font-family: 'lunaregular';
}
```

Figure 3-31
Règle @font-face avec le nouveau chemin d'accès ./fonts/.

Vous remarquerez que nous n'oublions pas la police .ttf pour autant ! Nous l'ajoutons également à la règle `@font-face`. Aussi, prêtez attention à la virgule qui suit chacune des sources. Ce n'est que la dernière source qui se termine par un point-virgule. Observons le résultat affiché dans le navigateur, tout fonctionne. Nous avons rendu compatible notre police non standard pour un maximum de supports. Suivant le format que vous téléchargez, d'autres extensions vous seront proposées (.otf, .eot ou encore .svg). Nous ne rentrerons pas dans le détail ici de tous les formats de polices. Sachez simplement qu'ils existent pour maximiser la compatibilité auprès de tous les navigateurs.

La typo de mon choix avec Google Fonts

Découvrons également une autre façon d'afficher une police avec Google Fonts. Retournez sur le site et choisissez la police de votre choix, ici la police Lobster.

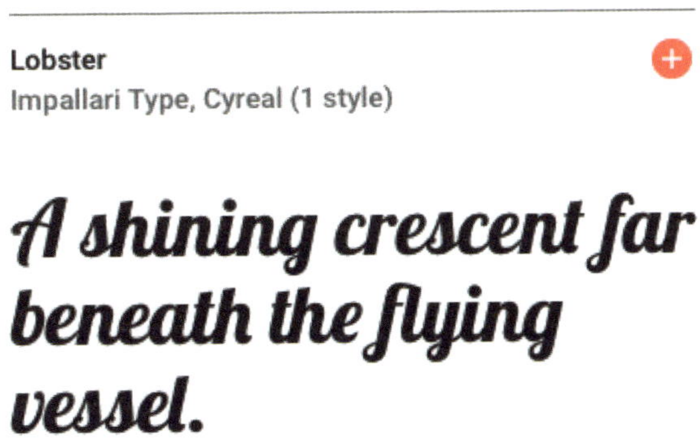

Figure 3-32
Police Lobster sur le site Google Fonts.

Comme précédemment, cliquez sur l'icône +. Un rectangle noir apparaît en bas de votre page, cliquez sur le tiret blanc à droite.

Une fenêtre s'ouvre alors et affiche le contenu suivant :

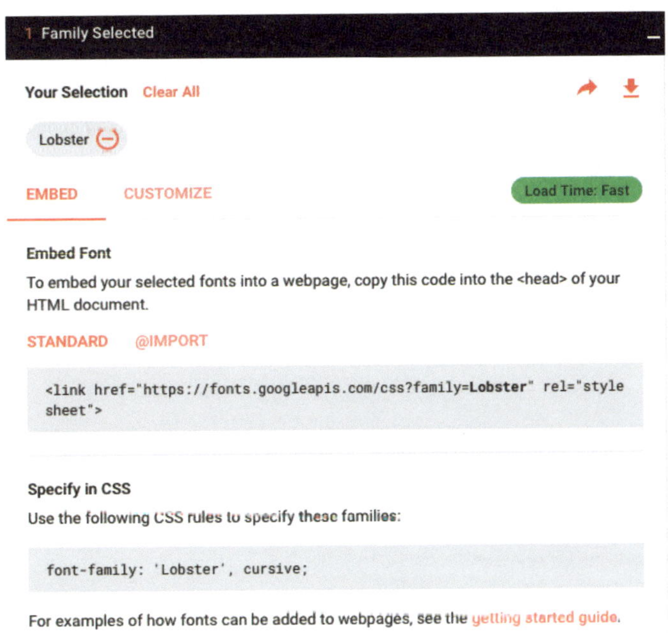

Figure 3-33
Informations fournies par Google Fonts pour utiliser la police Lobster.

Ce sont ces informations qui vont nous permettre d'utiliser la police Lobster en un clin d'œil. Cela va se faire en deux étapes. Tout d'abord, Google Fonts nous fournit un lien. C'est ce lien qui va indiquer au navigateur où trouver la police.

```
<link href="https://fonts.googleapis.com/css?family=Lobster" rel="style
sheet">
```

Si vous regardez avec attention cette ligne de code, vous reconnaîtrez sûrement la balise qui permet de connecter un document HTML avec une feuille de styles CSS. C'est exactement ce que nous voulons faire : ajouter une feuille de styles dans le document HTML pour que le navigateur sache où trouver la police Lobster. La seule différence avec le fichier `style.css`, c'est que ce document n'existe pas dans votre dossier, mais toujours chez Google Fonts. En développement web, il est courant d'utiliser des bibliothèques externes, c'est-à-dire des sites qui mettent à disposition un contenu ou un programme que nous pouvons réutiliser pour notre propre site. En l'occurrence, Google Fonts héberge pour vous les polices et les feuilles de styles correspondantes. Le bénéfice ? Google Fonts nous propose un large choix de polices : vous pouvez les tester et les mettre en place très facilement sur votre site. Ensuite, ces polices sont ultra-optimisées pour le Web. Google Fonts a déjà converti ces polices dans tous les formats nécessaires. Vous n'avez pas à le faire vous-même ! De plus, ces typos se chargent très vite, ce qui participe à alléger le temps d'affichage de votre page.

Dans la balise `<head>`, nous allons ajouter cette nouvelle balise.

```
<head>
  <meta charset="utf-8">
  <title>OhMyCode</title>
  <meta name="description" content="OhMyCode! Je code mon premier site web" />
  <link rel="stylesheet" type="text/css" href="style.css">
  <link href="https://fonts.googleapis.com/css?family=Lobster" rel="stylesheet">
</head>
```

Figure 3-34
Insertion du lien vers la police Lobster dans la balise <head>.

La deuxième étape indispensable consiste à *attribuer* cette police à un élément de votre page en utilisant les informations fournies par Google Fonts.

Specify in CSS

Use the following CSS rules to specify these families:

```
font-family: 'Lobster', cursive;
```

Direction la feuille de styles et modifions le sélecteur h2.

```
h2{
  color: black;
  font-family: 'Lobster', cursive;
}
```

Et voici le résultat dans le navigateur :

Vous pouvez faire appel à autant de polices que vous le voulez. Il vous faudra simplement ajouter les balises correspondantes dans <head>. Ici, plusieurs balises <link> ont été ajoutées, chacune correspondant à une typo donnée.

```
  <link href="https://fonts.googleapis.com/css?family=Pacifico" rel="stylesheet">
  <link href="https://fonts.googleapis.com/css?family=Lato" rel="stylesheet">
  <link href="https://fonts.googleapis.com/css?family=Poiret+One" rel="stylesheet">
  <link href="https://fonts.googleapis.com/css?family=Lobster" rel="stylesheet">
</head>
```

Figure 3-35
Exemple de multiples liens Google Fonts dans la balise <head>.

Attention, le seul fait d'ajouter une balise <link> dans votre document HTML ne suffit pas à appliquer une police à un quelconque élément de votre page. Pour utiliser ces polices, vous devez absolument les attribuer à un sélecteur. Sinon, le navigateur verra effectivement le lien mais ne s'en servira pas.

Google Fonts est donc un moyen rapide et sûr d'ajouter une police originale en évitant les manipulations de @font-face. En contrepartie, bien souvent, les polices de designers les plus pointues ne seront pas sur Google Fonts : vous devrez donc utiliser @font-face pour en profiter.

4. J'ORGANISE MON CONTENU

À ce stade, vous avez utilisé le langage HTML pour insérer du contenu texte dans votre page : c'est la structure. Vous avez également écrit vos premières lignes de code en langage CSS pour modifier l'aspect visuel des éléments : c'est le style. Il est temps maintenant d'introduire un nouveau concept : le rangement ! Notre mission dans ce chapitre sera donc d'apprendre à *ranger* notre contenu dans un but précis : pouvoir le placer et le déplacer (texte, images, liens), exactement à l'endroit souhaité. C'est au cours de cette étape que le design de la page va prendre forme.

DES BOÎTES !

Ranger, bien sûr, mais où et dans quoi ? Tout d'abord, en rangeant, nous allons établir une nouvelle structure. En développement web, la structure est la partie gérée par l'HTML. C'est donc dans le document `index.html` que nous allons œuvrer. Ensuite, dans quoi allons-nous réellement ranger le contenu ? Il faut imaginer qu'une page web fonctionne exactement comme une bibliothèque ou une étagère. La comparaison peut paraître surprenante, mais vous allez comprendre dans un instant pourquoi j'utilise cette analogie. Pour ranger vos éléments texte, vos liens ou encore vos images, vous allez utiliser des *boîtes*. Tout à fait. Des boîtes qui sont en tout point comparables à celles que vous avez déjà utilisées mille fois.

Quelles sont les caractéristiques d'une boîte ? Tout d'abord, vous pouvez déterminer sa hauteur et sa largeur. Aussi, vous pouvez choisir sa couleur. Dernier point, vous la placez exactement où vous voulez. C'est l'assemblage de toutes ces boîtes, avec différentes caractéristiques, qui forme le contenu de votre page. En langage HTML, ce n'est pas le terme *boîte* qui est utilisé comme vous pouvez vous en douter, mais le terme *DIV* (diminutif de « division », parce que les DIV divisent la page).

À quoi ressemble une DIV ?

Tout dépend ! C'est vous qui allez déterminer ses caractéristiques visuelles et surtout ce que vous mettrez dedans. Et les DIV sont partout. Pour nous en persuader, regardons ensemble une page web.

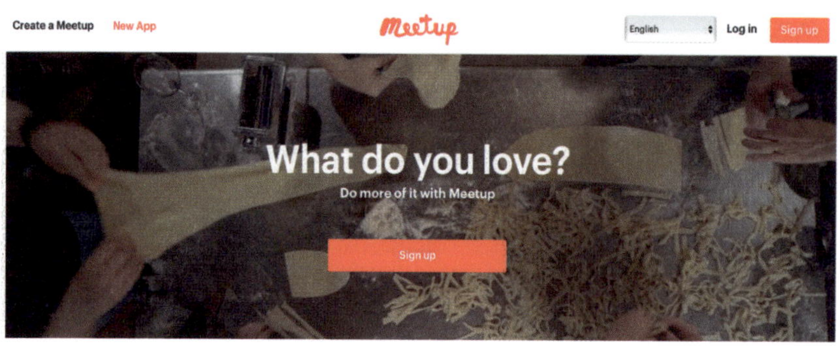

Figure 4-1
Page d'accueil (partielle) du site Meetup.fr.

Chaque DIV est placée à un endroit précis dans la page (en haut, en bas, à gauche, à droite) et répond à un style propre (couleur ou image de fond, positionnement). Petit exercice, prenez le temps d'analyser cette page et de localiser les DIV. Comment les repérer ? Imaginez que vous vouliez reproduire cette organisation dans votre bibliothèque.

En haut de la page, se trouve tout d'abord un grand bandeau blanc.

Positionnement (tout en haut) + couleur (fond blanc) associés ? Vous avez trouvé la première DIV. Et là, tout comme avec les éléments HTML, une balise peut en contenir une autre, qui elle-même peut en contenir une autre... Vous l'avez compris, c'est le principe encore une fois des poupées russes. Regardons en détail cette grande DIV blanche. Pouvez-vous repérer les DIV qu'elle contient ?

Deux liens se suivent à gauche de la page. Si vous vouliez réaliser la même chose sur une étagère, vous placeriez votre contenu dans une boîte bien distincte. Ici, c'est pareil. Une DIV de plus !

Le logo est placé au centre et le bouton pour s'identifier se trouve à droite. Même principe ici. Vous avez localisé deux nouvelles DIV.

En dessous, on trouve une grande image. C'est une DIV car la photo tapisse toute la surface.

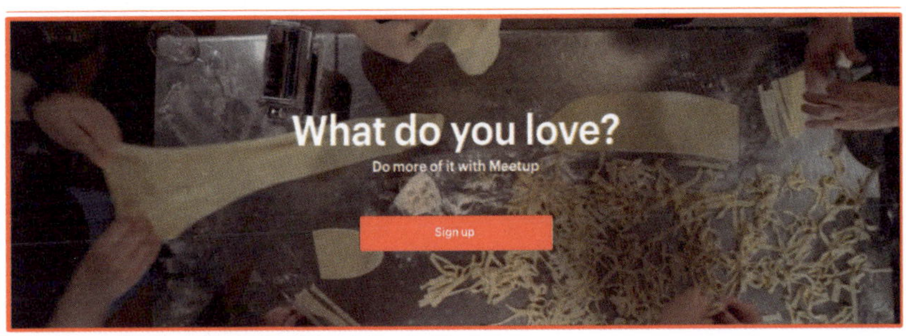

Dernier élément, le titre « What do you love? ». Il s'agit du dernier rangement positionné exactement au centre de l'étagère, euh excusez-moi... de la page.

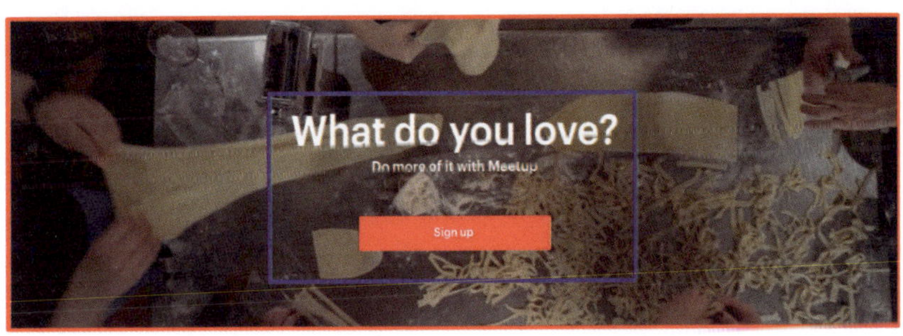

Je veux créer une DIV !

À notre tour d'organiser notre contenu avec les DIV. Tout d'abord, regardons ensemble la section hero que nous devons réaliser et essayons de localiser les DIV.

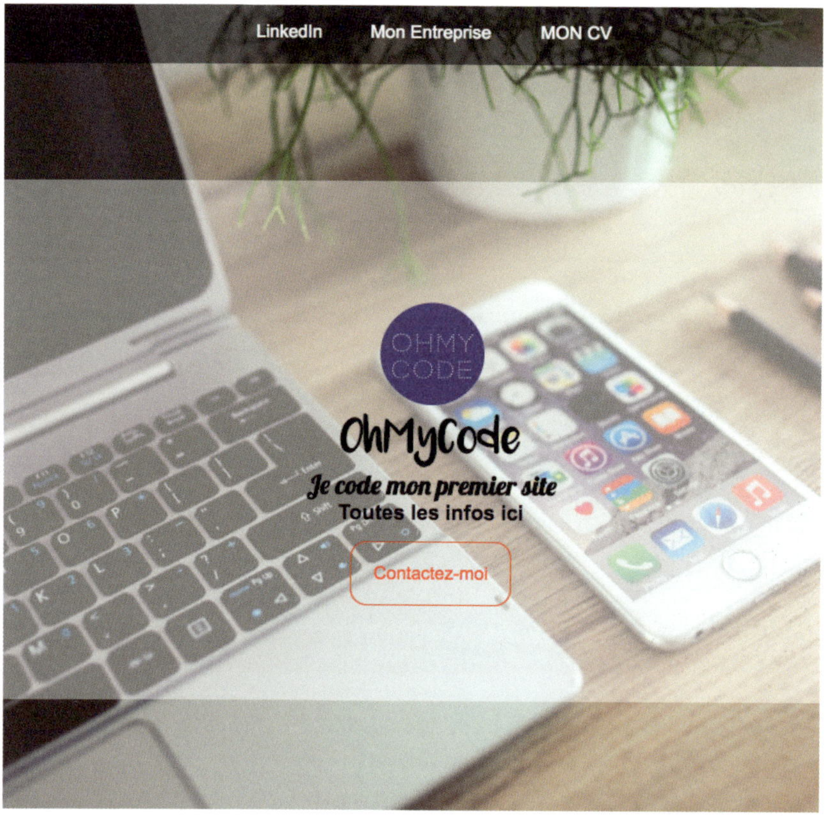

Figure 4-2
La section hero.

Quelles DIV pouvons-nous identifier ? Un élément semble commun à tout le texte de notre page : l'image de fond. Celle-ci recouvre l'intégralité de la page. Ce sera notre première DIV.

Notre menu est situé en haut, sur un fond noir légèrement transparent : pour réaliser ce style, vous devrez créer une nouvelle DIV. Au centre, un grand bandeau blanc, vous l'avez sûrement déjà repéré : il s'agit de notre troisième DIV. À l'intérieur de cette DIV se trouve du contenu texte et image centré. Ce sera notre quatrième DIV.

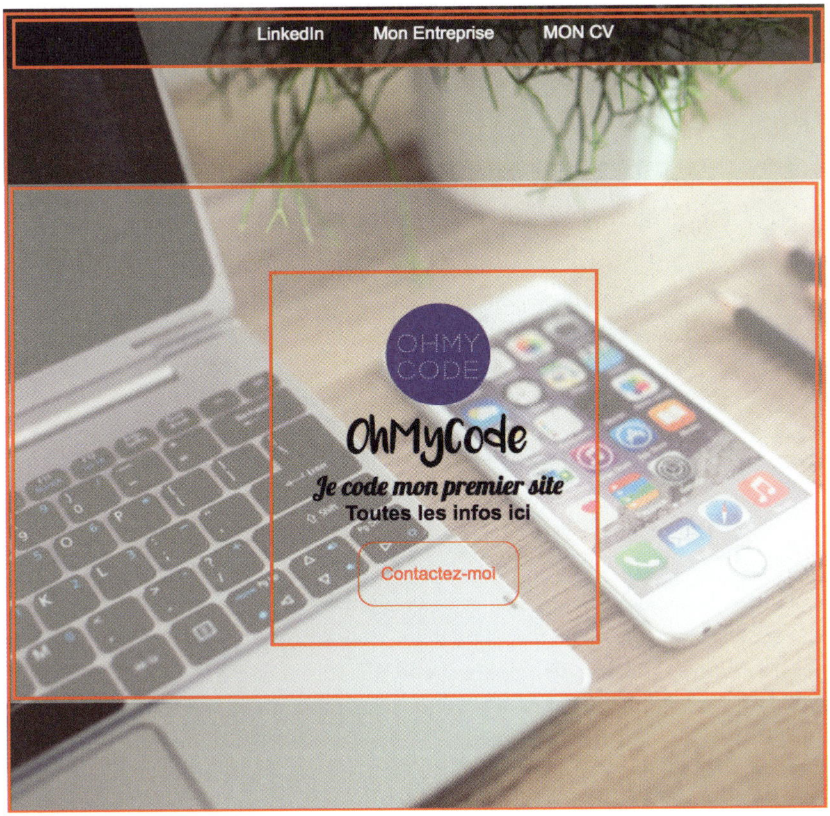

Figure 4-3
Les DIV qui composent la section hero.

Ce qu'il faut retenir, c'est que l'on range dans une DIV des éléments que l'on veut placer à un même endroit et qui partagent des caractéristiques visuelles communes. À chaque fois que vous serez devant ce cas de figure, vous devrez faire appel à une DIV.

Je crée une DIV

Les DIV sont ajoutées dans la partie HTML de votre document (la structure) avec une nouvelle balise `<div>`.

Figure 4-4
Formation d'une DIV.

```
<div id="presentation">
  Ici le contenu dans la DIV presentation
</div>
```

Cette DIV porte un nom, un `id` (autrement dit, un « identifiant ») unique. Dans le cas présent, cette balise s'appelle `presentation`. Vous pouvez nommer vos DIV comme vous le souhaitez. L'idée est cependant de donner un nom pertinent par rapport à son contenu (nous allons en parler dans quelques lignes). Faisons le test et ajoutons un titre `<h3>` dans la DIV nouvellement créée, comme ceci :

```
<h3>Toutes les infos ici</h3>

<div id="presentation">
  <h3>Ici le contenu dans la DIV presentation</h3>
</div>
```

Regardons ce que le navigateur comprend :

Toutes les infos ici

Ici le contenu dans la DIV presentation

Le contenu de la DIV apparaît bien. Voilà la première partie du travail accompli ! La seconde étape consiste à appliquer un style à cette boîte ! Aucune DIV en elle-même n'a de caractéristique visuelle. C'est à vous de déterminer sa couleur, sa taille, son emplacement… Ici, je vous parle de style, donc nous allons éditer notre document `style.css`. Pour faire référence à une DIV en CSS, la syntaxe est légèrement différente que pour les autres sélecteurs. En effet, on ajoute le signe # devant le nom du sélecteur.

```
#presentation{
  propriété : valeur;
}
```

Figure 4-5
Déclaration CSS d'une DIV, avec le signe #.

Quand vous voyez le signe # devant le nom d'un sélecteur, vous savez que cela fait toujours référence à une DIV. Quelles propriétés ajouter ? Les DIV bénéficient de propriétés particulières, comme la couleur de fond. Ajoutons une couleur de fond avec la propriété `background-color` (couleur de fond) et `red` (rouge) comme valeur.

```
#presentation{
  background-color: red;
}
```

Que comprend le navigateur ? Voici le résultat :

Toutes les infos ici

Ici le contenu dans la DIV presentation

On distingue très clairement la DIV colorée en rouge. Pas très joli, mais ça fonctionne !

Des DIV qui ont du sens

L'HTML est un langage qui a beaucoup évolué depuis sa création. Sans vous faire un cours d'histoire, parlons ici des derniers apports majeurs qui modifient l'écriture, principalement des DIV.

La dernière version de l'HTML, HTML 5, met à disposition des DIV qui portent chacune un nom. Pourquoi ? La volonté est d'uniformiser le code et de donner un sens sémantique aux DIV. Le constat est que le développeur peut donner le nom qu'il veut à une DIV. Suivant sa langue d'origine et sa logique personnelle, cela donne à peu près tous les noms possibles pour nommer une même DIV. C'est justement pour rendre le Web plus homogène que de nouvelles balises ont été mises en place. Comment cela fonctionne-t-il ? Il apparaît qu'une page web comporte toujours (plus ou moins) des DIV incontournables. Ce sont ces DIV qui sont ciblées par l'HTML 5. Reprenons notre DIV presentation. Nous l'avons nommée presentation pour traduire le fait que cette partie de la page a une même thématique, à savoir vous présenter. Pour l'HTML 5, cela représente un bloc d'information uniforme. Pour désigner ce type de bloc d'information, l'HTML 5 a créé une DIV dédiée nommée <section>. À la place de la DIV presentation, utilisons la DIV <section>.

```
<section>
  <h3>Ici le contenu</h3>
</section>
```

Figure 4-6
Utilisation de la balise HTML 5 <section>.

Au passage, remarquez que l'écriture de ces DIV est simplifiée. Nous n'avons plus besoin d'indiquer le nom de l'id. Côté CSS, il faut renommer le sélecteur. L'écriture est également simplifiée, on peut supprimer le signe #.

```
section{
  background-color: red;
}
```

Figure 4-7
Déclaration CSS de la balise HTML 5 <section>, sans le signe #.

Le navigateur interprète toujours la même information :

Toutes les infos ici

Ici le contenu de la balise Section

Structure d'une page en HTML 5

Passons en revue quelques-unes des balises sémantiques de l'HTML 5 en analysant une page web standard.

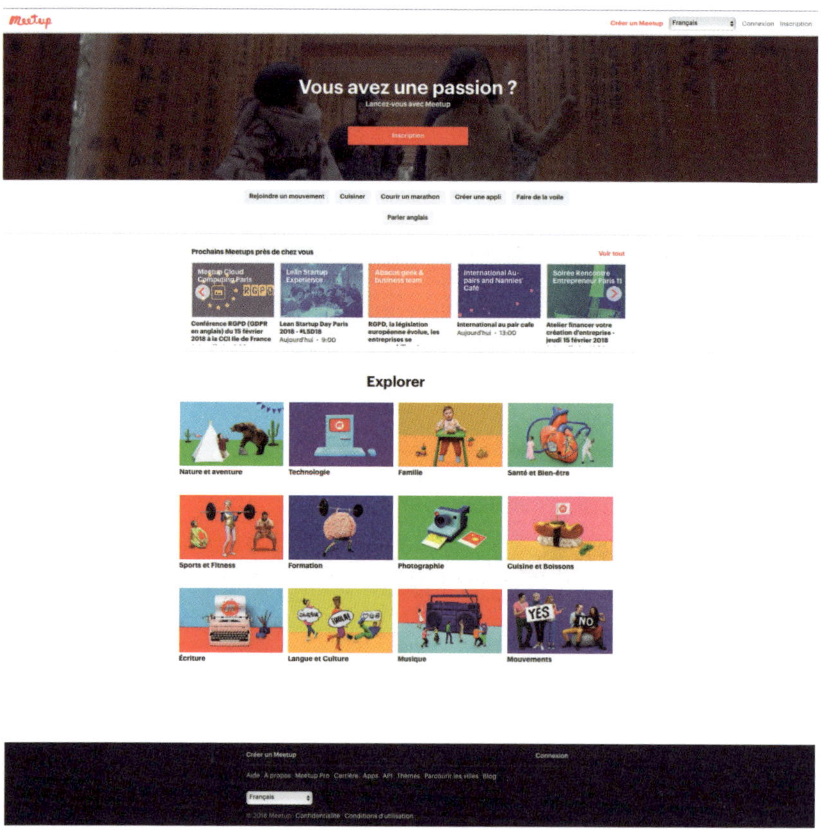

Figure 4-8
Page d'accueil complète du site Meetup.fr.

La balise <section>

Cette partie du site a un objectif précis : servir d'accroche avec un titre et une image de fond. On fera alors usage de la balise `<section>`. Notons qu'en webdesign, cette zone de la page est appelée « section hero ». L'idée est d'interpeller le visiteur dès son arrivée, avec une image et un texte fort.

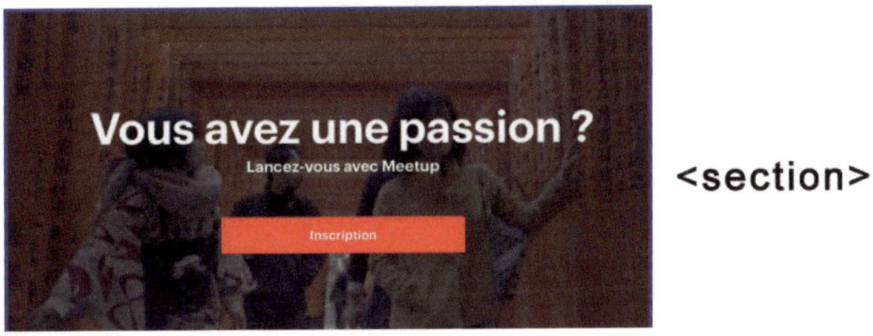

Figure 4-9
Partie du site comprise dans une balise HTML 5 <section>.

Un site web peut être composé de plusieurs sections, c'est-à-dire des grands rangements qui vont organiser son contenu. C'est pourquoi, très souvent, on ajoute à la balise `<section>` un attribut `id` (identifiant). Dans notre exemple, nous allons attribuer à cette section, l'identifiant `hero`. Par ailleurs, construisons une deuxième section, juste en dessous, avec cette fois l'identifiant `missions`.

Figure 4-10
Plusieurs balises <section> avec identifiants.

```
<section id="hero">
  <h3>Ici le contenu dans la DIV presentation</h3>
</section>

<section id="missions">
  Ici la liste des vos missions
</section>
```

De cette façon, le code est parfaitement organisé dans des grandes sections qui ont chacune un identifiant différent. Le navigateur et les moteurs de recherche seront informés qu'il s'agit de blocs avec une mission particulière et non pas simplement une nouvelle DIV. C'est cette organisation que nous reprendrons un peu plus loin dans le livre.

Côté CSS, on appellera la balise par son identifiant, comme ceci :

```
#hero{
  background-color: red;
}
#missions{
  background-color: blue;
}
```

Figure 4-11
Déclarations CSS des balises avec identifiants.

Le navigateur interprète les deux DIV avec chacune un fond de couleur différente.

Figure 4-12
Résultat affiché dans le navigateur.

La balise <header>

À ne pas confondre avec la balise `<head>` qui contient des informations que le navigateur doit interpréter avant d'afficher la balise `<body>`. Ce sont les feuilles de styles, par exemple. Alors, qu'est-ce que la balise `<header>` ? Comme son nom l'indique, elle a globalement vocation à contenir la partie haute de la page, comme le menu.

La balise <nav>

Le menu est un élément essentiel de tout site web. C'est donc tout naturel qu'il ait sa propre DIV, `<nav>` (pour « navigation »). Tous les liens de votre menu principal doivent être inclus dans cette DIV.

Figure 4-13
Partie du site comprise dans la balise HTML 5 <nav>.

La balise `<nav>` peut également être utilisée plusieurs fois dans la page. Bien souvent, les sites web proposent un menu en haut de page et un menu en bas de page. Ces deux menus n'auront probablement pas les mêmes styles, mais toujours la même fonction : aider à la navigation. Dans ces cas-là, on ajoutera un identifiant à la balise `<nav>` comme on l'a fait pour la balise `<section>` afin de les différencier.

Figure 4-14
Exemple de deux balises <nav> avec identifiants.

```
<nav id="top">
  <!--Ici votre menu en haut de la page-->
</nav>

<nad id="bottom">
  <!--Ici votre menu en bas de la page-->
</nav>
```

La balise <article>

Cette balise sert à délimiter un bloc contenant des éléments indépendants. Chaque élément existe par lui-même et peut être réutilisé à un autre endroit dans le site. C'est le cas notamment des articles ou ici des derniers événements.

Figure 4-15
Partie du site comprise dans la balise HTML 5 <article>.

La balise <footer>

La balise `<footer>` (« pied de page » en français), est la partie qui clôt votre page avec un large bandeau. En général, ce bloc contient les informations de contact, un rappel des pages de votre site, ou une courte description de votre activité.

Figure 4-16
Partie du site comprise dans la balise HTML 5 <footer>.

Que se passe-t-il si nous préférons nommer nous-mêmes les DIV plutôt qu'utiliser les balises mises à disposition par l'HTML 5 ? Votre site est-il banni à tout jamais d'Internet ? Non, votre code fonctionnera toujours. Mais ces balises font partie des bonnes pratiques pour un code maintenable plus facilement. Par ailleurs, les noms de ces balises déjà codifiés permettent un meilleur référencement et une compatibilité accrue aux outils d'aide à la lecture. Que des bénéfices donc ! Comme on l'a vu, ces balises sémantiques servent à structurer de façon universelle votre page, mais elles ne répondent pas à tous les besoins. Pour chaque page web, elles se combinent forcément avec des DIV classiques. C'est justement ce que nous allons continuer de faire pour ce projet.

JE STRUCTURE MA PAGE AVEC LES DIV

Vous allez donc vous servir des DIV pour organiser votre page personnelle. Cela se fait en deux temps : en premier, nous allons modifier la structure HTML du document, et dans un second temps, nous attribuerons des styles aux DIV créées.

Je modifie la structure HTML

Nous avons précédemment localisé les DIV à créer. Il nous faut à présent les nommer et avoir une vue claire de leur imbrication entre elles. N'hésitez pas à prendre un papier et un crayon et à schématiser autant que possible cette étape. C'est une aide visuelle précieuse pour ne pas s'y perdre !

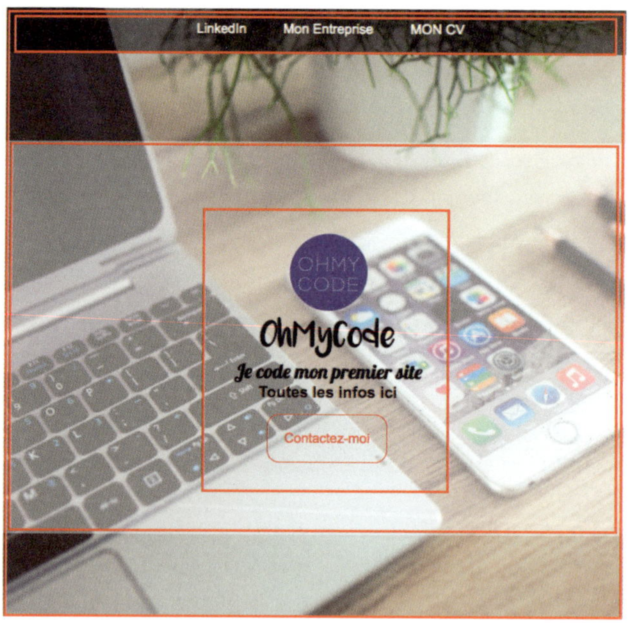

La figure 4-17 présente le schéma sur papier, équivalent à l'image précédente.

Figure 4-17
Schéma à main levée des DIV de la section hero.

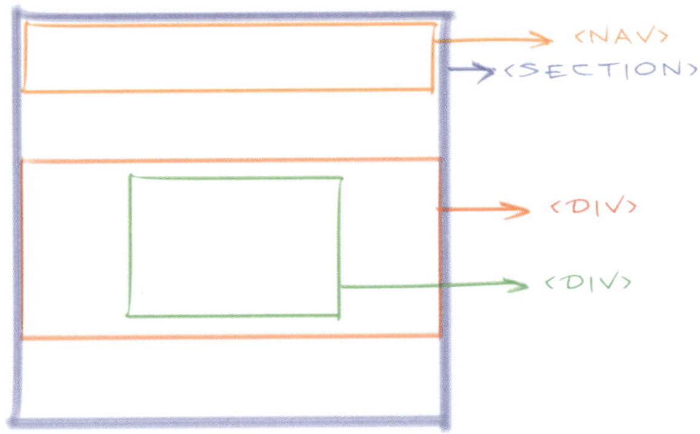

Une grande balise `<section>` sera notre contenant principal, dans laquelle se trouveront toutes les autres DIV. En haut, les liens du menu seront placés dans la balise `<nav>`. En dessous, une DIV servira de bandeau blanc qui contiendra une dernière DIV pour le texte et l'image.

Rappelez-vous que les balises n'ont pas de caractéristiques en soi. Nous aurions pu utiliser la balise `<header>` à la place de la balise `<section>`. Cela aurait toujours été correct du point de vue de l'HTML 5.

La balise <section>

La première action consiste à ajouter la balise `<section>` dans notre document `index.html`. Prenez un instant pour localiser où placer cette DIV. Cette balise doit englober *tout* notre contenu visible par les visiteurs.

C'est donc juste en dessous de la balise `<body>` que nous ajoutons la balise `<section>`.

```
<body>
  <section>
      <a href="http://www.linkedin.fr" target="_blank">LinkedIn</a>
      <a href="http://www.monentreprise.fr" target="_blank">Mon Entreprise</a>
      <a href="monCV.pdf" target="_blank">MON CV</a>

      <img src="logo_ohmycode.png" alt="logo ElleCode" width="100"/>

      <h1>OhMyCode</h1>
      <h2>Je code mon premier site</h2>

      <h3>Toutes les infos ici</h3>
  </section>
</body>
```

Figure 4-18
Intégration de la balise <section>.

N'hésitez pas à indenter votre contenu. Cela vous permet en un clin d'œil de repérer l'imbrication de vos DIV. Ici, la balise `<body>` contient la balise `<section>`, qui elle-même contient les textes et liens de votre site. Juste après notre dernier contenu `<h3>Toutes les infos ici</h3>`, on referme les balises ouvertes. Notez comment la balise de fermeture reprend le nom de la balise d'ouverture avec une barre oblique / devant, ici `</section>`. C'est le même principe pour toutes les balises de fermeture.

Côté navigateur, cette nouvelle balise n'a évidemment pas d'impact sur notre page : nous ne nous sommes pas encore occupés du style. Continuons pour l'instant à structurer le contenu avec les DIV.

La balise <nav>

La balise `<nav>` correspond à la navigation de votre site. Cette DIV va donc inclure les liens du menu. Comment s'y prendre ? Avant de poursuivre la lecture, faites l'exercice en toute autonomie, rien de mieux pour comprendre ou se poser des questions ! Le but de la manœuvre est d'intégrer les trois liens précédemment ajoutés. Voici le code que vous devriez obtenir.

```
<body>
  <section>
    <nav>
      <a href="http://www.linkedin.fr" target="_blank">LinkedIn</a>
      <a href="http://www.monentreprise.fr" target="_blank">Mon Entreprise</a>
      <a href="monCV.pdf" target="_blank">MON CV</a>
    </nav>
```

Figure 4-19
Intégration de la balise <nav>.

La boîte `<nav>` est bien dans la boîte `<section>`. Reprenez le schéma de la figure 4-17 pour vous repérer.

Les DIV

Tout d'abord, il faut placer une DIV qui serve de bandeau blanc. Nous la nommerons `bandeau`. Nous ajouterons aussi une DIV qui contient les textes, liens et images : `contenu`.

```
<div id="bandeau">
  <div id="contenu">
      <img src="images/logo_ohmycode.png" alt="logo OhMyCode"/>
      <h1>OhMyCode</h1>
      <h2>Je code mon premier site</h2>
      <h3>Toutes les infos ici</h3>
  </div><!--Ici, on referme la div contenu-->
</div><!-- Ici, on referme la div bandeau-->
```

Figure 4-20
Intégration des DIV bandeau et contenu.

La DIV `contenu` sert à ranger le texte et votre image. Maintenant, regardez bien les commentaires. Vous aussi, commentez votre code ! Indiquez quelle DIV vous refermez : cette étape (avec l'aide visuelle de l'indentation) vous permet d'avoir une démarche systématique quand vous codez, ou quand vous recherchez un bogue. Si le navigateur ne comprend pas ce que vous voulez, la première étape est de revoir chacune de vos DIV en vous assurant d'avoir bien ouvert et bien refermé vos balises avec la barre oblique /. « J'ouvre la balise A, je referme la balise A. » En effet, les DIV que vous créez ne reprennent pas leur nom dans la balise de fermeture. Il est donc très facile de ne plus savoir où on en est dans la fermeture de ses balises.

```
<body>
  <section>
    <nav>
      <a href="https://www.linkedin.fr" target="_blank">LinkedIn</a>
      <a href="http://www.monentreprise.fr" target="_blank">Mon Entreprise</a>
      <a href="monCV.pdf" target="_blank">MON CV</a>
    </nav><!--Ici, on referme la balise nav-->

    <div id="bandeau">
      <div id="contenu">
          <img src="images/logo_ohmycode.png" alt="logo OhMyCode"/>
          <h1>OhMyCode</h1>
          <h2>Je code mon premier site</h2>
          <h3>Toutes les infos ici</h3>
      </div><!--Ici, on referme la div contenu-->
    </div><!-- Ici, on referme la div bandeau-->

  </section><!--Ici, on referme la balise section-->
</body>
```

Figure 4-21
Structure complète de la balise <section>

Je donne du style aux boîtes

Le document `index.html` est maintenant prêt, la structure est en place. Nous allons maintenant éditer le fichier `style.css` pour donner de la personnalité à ces boîtes !

Je donne du style à la partie <section>

La balise `<section>` affiche une image de fond. Nous avons besoin pour cela d'une image suffisamment grande. Comme vu précédemment, votre image doit mesurer au minimum 1 900 × 1 200 pixels. Si ce n'est pas déjà fait, placez cette image dans le dossier de votre projet.

Figure 4-22
Contenu du dossier du projet.

L'image que nous utiliserons s'appelle `fond.jpg`.

Pour afficher une image en fond, nous allons utiliser une nouvelle propriété CSS : `background`. La valeur de cette propriété est une URL, autrement dit un chemin d'accès vers une image. Dans le fichier `style.css`, nous faisons référence à la balise `<section>` et nous ajoutons le style correspondant.

```
section{
  background: url('./fond.jpg');
}
```

Figure 4-23
Ajout d'une image de fond à la balise <section>.

Dièse ou pas dièse ?

Vous serez amené à sélectionner les DIV de deux façons différentes dans votre feuille de styles. Pour les DIV avec un identifiant, c'est le nom de cet identifiant qui sert de sélecteur. Vous devrez toujours le faire précéder du signe #. Pour les balises sémantiques avec identifiant, cela fonctionne de la même façon. C'est le nom de l'identifiant que l'on cible dans la feuille de styles, également avec le signe # devant.

```
<div id="box">
  <p>Une boite qui s'appelle box</p>
</div>
```

```
<section id="box">
  <p>Une boite qui s'appelle box</p>
</section>
```

```
#box{
  background-color: red;
}
```

En revanche, si vous utilisez uniquement une balise sémantique HTML 5 (sans identifiant supplémentaire), le navigateur les reconnaîtra. C'est pourquoi vous n'avez pas besoin d'ajouter le signe #.

```
<section>
  <p>Une boite qui s'appelle box</p>
</section>
```

```
section{
  background-color: red;
}
```

La propriété `background` ajoute un élément comme une photo ou une image en fond de votre boîte.

Voyons le résultat dans le navigateur.

La photo apparaît bien en fond, mais, je vous l'accorde, ce n'est pas encore un résultat optimal ! Pour cela, retournons à la feuille de styles et ajoutons deux nouvelles propriétés complémentaires à `background` pour manipuler avec plus de précision l'image.

Figure 4-24
Ajout des propriétés complémentaires pour l'image de fond.

```
section{
  background: url('./fond.jpg');
  background-repeat: no-repeat;
  background-size: cover;
}
```

Tout d'abord, à quoi sert `background-repeat` ? Par défaut, le navigateur utilise le motif déclaré dans la propriété `background` pour tapisser l'intégralité de votre page : si votre image ne remplit pas toute la page, alors le navigateur va compléter le vide en dupliquant l'image en largeur et en longueur. Nous avons besoin de dire expressément au navigateur de ne pas répéter le motif avec la valeur `no-repeat`. `background-repeat` nous sert donc plus à *enlever* un style qu'à en ajouter un ! Pour s'en rendre compte, on peut définir `background` avec une image plus petite, comme votre logo, et retirer pour un moment les deux propriétés que l'on vient d'ajouter (notez que nous utilisons les commentaires pour ignorer un contenu).

```
section{
  background: url('./logo_ohmycode.png');
  /*background-repeat: no-repeat;*/
  /*background-size: cover;*/
}
```

Voici la belle tapisserie qui apparaît dans le navigateur :

Vous pouvez revenir aux valeurs précédentes.

La propriété `background-size`, quant à elle, adapte votre image à son contenant, à savoir la DIV. Avec la valeur `cover`, le navigateur va adapter la largeur de l'image à la largeur de la DIV (qui correspond ici à la largeur de la fenêtre). Nous voyons à présent la photo dans toute sa largeur. En revanche, la photo est coupée dans sa hauteur : c'est parce que, dans ce sens, la DIV ne prend pas plus d'espace que nécessaire. Ce comportement par défaut pourra être déjoué grâce au CSS.

Figure 4-25
Image de fond avec la valeur cover.

Si nous voulons cependant que la photo soit toujours complètement visible (en largeur et en hauteur), nous choisirons plutôt la valeur `contain`.

```
section{
  background: url('./fond.jpg');
  background-repeat: no-repeat;
  background-size: contain;
}
```

Figure 4-26
Déclaration de l'image de fond avec la valeur contain.

Dans le navigateur, l'image apparaît dans toute sa hauteur, réduisant forcément sa largeur.

Figure 4-27
Affichage de l'image de fond avec la valeur contain.

Démonstration faite, n'oubliez pas de revenir à la valeur `cover` !

Vous l'avez peut-être remarqué à ce stade du développement : votre contenu ne semble pas tout à fait « collé » au bord de votre page. C'est encore une fois un style hérité du navigateur. Nous allons y remédier dans la prochaine partie.

Je donne du style à la partie <nav>

Le menu se trouve dans une DIV noire légèrement transparente. Pour traduire la transparence, nous devons utiliser une valeur `rgba` *(red, green, blue, alpha)*. Alpha indiquera le degré de transparence recherché. Tout d'abord, il faut déterminer la valeur `rgb` correspondant au noir : `rgb(0,0,0)`. On ajoute ensuite, la valeur alpha.

Figure 4-28
Ajout d'un fond noir légèrement transparent avec la valeur rgba.

```
nav{
  background-color: rgba(0,0,0,0.5);
}
```

Rendez-vous dans le navigateur pour constater le résultat :

Figure 4-29
Résultat de la valeur rgba dans le navigateur. La couleur de fond du menu apparaît légèrement transparente.

La DIV <nav> est maintenant bien délimitée. On distingue en transparence l'image qui se trouve derrière. Dans notre modèle, le texte est centré dans la page. Utilisons une nouvelle propriété CSS pour réaliser ce style : `text-align` avec la valeur `center`.

```
nav{
  background-color: rgba(0,0,0,0.5);
  text-align: center;
}
```

Figure 4-30
Ajout de la propriété text-align pour positionner le texte.

Observons le résultat dans le navigateur :

Figure 4-31
La propriété text-align permet de centrer le menu.

Comme vous pouvez l'imaginer, nous pouvons jouer avec deux autres valeurs rattachées à cette propriété : `left` (gauche) ou `right` (droite).

Je donne du style aux DIV

Nous allons commencer par la DIV `bandeau` et lui ajouter une couleur de fond. La couleur de fond est blanche légèrement transparente. Pour définir la couleur, nous utiliserons donc les valeurs `rgba` comme pour la balise <nav>, soit `rgba(255,255,255,0.5)`.

```
#bandeau{
  background-color: rgba(255,255,255,0.5);
}
```

Figure 4-32
Ajout d'une couleur de fond blanc légèrement transparent pour la DIV bandeau.

Vous devez obtenir ce résultat dans le navigateur :

À l'intérieur de cette DIV se trouvent du texte, des liens et des images. Nous pouvons tout à fait utiliser la propriété `text-align` pour centrer ce contenu au milieu de la page. Faites le test ! Mais cela fait partie des bonnes pratiques de bien compartimenter les styles. En effet, si vous déplacez la DIV `contenu` à un autre endroit (en dehors de la DIV `bandeau` par exemple), les styles associés ne seront pas impactés. C'est donc la DIV `contenu` qui va centrer le texte, avec la propriété `text-align`.

Figure 4-33
La propriété text-align pour centrer les éléments dans la DIV contenu.

```
#contenu{
  text-align: center;
}
```

Figure 4-34
Résultat dans le navigateur : le texte de la DIV contenu est centré.

Je donne des dimensions aux boîtes

Bien décomposer la structure de votre page web avec des DIV pour chaque groupe d'éléments vous permet également de cibler ces éléments avec précision et de leur donner de nouvelles propriétés. Imaginons, dans l'évolution du design de votre site, que vous décidiez de choisir une nouvelle couleur de fond pour la DIV `bandeau` et une couleur différente pour la DIV `contenu`. Cela sera possible car chacune de ces parties a sa propre DIV que vous pouvez cibler avec le CSS. Pour nous en rendre compte, faisons un petit test et changeons la couleur de fond de la DIV `bandeau` en rouge et la couleur du fond de la DIV `contenu` en blanc, en utilisant la propriété `background-color`.

Figure 4-35
Ajout d'une couleur de fond pour les DIV bandeau et contenu.

```
#bandeau{
  background-color: red;
}
#contenu{
  text-align: center;
  background-color: white;
}
```

Que voyons-nous dans le navigateur ?

Figure 4-36
La DIV contenu apparaît en blanc, mais la DIV bandeau en rouge n'est pas visible.

Il semble que seule la DIV `contenu` soit visible. Le navigateur aurait-il mal compris notre souhait ? Pas du tout. Pour vous en assurer, vous pouvez inspecter votre page, c'est-à-dire accéder à son code source.

J'inspecte ma page

Tous les navigateurs mettent à disposition un inspecteur web. De quoi s'agit-il ? Depuis le navigateur, vous pouvez voir le code qui est réellement interprété et repérer plus facilement vos erreurs. Vous accédez à l'inspecteur web en faisant un clic droit avec la souris. Un menu apparaît et vous propose Inspecter ou Inspecter l'élément.

Une console apparaît en bas de page (figure 4-37). L'onglet Éléments vous permet de visualiser tout le code HTML.

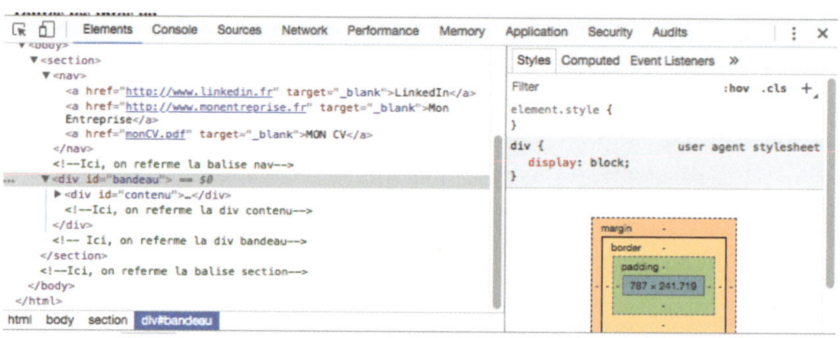

Figure 4-37
Fenêtre de l'inspecteur web. À gauche, la partie HTML ; à droite, la partie CSS.

Par ailleurs, vous avez accès, dans la partie de droite, au code CSS appliqué à l'élément. Ici, vous pouvez tester en direct des modifications. Si vous rafraîchissez, tout redevient comme avant.

Une fois que la console est activée, si vous passez votre souris sur une balise, l'élément concerné va s'afficher en surbrillance dans la page.

Figure 4-38
En surbrillance, l'élément survolé par la souris dans la partie HTML.

Avec l'inspecteur web, vous constaterez que la DIV **bandeau** est toujours là.

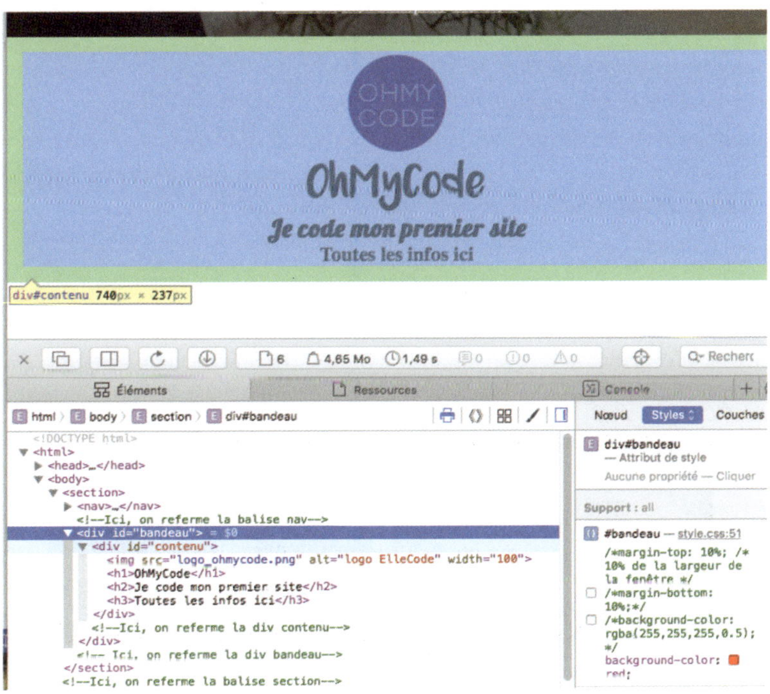

Figure 4-39
Localisation de la DIV bandeau.

La DIV `contenu` est en fait de la même largeur que la DIV qui la contient. Par défaut, si nous ne précisons pas la dimension d'une DIV, elle prend l'intégralité de la largeur disponible. La DIV `contenu` se place exactement devant la DIV `bandeau`. Pour y remédier, il nous faut diminuer la largeur de la DIV `contenu`. Pour cela nous allons utiliser une nouvelle propriété CSS : `width` (« largeur » en français).

La largeur

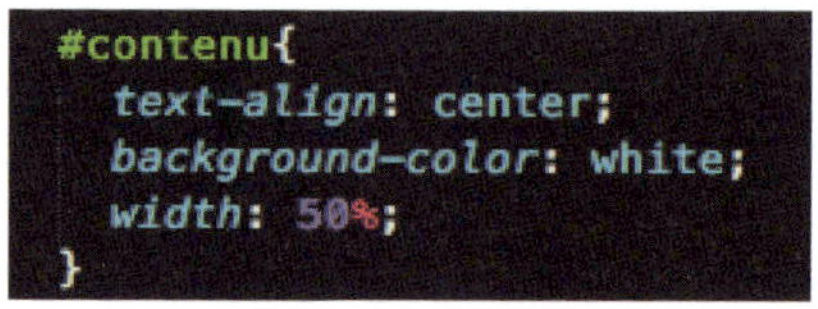

Figure 4-40
Ajout d'une largeur à la DIV contenu.

Fixons la largeur à 50 % : la DIV `contenu` fera exactement 50 % de la largeur de la DIV qui la contient, ici la DIV `bandeau`.

Figure 4-41
La DIV contenu n'occupe que 50 % de l'espace.

À présent, nous voyons bien la DIV `bandeau` avec le fond rouge. Le fait de créer de multiples DIV permet donc de donner un style personnalisé à chacune d'elles si on le souhaite. Et la DIV `contenu` semble plus petite, précisément de moitié, 50% ! Pourquoi utiliser des pourcentages ? La valeur exprimée en pourcentage est la clef de voûte du responsive design.

Ici, nous demandons au navigateur de *toujours* donner à la DIV `contenu` une largeur de 50% de la DIV qui la contient (ici, la DIV `bandeau`). En toutes circonstances. Faisons le test en diminuant la fenêtre ou en l'augmentant. La DIV `contenu` ne change jamais de proportions par rapport à la DIV qui la contient.

Figure 4-42
Sur des fenêtres de tailles différentes, la place occupée par la DIV bandeau est toujours de 50 %.

De cette manière, vous avez une maîtrise parfaite du rendu de votre site pour tous vos visiteurs. Si, en revanche, vous fixez la dimension en pixels, le navigateur appliquera toujours cette valeur, sans possibilité de s'adapter.

Figure 4-43
Résultat sur une fenêtre réduite dans le navigateur avec la largeur fixée en pixels.

Dans le cas où la largeur est fixée à 400 pixels, par exemple, la DIV `contenu` prend presque toute la largeur sur une fenêtre réduite. À présent, revenons au design initial et attribuons de nouveau à la DIV `bandeau` le fond blanc légèrement transparent et retirons la couleur de fond de la DIV `contenu`.

La propriété `width` est une alliée de taille (au sens propre comme au figuré donc) en webdesign. Mais alors qu'en est-il de son équivalent en hauteur, `height` ? C'est exactement le même fonctionnement et nous allons utiliser cette propriété dans la prochaine partie. Avant cela, il nous faut donner de l'air à notre design.

Un peu d'air !

Pour l'instant, le bandeau blanc (la DIV `bandeau`) semble « collé » au menu (`<nav>`). Ce n'est pas ce que nous avons établi dans le design d'origine. Par ailleurs, les liens touchent le haut et le bas de la balise `<nav>`. Il nous faut aérer notre design avec plus d'espace. Seulement, rappelez-vous, le navigateur ne comprend pas les sauts de ligne ! Pour demander au navigateur d'espacer les éléments entre eux, nous allons utiliser deux nouvelles propriétés indispensables dans votre boîte à outils : `padding` et `margin`.

Espacement avec padding

La balise `<nav>` contient les liens ajoutés à notre page. Par défaut, la boîte prend le minimum de place en hauteur, juste assez pour afficher le texte qu'elle contient.

Figure 4-44
Le menu de notre page web.

Comme on le ferait dans une boîte, on peut vouloir placer notre contenu un peu plus au centre pour qu'il ne touche pas les bords et risquer de s'abîmer, par exemple. C'est exactement la même chose en développement web avec `padding`. Cette propriété va définir l'espace ajouté à l'intérieur d'une boîte, entre ses bords et son contenu. C'est à vous de déterminer la valeur du `padding`. En général, sa valeur s'exprime en pixels. Faisons l'essai avec la balise `<nav>` et profitons-en pour changer la couleur des liens en blanc.

```
nav{
  background-color: rgba(0,0,0,0.5);
  text-align: center;
  padding: 20px;
}
```

```
a{
  color: white;
}
```

Figure 4-45
Ajout d'espace à l'intérieur de la balise <nav> avec la propriété padding.

Regardez les liens à présent. Ils sont comme enveloppés dans leur DIV, éloignés des bords.

Figure 4-46
Résultat affiché dans le navigateur : les liens ont plus d'espace sur les côtés.

Notre design est déjà plus aéré ! Mais la propriété `padding` va encore au-delà. Nous pouvons indiquer exactement où appliquer cet espacement : en haut (`top`), à droite (`right`), en bas (`bottom`) ou à gauche (`left`). Pour cela, il nous faut simplement ajouter à `padding` une indication de direction.

```
nav{
  background-color: rgba(0,0,0,0.5);
  text-align: center;
  padding-bottom: 20px;
}
```

Ici, nous ajoutons un espace uniquement vers le bas.

Si nous ne spécifions pas `top`, `right`, `bottom` ou `left`, le même espacement s'appliquera à tous les côtés. La propriété `padding` est un outil indispensable pour positionner vos éléments exactement où vous le souhaitez dans votre boîte.

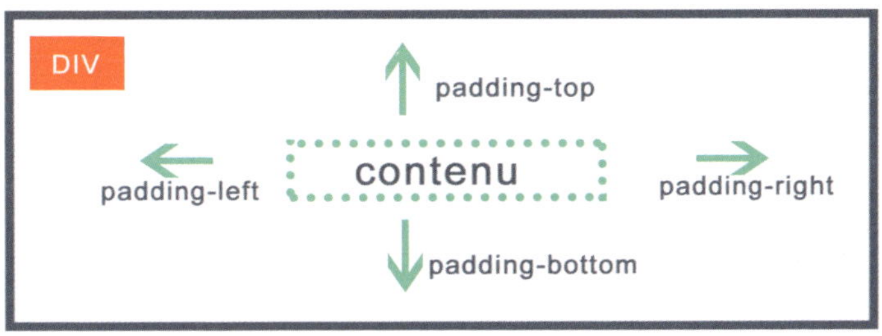

Figure 4-47
La propriété padding.

Comme dans l'exemple précédent, les liens de votre page sont certainement trop proches les uns des autres. Là encore, c'est la propriété `padding` qui nous permet d'espacer les éléments entre eux.

```
a{
  color: white;
  padding : 20px;
}
```

C'est donc à la balise `<a>` que nous allons ajouter un `padding`. Chaque lien est maintenant enveloppé d'un espace de `20px`, ce qui l'éloigne de son voisin.

Notez que, dans le cas présent, nous avons centré les liens avec la propriété `text-align: center`. Les valeurs `padding-right` et `padding-left` ne sont pas appliquées ici. Mais faites le test en retirant `text-align`, vous constaterez que votre contenu respecte à présent un `padding-left` de 20 pixels. La propriété `padding` est donc un outil indispensable pour placer le contenu à un emplacement précis dans la DIV.

Le design de votre page personnelle s'améliore, mais il nous reste encore à ajouter de l'espace entre la balise `<nav>` et la DIV `bandeau`. C'est le moment d'appliquer une nouvelle propriété : `margin`.

La propriété margin pour les DIV

Cette fois, notre mission est de séparer les DIV les unes des autres. Comment procéder ? Voici une nouvelle propriété à garder toujours dans votre boîte à outils : `margin`. Cette propriété va ajouter une marge, une distance minimum de sécurité, *autour* de votre DIV. Côté développement, votre DIV a maintenant des frontières invisibles mais bien infranchissables par les autres DIV.

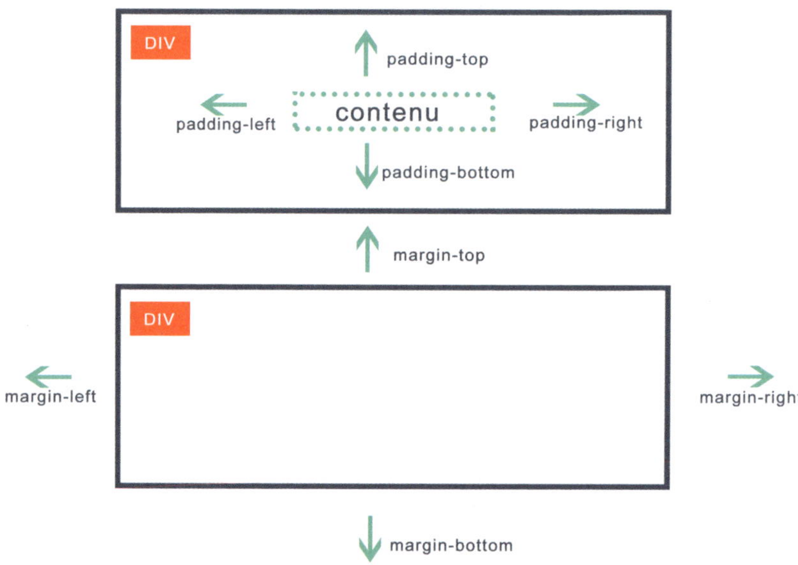

Figure 4-48
Propriétés padding et margin.

Tout comme pour `padding`, les valeurs `top`, `right`, `bottom` et `left` sont disponibles.

```
#bandeau{
  margin-top: 10%;
  background-color: rgba(255,255,255,0.5);
}
```

Figure 4-49
Ajout d'un espace au-dessus de la DIV bandeau.

Pour respecter le design, on ajoute de l'espace au-dessus de la DIV `bandeau`. Cette dernière est maintenant *décollée* de la balise `<nav>`.

Figure 4-50
La DIV bandeau est éloignée du menu.

La valeur est ici exprimée en pourcentage. Cela signifie que, peu importe la largeur de la fenêtre sur laquelle votre visiteur se trouve, l'espace entre les deux DIV respectera toujours une distance de sécurité de 10 %. Mais 10 % de quoi ? De la largeur de son contenant. Vous pouvez déclarer une valeur fixe en pixels cette fois, par exemple 500 px. Si vous rétrécissez la fenêtre vous verrez que la marge est toujours à la même distance et ne s'adapte donc pas à tous les écrans. Pour être tout à fait complet, précisons que la marge peut être ajoutée à une DIV ou à l'autre. Nous aurions pu attribuer une `margin-bottom` à la balise `<nav>`. Le résultat aurait été le même ! C'est votre choix de développeur de déterminer où fixer les règles ! N'oublions pas d'ajouter une marge en bas du bandeau pour le séparer du bas de notre page.

Figure 4-51
Ajout d'un espace identique en haut et en bas de la DIV bandeau.

```
#bandeau{
  margin-top: 10%;
  margin-bottom: 10%;
  background-color: rgba(255,255,255,0.5);
}
```

Que voyons-nous ? La marge du haut apparaît bien, mais la marge du bas n'est pas apparente. Un petit tour dans l'inspecteur web vous montrera pourtant que la marge existe bien ! En CSS, ajouter une marge n'étire pas la DIV pour autant. Cela crée simplement une distance de sécurité avec un autre contenu. Pour forcer ce comportement, nous allons indiquer une déclaration supplémentaire à la balise section.

```
section{
  background: url('images/fond.jpg');
  background-repeat: no-repeat;
  background-size: cover;
  padding-bottom: 1%;
}
```

Ici, le padding-bottom (écriture code) ajoute une distance entre le bac de la DIV et l'élément bandeau.

Nous obtenons à présent la même distance en haut et en bas de la DIV `bandeau`.

Figure 4-52
Ajout d'un espace autour de la DIV bandeau.

Il nous reste à peaufiner la DIV `contenu`, celle qui contient le logo et le texte. Le logo est encore trop « collé » en haut, et le texte « Toutes les infos ici » est totalement en bas. Comment procéder ? Pour ce faire, vous avez en fait à votre disposition les deux propriétés vues précédemment.

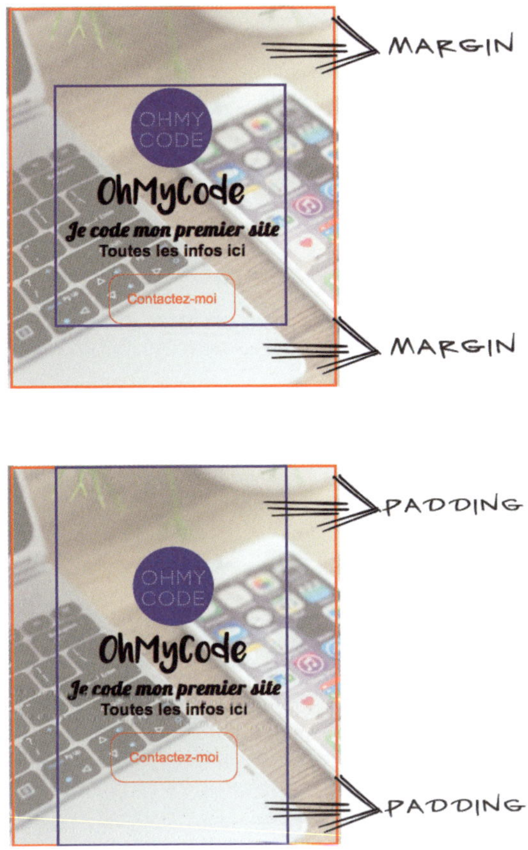

Figure 4-53
Utilisation de la propriété margin ou padding pour un même résultat.

Vous pouvez soit ajouter un `padding` à la DIV `contenu`, pour entourer le texte et les images d'un espace supplémentaire ; soit éloigner la DIV `contenu` de la DIV `bandeau`. Et là, vous l'avez compris, l'espace entre deux DIV est une marge et doit être définie avec la propriété `margin`. Prenez le temps de la réflexion et lancez-vous : écrivez les nouvelles déclarations CSS pour obtenir le résultat page suivante.

Figure 4-54
Ajout d'un espace à l'intérieur de la DIV contenu.

Qu'avez-vous choisi ? Voici une solution avec la propriété `padding`.

```
#contenu{
  text-align: center;
  padding: 2%;
}
```

Votre section hero est à présent en très bonne voie. Essayons de la rendre tout à fait parfaite ! Un espace blanc apparaît autour de votre design, que cela signifie-t-il ? Par défaut, les navigateurs attribuent des styles aux éléments HTML, notamment des marges et des espacements. Pour maîtriser totalement votre design, vous devez expressément signifier que vous ne voulez pas de ces styles par défaut.

```
*{
  margin:0;
  padding:0;
}
```

Figure 4-55
Suppression des styles ajoutés par défaut par le navigateur.

Ce code va annuler tous les ajouts de `margin` et de `padding` du navigateur (lire à ce sujet l'encadré suivant). Nous le plaçons au tout début pour que le navigateur puisse interpréter cette information en premier. À présent, l'espace blanc n'est plus visible.

Reset CSS pour partir de zéro

On l'a vu dès les premières balises de ce projet, le navigateur interprète les éléments en leur donnant un style par défaut. Cela conduit à un design différent suivant les navigateurs. Il convient donc, en début de projet, d'annuler les styles par défaut. La technique de l'astérisque * convient sur un projet de test, comme ici. Mais il existe d'autres techniques plus précises pour un projet plus important. Il s'agit d'importer un fichier CSS qui préservera les styles utiles par défaut tout en modifiant les styles générateurs d'incompatibilité. La feuille de styles **`normalize.css`** ou encore Reset CSS créée par Eric Meyer en sont les références. Pour les utiliser, vous n'avez qu'à créer un nouveau document de style que vous pouvez appeler **`reset.css`** et copier les déclarations à l'intérieur. Ensuite, pour que votre page tienne compte de cette nouvelle feuille de styles, n'oubliez pas d'ajouter le lien dans une balise `<link>`.

Que de chemin parcouru pour en arriver là ! Les notions de DIV, de `margin` et de `padding` sont essentielles en webdesign. Ces deux propriétés vous donnent toute la liberté pour placer les DIV où vous le souhaitez. Revoyez leur fonctionnement, c'est une étape fondatrice dans votre apprentissage.

5. JE BOOSTE MA PAGE

La première section de votre page est en place, autant au niveau de la structure que du style. Grâce aux DIV, le design a pris forme : les boîtes se sont positionnées pour restituer fidèlement le modèle à reproduire. Aussi, avec l'aide de `background` et `background-color`, vous avez personnalisé leurs caractéristiques visuelles (couleur, image de fond et dimensions).

La suite du programme ? Compléter votre page avec de nouvelles sections, avec une mise en page plus riche, en allant plus loin dans la manipulation des DIV et du CSS. De plus, de jolis effets viendront agrémenter votre site pour le rendre encore plus agréable à utiliser. C'est parti !

HÉRÉDITÉ ET CIBLAGE

Vous avez déjà défini un certain nombre de styles dans le fichier `style.css`. Avec le code suivant, par exemple, les liens du menu sont blancs et deviennent rouges au survol. Si vous avez choisi d'autres couleurs, vous pouvez tout à fait les conserver.

Figure 5-1
Déclaration CSS des liens.

```
a{
  color: white;
  padding : 20px;
}
a:hover{
  color: red;
}
```

Dans le modèle de page, un bouton permet d'ouvrir la messagerie du visiteur, afin que celui-ci vous envoie un message.

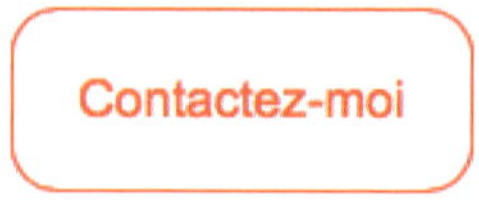

Figure 5-2
Bouton Contactez-moi.

Sans nous préoccuper des fonctionnalités de messagerie pour l'instant, concentrons-nous sur l'ajout de ce texte dans la page. Dès que vous voulez ajouter un contenu, vous devez tout d'abord vous demander quelle balise utiliser. Rappelez-vous, le moindre élément dans la page doit avoir sa *propre* étiquette, ceci afin que le navigateur identifie clairement son objectif. Ici, nous sommes face à un texte qui amène vers un autre contenu (une boîte de messagerie). Dans ce cas, nous pouvons tout à fait utiliser une balise que vous connaissez déjà, la balise Lien.

```
      <h3>Toutes les infos ici</h3>
      <a href="#">Contactez-moi</a>
   </div><!--Ici, on referme la div contenu-->
 </div><!-- Ici, on referme la div bandeau-->
```

Figure 5-3
Ajout de la balise Lien.

À la place du véritable lien que nous verrons dans un second temps, nous plaçons le signe # qui sert, par convention, de valeur de remplissage, en attendant de renseigner le véritable lien. Vérifions le résultat obtenu dans le navigateur.

Figure 5-4
Le bouton avec un lien actif.

Le lien apparaît bien, même si on le distingue difficilement. Et pour cause, le lien est blanc sur un fond blanc ! Vos visiteurs risquent fort de passer à côté. Votre premier réflexe sera peut-être de plonger dans le code CSS et de modifier la couleur du lien, ici défini en blanc.

```
a{
  color: white;
  padding : 20px;
}
```

Figure 5-5
Déclaration CCS des liens en blanc.

Vous avez raison, cela peut régler le problème... mais en partie seulement ! En effet, cette déclaration CSS définit tous les liens de votre page. Si vous changez la couleur des liens pour qu'ils apparaissent en noir, par exemple, *tous* vos liens deviendront noirs, et votre menu ne sera alors à son tour plus visible ! C'est le principe même des *Cascade Style Sheet*, feuille de styles en cascade ! Heureusement, face à cette situation, le CSS nous permet d'être plus précis dans nos déclarations.

Je cible un élément

Notre objectif est de cibler uniquement les liens faisant partie d'une DIV en particulier : la DIV `contenu`. Pour cela, nous allons ajouter une nouvelle déclaration en faisant référence *explicitement* à la DIV `contenu` et à l'élément que l'on cible à l'intérieur, les liens.

Figure 5-6 *Déclaration CSS pour cibler uniquement les liens de la DIV contenu.*

```
#contenu a{
  color : black;
}
```

Si l'on devait traduire cette déclaration en français, on pourrait lire : dans la DIV `contenu`, je veux que les liens a, soient de couleur noire. Qu'a compris le navigateur ?

Figure 5-7 *Lien de la DIV contenu affiché en noir.*

Le lien dans la DIV `contenu` est noir tandis que les liens dans le menu sont toujours blancs. Mission accomplie !

Ce que nous avons fait avec la balise <a>, fonctionne en fait avec n'importe quel élément. Prenons le cas où vous avez un paragraphe (balise <p>) à plusieurs endroits dans votre page, vous pouvez appliquer des styles différents simplement en précisant la DIV qui *contient* cet élément. C'est d'ailleurs ce que nous ferons un peu plus loin dans ce chapitre.

Je crée le bouton Contactez-moi

Notre bouton ressemble pour l'instant à un simple lien. En matière de design, on a vu mieux.

Figure 5-8
Bouton Contactez-moi sans styles.

Il y a encore quelques années, pour réaliser un bouton, il fallait créer une image dans un logiciel de traitement d'images et l'insérer dans sa page. Cela faisait office de bouton. Avec le CSS3 et ses nouvelles propriétés, nous n'avons plus besoin de passer par cette étape qui n'avait en réalité que des inconvénients. Tout d'abord, cela prenait du temps à réaliser, ensuite l'image obtenue était difficilement maintenable. Si vous vouliez changer le texte du bouton, il fallait retourner dans l'éditeur, modifier l'image et de nouveau enregistrer... Enfin, une image est un élément graphique pour le navigateur, qui est parfois long à s'afficher. Mais ça, c'était avant ! Et maintenant ? C'est la balise Lien qui va nous servir d'*image*.

Nous allons ajouter quelques propriétés CSS pour lui donner un aspect beaucoup plus *bouton*. Regardons de nouveau le modèle. À gauche, le bouton à l'état initial, c'est-à-dire sans aucune action de la part du visiteur. À droite, le bouton est à son état au survol (lorsque le visiteur passe la souris dessus).

Figure 5-9
Apparence du bouton à l'état initial (à gauche) et au survol (à droite).

Concentrons-nous tout d'abord sur le style du bouton de gauche. Dans le fichier `style.css`, notre première action est de modifier la couleur du texte en rouge.

Figure 5-10
Liens de la DIV contenu spécifiés en rouge.

Figure 5-11
Ajout d'une bordure autour des liens de la DIV contenu.

```
#contenu a{
  color : red;
  border : 1px solid red;
}
```

La propriété `border` ajoute un contour autour du texte. C'est ce contour qui va donner l'aspect d'un bouton. Il faut préciser trois informations obligatoires pour qu'il apparaisse. Tout d'abord, son épaisseur, ici fixée à 1 pixel. Puis le type de trait : nous avons à disposition plusieurs options : `solid` correspond à un trait plein (`dotted` crée une ligne en pointillé, faites le test !). Le dernier élément indique la couleur.

Figure 5-12
Bouton Contactez-moi avec une bordure.

On se rapproche tout doucement de notre objectif. Cela manque encore de style, comme ajouter un peu d'espacement autour du texte qui semble être collé au contour. Dans le chapitre précédent, nous avons fait la connaissance d'une propriété qui permet justement ça : `padding`.

Figure 5-13
Ajout d'un espacement autour du lien.

```
#contenu a{
  color : red;
  border : 1px solid red;
  padding: 20px;
}
```

Le `padding` ajoute ici de l'espace entre le texte « Contactez-moi » et le contour. Nous n'avons pas spécifié de valeur pour `top`, `right`, `bottom`, ou encore `left`. La valeur `20px` s'applique donc aux quatre côtés.

Figure 5-14
La bordure du bouton chevauche le texte situé au-dessus.

Il semble que le contour chevauche le texte situé au-dessus. Pour remédier à cela, il serait bien pratique de pouvoir ajouter un saut de ligne : c'est exactement ce que nous permet la balise `<br/>` (*break* en anglais).

```
<h3>Toutes les infos ici</h3>
<br/></br/>
<a href="#">Contactez-moi</a>
```

Figure 5-15
Saut de ligne avec la balise <br/>.

Chaque balise `<br/>` correspond à un saut de ligne.

Figure 5-16
Résultat dans le navigateur avec la balise <br/>.

Le résultat est bien plus satisfaisant. Pour parfaire le look du bouton afin qu'il ressemble au modèle, nous devons encore arrondir les angles. Là encore, le CSS3 nous vient en aide avec une propriété totalement magique : `border-radius`.

```
#contenu a{
  color : red;
  border : 1px solid red;
  border-radius: 15px;
  padding: 20px;
}
```

Figure 5-17
La propriété border-radius permet de rendre les bords arrondis.

Cette propriété est définie en pixels ou en pourcentage.

Figure 5-18
La bordure apparaît avec les coins arrondis.

Suivant ses dimensions, vous obtenez un rond, une ellipse ou, comme ici, des coins légèrement arrondis. Vous pouvez même préciser l'arrondi sur un angle précis, en haut à droite, en bas à gauche. Pour cela, comme pour `padding`, vous devez spécifier les autres valeurs avec `top`, `right`, `bottom` ou `left`.

De belles propriétés en héritage

Il ne reste plus qu'une action à mener pour finaliser le design de ce bouton : supprimer le vilain trait qui souligne chacun de vos liens. Pourquoi est-il là d'ailleurs ? Encore une action du navigateur qui, par défaut, souligne tous les liens. Pour s'en débarrasser, utilisez la propriété `text-decoration` avec comme valeur `none`. Avant d'écrire cette ligne de code, réfléchissons un instant au résultat attendu : nous voulons retirer le trait de *tous* les liens de la page. Pour cela, nous intégrons cette propriété au sélecteur le plus global.

```
a{
  color: white;
  text-decoration: none;
  padding : 20px;
}
```

Figure 5-19
Utilisation de text-decoration pour ne pas afficher le surlignage par défaut des liens dans le navigateur.

Si nous ajoutons `text-decoration` uniquement aux liens de la DIV `contenu`, le soulignage des liens du menu sera toujours apparent. Revenons un instant sur cette déclaration. En CSS, le sélecteur le plus global va transmettre ses propriétés par défaut à tous les autres sélecteurs qui y font référence. Dans notre cas, le sélecteur `contenu a` va hériter par défaut de toutes les propriétés du sélecteur le plus global, `a`. Vous trouverez souvent l'analogie *parent/enfant*. Le parent transmet des propriétés, libre à l'enfant de les utiliser telles quelles ou d'en spécifier de nouvelles.

Concernant la typo, par exemple, nous avons spécifié pour les balises `<h1>` et `<h2>` des polices différentes. La balise `<h3>` quant à elle n'indique pas de propriété `font-family`. Par défaut, le navigateur va lui attribuer une police. D'une façon générale, une bonne pratique consiste à spécifier des propriétés de police et de taille de texte qui seront appliquées à tout votre site. Ces valeurs seront héritées par chacun des éléments, sauf si ceux-ci indiquent leurs propres valeurs. Pour ce faire, nous allons nous servir du sélecteur au sommet de la hiérarchie : `html`.

```
html{
  font-family: 'arial';
  font-size: 16px;
}
```

Figure 5-20
Déclaration de style par défaut.

À présent, si vous insérez un nouvel élément texte dans votre page mais que vous ne définissez pas sa police, ni la taille des caractères, il prendra par défaut les valeurs qu'il a reçues en héritage.

Au survol

Retournons au bouton de contact. Nous voulons indiquer clairement au visiteur qu'il a survolé un lien actif. Le principe est le suivant : nous allons modifier la couleur du lien avec la propriété `color` et la couleur de fond avec la propriété `background-color`. Pour cela, nous allons ajouter une nouvelle déclaration en utilisant :`hover`.

```
#contenu a:hover{
  color : white;
  background-color: rgba(178,32,19,0.8);
}
```

Figure 5-21
Modification des styles au survol avec :hover.

Background-color sur un élément texte

On l'a vu dans le chapitre précédent, la propriété `background-color` est utile pour attribuer une couleur de fond à une DIV. Vous pouvez également vous servir de cette propriété pour colorer le fond d'un élément texte ou un lien. Dans l'exemple du bouton, la couleur est appliquée uniquement au survol, mais vous pouvez choisir d'ajouter une couleur de fond à l'état initial.

Ce qu'il faut noter, c'est que la couleur va recouvrir tout l'espace autour de l'élément. Cela signifie que si vous avez attribué un `padding` autour de l'élément, la couleur apparaîtra sur cet espace.

Libre à vous de choisir la couleur de fond du bouton. Pour la démonstration, il s'agit d'une nuance de rouge légèrement transparent. Comme vous l'avez sûrement remarqué, cette déclaration hérite de son parent `#contenu a`. Nous n'avons pas eu besoin de repréciser la couleur de la bordure (`border`), ni le degré des angles (`border-radius`) ou encore le `padding`. En revanche, amusez-vous : déclarez de nouvelles valeurs et observez les changements au passage de la souris !

J'ai un nouveau message

Le design du bouton est en place. Avec ses jolis bords arrondis, son contour, vos visiteurs comprennent qu'il s'agit d'un bouton sur lequel ils peuvent cliquer.

Aussi, au survol, le changement de couleur renforce l'expérience utilisateur sur votre site. Il ne nous manque plus qu'à lui donner une mission : permettre l'envoi d'un message. Le but recherché est que lorsque vos visiteurs cliquent sur le bouton, leur logiciel de messagerie électronique s'ouvre sur leur ordinateur ou leur téléphone. Cette fonctionnalité est finalement très proche d'une balise que vous connaissez très bien : la balise Lien.

```
<a href="mailto:ohmycode@test.com">Contactez-moi</a>
```

Figure 5-22
Balise Lien avec mailto pour ouvrir la messagerie du visiteur.

À la place d'un simple lien, nous ajoutons `mailto:` (assez explicite, vous ne trouvez pas ?) suivi de l'e-mail qui va recevoir le message. Faites le test, la messagerie de l'ordinateur s'ouvre et vous pouvez écrire un message.

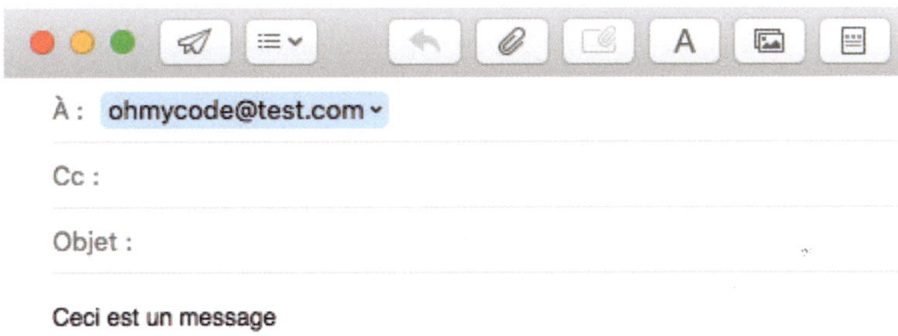

Figure 5-23
La fenêtre du logiciel de messagerie s'ouvre suite au clic sur le bouton Contactez-moi.

Vous pouvez même préremplir certains champs comme l'objet, en ajoutant `?subject` et le texte de votre choix.

```
<a href="mailto:ohmycode@test.com?subject=Demande de Contact">Contactez-moi</a>
```

Figure 5-24
Balise Lien avec mailto un objet d'e-mail défini par défaut (ici, Demande de Contact).

Votre utilisateur appréciera !

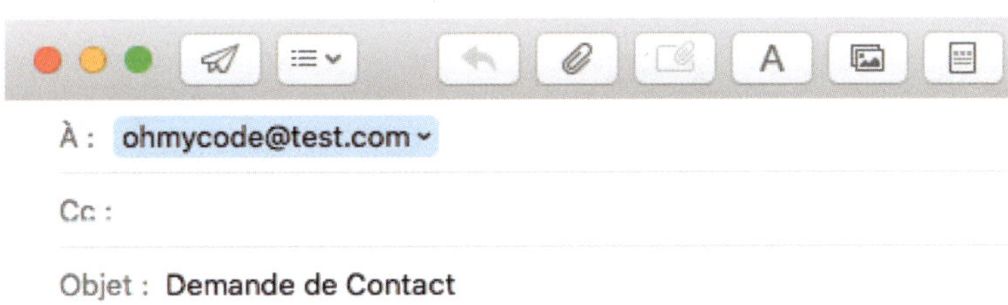

Figure 5-25
La fenêtre du logiciel de messagerie avec le champ Objet prérempli.

J'adapte

Si nous étions en 2009, alors que personne encore ne consultait les sites Internet sur des écrans réduits de téléphone ou de tablette, nous nous arrêterions sûrement là dans le développement du bouton. Sauf qu'en tant que développeur *moderne*, vous devez vous assurer que votre design est aussi *responsive*, c'est-à-dire qu'il s'adapte à toutes les tailles d'écran. Si vous réduisez la fenêtre de votre navigateur, vous verrez sûrement que le bouton dépasse de son contenant, à savoir la DIV `contenu`. Pour avoir un aperçu plus précis, depuis votre navigateur, vous avez la possibilité de simuler différents types d'écrans. Si vous utilisez Chrome, ouvrez l'inspecteur web, puis remarquez en haut à gauche l'icône représentant des écrans de téléphone.

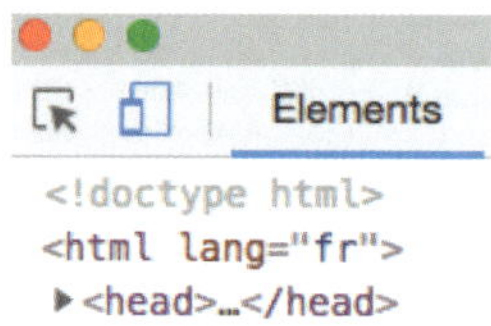

Figure 5-26
Inspecteur web de Chrome pour simuler le rendu sur différentes tailles d'écran.

En cliquant dessus, des options apparaissent pour choisir le type d'appareil ou des dimensions précises. Voici le rendu de la page sur un écran de smartphone.

Figure 5-27
Sur un écran réduit, le bouton Contactez-moi dépasse de la DIV contenu.

Le bouton dépasse du bandeau. Pour arranger cela, nous devons augmenter l'espace entre le bas du bouton et la DIV `contenu`. Cet espace était jusqu'à présent fixé à 2 %.

```
#contenu{
  text-align: center;
  padding: 2%;
}
```

Figure 5-28
Modification de la valeur du padding pour la DIV contenu.

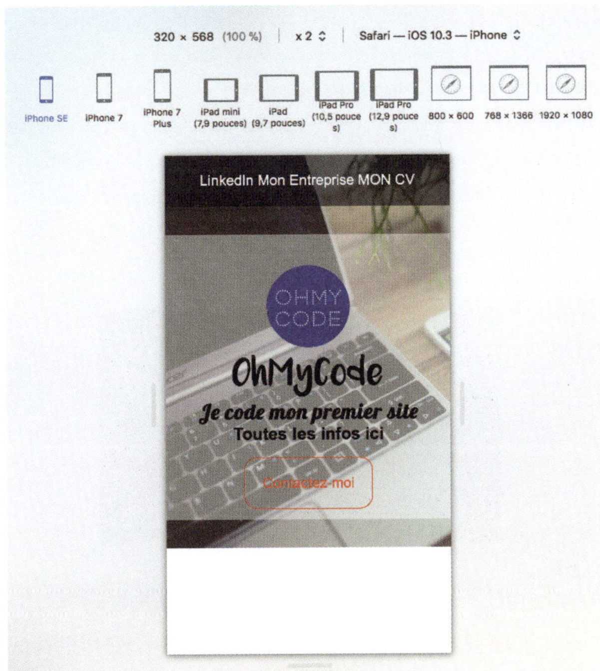

Figure 5-29
Sur écran réduit, le bouton ne dépasse plus de son contenant.

L'affichage des éléments est maintenant optimisé sur écran réduit.

J'AJOUTE DES EFFETS

Abracadabra ! Ou presque. Avec les propriétés CSS3, c'est un monde de tous les possibles pour le développeur. Là où il devait auparavant passer de longues heures à créer des effets de transition (et nous allons voir dans un instant ce que cela veut dire), il lui suffit à présent d'une propriété, de quelques valeurs, et le tour est joué. Le résultat ? Ce sont des sites web qui remplissent toujours leur fonction mais qui en plus concourent à une expérience utilisateur encore plus agréable. Les effets de toutes sortes ne sont pas intégrés sur des points critiques du site. La compatibilité entre navigateurs fait que le rendu n'est pas stable. Internet Explorer pourra ne pas les interpréter. C'est pourquoi ce sont des outils que l'on doit utiliser avec parcimonie et toujours sur des fonctionnalités qui n'impactent pas l'utilisation de votre site.

C'est, disons, la cerise sur le gâteau.

Tout en douceur : les transitions

L'objectif des transitions est de rendre le passage d'un état à un autre le plus fluide possible et agréable à regarder pour nos yeux sensibles. Typiquement, le bon usage pour les transitions est le bouton qui change de couleur au survol. Pour la réalisation de votre page personnelle, vous avez déjà mis en place le design du bouton et la fonctionnalité d'envoi : ce bouton fonctionne bien dans sa version la plus basique. Ajoutons à présent le petit plus qui rendra l'effet au survol plus travaillé.

```
#contenu a{
  color : red;
  border : 1px solid red;
  border-radius: 15px;
  padding: 20px;
  transition: ease 1s;
}
```

Figure 5-30
Ajout d'un effet de transition.

La propriété `transition` nous permet d'étaler dans le temps et d'une certaine façon (rapide, lent ou progressif) le passage entre deux états : l'état initial du bouton et son état au survol. Il nous faut définir pour cela des valeurs. Avec `transition`, les possibilités sont immenses. On peut, par exemple, uniquement cibler la transition de la couleur du texte plutôt que du fond. Dans notre cas, la transition se fera sur les deux propriétés `color` et `background-color`. Pour cela, nous n'avons rien à ajouter, cela se fait par défaut. La valeur `1s` correspond à la durée de la transition. Libre à vous de modifier cette valeur et d'allonger ou de raccourcir l'effet (si vous choisissez une valeur décimale, il faudra utiliser le point et non la virgule, par exemple `1.5`). L'exemple prend volontairement une durée suffisante pour vous rendre compte de la transition mais essayez avec `5s` pour apprécier encore plus l'effet ! Ensuite, il nous faut définir le style associé à cette transition. Là encore, il en existe de toutes sortes. Par défaut, la valeur est `ease`. L'effet est subtil mais si vous regardez bien, le changement est lent au début, puis rapide et se termine doucement.

Figure 5-31
Le bouton change de couleur progressivement.

Comme c'est le style par défaut appliqué par les navigateurs, nous pouvons tout aussi bien ne pas l'indiquer. L'effet sera le même. À présent, le changement de couleur du texte et du fond est comme *adouci* grâce à cette simple déclaration. Notons que cette déclaration ne s'applique qu'aux liens de la DIV `contenu`, mais libre à vous de déplacer cette déclaration sous une propriété plus globale, pour que tous vos liens profitent de cette transition. Comment faire ?

Figure 5-32
L'effet transition ajouté à la balise globale Lien.

```
a{
  color: white;
  text-decoration: none;
  padding : 20px;
  transition: 1s;
}
```

Si vous ajoutez cette propriété à la déclaration `a`, *tous* vos liens profiteront de l'effet de transition au survol.

Observez à présent la page web que vous avez créée. Sa première section est finalisée. Vous avez franchi la barrière de deux langages HTML et CSS pour accomplir ce résultat. Votre page respecte les règles de balisage (pour de meilleures performances, un meilleur référencement, une meilleure accessibilité), vous savez à présent utiliser le CSS pour ajouter du style et même un supplément de confort avec les transitions. Votre page fait également un sans-faute sur téléphone mobile ! Vous avez parcouru un long chemin et vous allez voir que la suite va vous sembler un jeu d'enfant, tant elle se base sur vos acquis. Nous allons pouvoir aller plus loin, maintenant que vos connaissances le permettent.

Rien n'est figé, tout se transforme

Et si on pouvait animer les éléments d'une page web ? C'est ce que nous proposent entre autres les transformations 2D avec la propriété `transform`. Quel genre de transformation pouvons-nous accomplir ? Rotation, manipulation de la taille (plus grand ou plus petit), déformation… Imaginez votre visiteur sur votre site, qui déplace le curseur de sa souris sur votre page et qui, d'un coup, voit une image tourner sur elle-même ou s'agrandir de façon totalement inattendue ? De quoi surprendre et agrémenter sa visite sur votre site. Nous allons utiliser cette nouvelle propriété justement dans le but d'ajouter un effet au survol de l'image (le logo de la DIV `contenu`) : si votre visiteur passe la souris au-dessus, l'image fera une rotation de 360 degrés. Par ailleurs, combiné aux transitions vues précédemment, l'effet pourra être modulé (plus ou moins rapide, par exemple).

Je fais tourner

Le but est de faire tourner l'image sur elle-même au survol de la souris. La première action consiste à cibler cet élément et à lui attribuer une valeur de rotation, ici 300 degrés. Nous indiquons volontairement une valeur de 300 degrés et non de 360 degrés afin que vous constatiez la rotation. En effet, sans les transitions pour spécifier une durée pour l'effet, la rotation est immédiate et peut facilement passer inaperçue. Pour bien se rendre compte de la rotation, fixons donc pour l'instant la valeur à 300 degrés.

```
#contenu img:hover{
  transform: rotate(300deg);
}
```

Figure 5-33
Rotation au survol de l'élément img de la DIV contenu.

Au passage de la souris, l'image tourne de 300 degrés ! Magique.

Figure 5-34
À gauche, l'image à l'état initial ; à droite, l'image au survol de la souris.

La rotation a bien lieu, mais elle est un peu mécanique. Ajoutons une transition pour rendre l'effet plus agréable à regarder. La propriété `transition` se définit toujours à l'élément initial.

```
#contenu img{
  transition: 0.2s;
}
```

Figure 5-35
Déclaration CSS pour ajouter un effet de transition.

Maintenant, le mouvement de l'image qui tourne est visible à l'œil nu.

Figure 5-36
L'image tourne à 300 degrés en 0,2 seconde.

Modifions la valeur 300 degrés pour 360 degrés.

Figure 5-37
Déclaration CSS qui définit la rotation à 360 degrés.

```
#contenu img:hover{
  transform: rotate(360deg);
}
```

Comme pour l'effet du bouton Contactez-moi, amusez-vous à modifier la valeur de transition : vous constaterez que la rotation se fait plus ou moins vite.

J'agrandis ou je rétrécis

La propriété `transform` possède d'autres valeurs pour interpeller le visiteur dans l'exploration de votre site, notamment la valeur `scale`. Par exemple, vous pouvez subitement faire jaillir une image de l'écran et l'afficher deux fois plus grande ou au contraire la rendre toute discrète en la rétrécissant. Notez que les valeurs de `transform` peuvent se cumuler : dans notre cas, nous allons conserver l'effet de rotation en lui ajoutant un effet d'échelle (`scale` en anglais). Ici, l'image devient 1,5 fois plus grande au survol. Si la valeur est inférieure à 1, l'image rétrécira !

Figure 5-38
Déclaration CSS pour agrandir l'image de 50 %.

```
#contenu img:hover{
  transform: rotate(360deg) scale(1.5);
}
```

Voici le résultat dans le navigateur :

Figure 5-39
L'image apparaît 1,5 fois plus grande au survol de la souris.

DES SECTIONS FLEXIBLES

Votre objectif est d'insérer du texte et des images en ajoutant des sections. Rappelez-vous, dans votre fichier `index.html`, vous avez rangé votre contenu dans la balise `<section>`. Tout le jeu va maintenant consister à ajouter des boîtes supplémentaires avec une mise en page plus complexe, en deux ou trois colonnes.

Figure 5-40
Sections apropos et services.

Cette image représente deux sections : la section `apropos` et la section `services`. La première se compose de deux colonnes sur fond blanc : à gauche, une image et à droite, un texte. La section `services` est quant à elle divisée en trois colonnes. Pour chacune, nous allons ajouter une icône, puis du texte. Pourquoi cette mise en page ? Ce que nous allons voir dans cette partie est un ensemble de techniques qui va vous permettre de composer votre design en toute flexibilité, *au-delà* de ce livre. À la fin de ce chapitre, vous aurez toute autonomie pour créer votre propre design. Plutôt prometteur ! Comme toujours, vous allez commencer par créer la structure (ajouter les DIV) puis, dans un second temps, vous ferez la connaissance de propriétés CSS de mise en page.

J'ajoute des sections à ma page

Le but est de créer deux sections distinctes, `apropos` et `services`, à la suite de la première section. Nous avons parlé des balises HTML 5, c'est-à-dire des balises qui renseignent sur leur contenu : `<nav>` pour navigation, `<footer>` pour le pied de page… C'est ainsi que nous avons utilisé la balise `<section>` pour nommer la première partie du site. Cette balise peut être utilisée à plusieurs reprises dans une page pour distinguer différentes parties. C'est exactement ce que nous voulons ! Nous allons pouvoir utiliser la balise `<section>` pour les autres parties en ajoutant un identifiant unique pour chacune d'entre elles. Grâce à cela, nous pouvons sélectionner facilement chacune des sections et leur attribuer un style particulier, comme la couleur de fond.

Figure 5-41
Vue globale de la page avec les trois premières sections : hero, apropos et services.

Je renomme la première section hero

Modifions tout d'abord la première section en ajoutant un identifiant, `hero`.

```
<section id="hero">
  <nav>
    <a href="http://www.linkedin.fr"
    <a href="http://www.monentreprise
    <a href="monCV.pdf" target="_blan
  </nav><!--Ici, on referme la balise
```

Figure 5-42
Section avec l'identifiant hero.

Faisons de même dans le fichier `style.css` et remplaçons le sélecteur `section` par `#hero`.

```css
#hero{
  background: url('./fond.jpg');
  background-repeat: no-repeat;
  background-size: cover;
  height: 100%/*pour prendre en co
}
```

Figure 5-43
Remplacement du nom du sélecteur dans le fichier CSS.

Rien ne devrait changer côté navigateur.

J'ajoute la section apropos

La section `apropos` se divise en deux DIV :

- à gauche, une DIV `apropos_image` qui contiendra l'image : vous aurez besoin d'ajouter cette image dans votre dossier ;
- à droite, une DIV `apropos_texte` pour le texte.

Chacune de ces DIV aura ses propres styles, comme nous le verrons dans la partie CSS.

Juste en dessous de la section `hero`, placez la section `apropos`. Regardez bien la structure et aidez-vous de l'indentation pour vous repérer. Si besoin, n'hésitez pas à dessiner le schéma sur un papier !

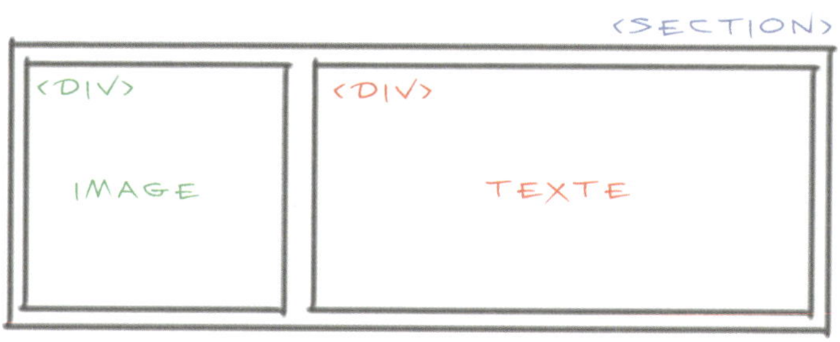

Figure 5-44
Structure de la section apropos.

La première action consiste à créer la nouvelle section.

```html
<section id="apropos">
  Ici le contenu de la section apropos
</section>
```

À l'intérieur, nous allons ajouter les deux DIV `apropos_image` et `apropos_texte`.

```
<section id="apropos">
  <div id="apropos_image">
    Ici l'image
  </div>
  <div id="apropos_texte">
    Ici le texte
  </div>
</section>
```

Pour compléter la partie `apropos_image`, vous avez besoin d'un nouveau visuel à placer dans le dossier de votre site. Pour que le navigateur affiche cette image, il vous faudra utiliser la balise adéquate (la balise `<img/>` bien sûr). Pour la partie `apropos_texte`, vous ajouterez un paragraphe avec la balise `<p>`. Considérez cette section comme un défi à relever : posez quelques instants le livre et essayez de compléter vous-même le contenu.

Voici la partie `apropos` complétée.

```
<section id="apropos">
    <div id="apropos_image">
     <img src="./office.jpg" alt="bureau"/>
    </div><!-- Referme apropos_image-->
     <div id="apropos_texte">
      <p>
        Lorem Ipsum est un générateur de faux textes aléatoires. Vous choisissez le nombre de paragraphes, de mots
        ou de listes. Vous obtenez alors un texte aléatoire que vous pourrez ensuite utiliser librement dans vos
        maquettes. Le texte généré est du pseudo latin et peut donner l'impression d'être du vrai texte. On sait
        depuis longtemps que travailler avec du texte lisible et contenant du sens est source de distractions, et
        empêche de se concentrer sur la mise en page elle-même. L'avantage du Lorem Ipsum sur un texte générique
        comme 'Du texte. Du texte. Du texte.' est qu'il possède une distribution de lettres plus ou moins normale,
        et en tout cas comparable avec celle du français standard. De nombreuses suites logicielles de mise en
        page ou éditeurs de sites Web ont fait du Lorem Ipsum leur faux texte par défaut, et une recherche pour
        'Lorem Ipsum' vous conduira vers de nombreux sites qui n'en sont encore qu'à leur phase de construction.
        Plusieurs versions sont apparues avec le temps, parfois par accident, souvent intentionnellement.
      </p>
    </div><!-- Referme apropos_texte -->
</section><!--Ici, on referme la section apropos-->
```

Figure 5-45

Section apropos complétée avec du Lorem Ipsum (texte de remplissage)

Lorem Ipsum

Dans la phase de développement de votre site, n'hésitez pas à utiliser du faux texte, c'est-à-dire un texte dont l'unique objectif est de remplir visuellement un emplacement. Cela est communément appelé un *Lorem Ipsum* et de multiples sites vous proposent des blocs de texte que vous pouvez simplement copier-coller dans votre page.

C'est très utile pour valider uniquement la mise en page : il apparaît qu'utiliser du vrai texte peut être source de déconcentration !

Remarquez les commentaires, ils sont là pour vous aider à ne surtout pas oublier de refermer les DIV ouvertes. Vous aussi, dans votre fichier, prenez le temps de les ajouter, ils vous feront gagner un temps précieux pour identifier une erreur éventuelle. Si l'on regarde le rendu côté navigateur, tout cela n'est pour l'instant pas très concluant ! Et pour cause, l'image prend une place démesurée (suivant les dimensions de votre image) et le texte vient se loger en dessous. Rien de ce que nous voulons, mais rassurez-vous tout cela va s'arranger un peu plus loin avec quelques propriétés CSS.

J'ajoute la section services

Continuons à créer la structure, cette fois-ci de la section `services`. Regardons en détail son design.

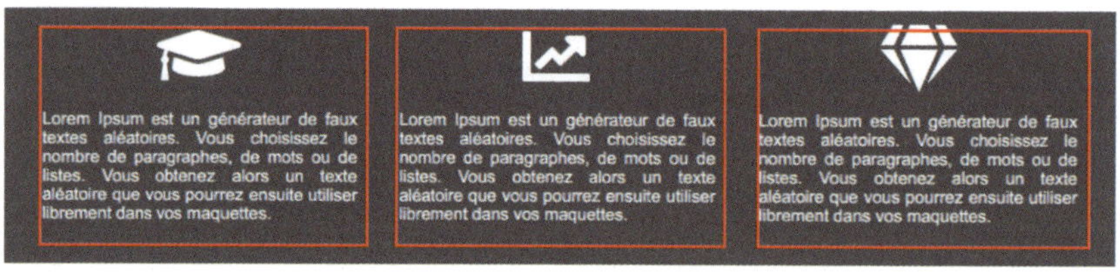

Figure 5-46
Structure en 3 colonnes de la section services.

L'objectif est d'aligner trois DIV, identiques en termes de design, à l'intérieur d'un grand contenu gris foncé. Pour réaliser cette construction, cela implique de créer trois nouvelles DIV que nous appellerons `services_item`. Remarquons que les DIV que vous allez créer vont toutes avoir le même style. C'est pourquoi, plutôt que de créer trois DIV avec des *identifiants* différents (chaque DIV doit être unique), vous allez créer des DIV d'un nouveau genre : elles seront définies par une classe au lieu d'un `id`.

Un peu de classe

Une classe fonctionne exactement comme un identifiant. La différence ? La classe peut être réutilisée de multiples fois. Elle est utilisée principalement pour définir des styles. Côté HTML, la syntaxe diffère légèrement.

Voici ce à quoi pourrait ressembler cette structure sur le papier.

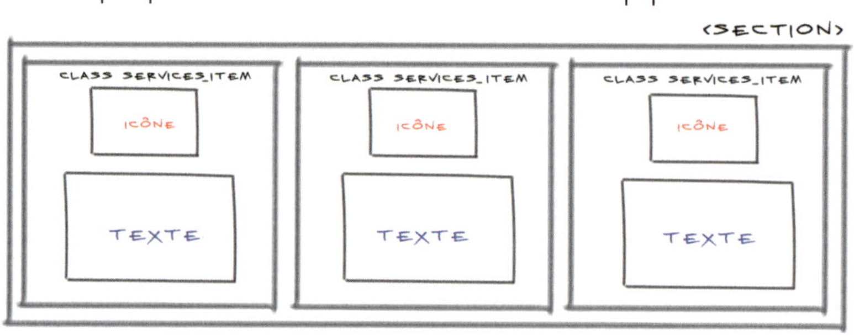

Figure 5-47
Structure de la section services.

Nous avons toujours notre structure composée de trois DIV. On ajoute ici la classe `services_item` pour chacune d'entre elles. Quel est l'avantage ? Nous n'aurons à définir le style `services_item` qu'une seule fois dans le CSS et il sera appliqué à chacune des trois DIV. Cela représente donc une économie de code et le respect des recommandations HTML et CSS. Dès que cela s'y prête (redondance dans le style de DIV ou de texte, par exemple), utilisez une classe !

La première étape consiste à créer la nouvelle section `services`. À l'intérieur, vous allez créer trois `DIV` comme celle-ci (les icônes seront intégrées juste après).

```
<div class="services_item">
  <p>
    Ici, du texte de remplissage
  </p>
</div>
```

Prenez le temps là encore de coder cette partie.

Voici ce que vous devriez obtenir.

```
<section id="services">
    <div class="services_item">
      <p>
        Lorem Ipsum est un générateur de faux textes aléatoires. Vous choisissez le nombre de paragraphes, de mots
        ou de listes. Vous obtenez alors un texte aléatoire que vous pourrez ensuite utiliser librement dans vos
        maquettes.
      </p>
    </div><!-- Referme services_item -->
    <div class="services_item">
      <p>
        Lorem Ipsum est un générateur de faux textes aléatoires. Vous choisissez le nombre de paragraphes, de mots
        ou de listes. Vous obtenez alors un texte aléatoire que vous pourrez ensuite utiliser librement dans vos
        maquettes.
      </p>
    </div><!-- Referme services_item -->
    <div class="services_item">
      <p>
        Lorem Ipsum est un générateur de faux textes aléatoires. Vous choisissez le nombre de paragraphes, de mots
        ou de listes. Vous obtenez alors un texte aléatoire que vous pourrez ensuite utiliser librement dans vos
        maquettes.
      </p>
    </div><!-- Referme services_item -->
</section><!--Ici, on referme la section services-->
```

Figure 5-48
Ajout de trois DIV identiques avec la classe services_item.

Exemples de classes

La classe se définit par un style CSS particulier. Vous pouvez ensuite ajouter cette classe soit à une DIV soit à un élément (texte, lien...). Il est très fréquent d'utiliser une classe pour définir la couleur d'un texte. Pour illustrer le principe, prenons deux éléments, un titre et un paragraphe. Tous deux sont déjà déclarés : le titre est bleu et le paragraphe est vert.

HTML

```
<h4>Ceci est un titre</h4>
<p>Ceci est un paragraphe</p>
```

CSS

```
h4{
  color: blue;
}
p{
  color: green;
}
```

Maintenant, vous pouvez décider qu'à certains endroits de votre site, ces mêmes éléments changeront de couleur pour signifier, par exemple, un message d'erreur. Pour cela vous déclarez une classe avec un style de votre choix, ici le texte sera rouge. Et vous ajoutez cette classe à votre élément.

HTML

```
<h4 class="important">
  Titre du message d'erreur en rouge
</h4>
<p class="important">
  Texte du message d'erreur en rouge
</p>
```

CSS

```
h4{
  color: blue;
}
p{
  color: green;
}
.important{
  color: red;
}
```

Quand une classe est appliquée à un élément, elle prend le dessus sur le style initial : le titre et le paragraphe deviennent rouges. Avec une seule classe, vous modifiez autant d'éléments que vous le souhaitez. Plutôt efficace !

Pour l'instant, l'intérêt des classes n'est pas visible. Il faudra attendre la partie CSS pour mesurer tout le bénéfice de cette nouvelle syntaxe.

J'intègre les icônes depuis une bibliothèque tierce

Au niveau de la structure, il ne vous reste plus qu'à intégrer des icônes à la partie HTML. Plusieurs options s'offrent à vous. Vous pouvez premièrement utiliser des images depuis le dossier et les intégrer à l'HTML avec une balise Image. Cette option est tout à fait valide. Ce n'est pourtant pas cette voie que nous emprunterons. En effet, vous allez plutôt utiliser une *bibliothèque externe* qui va vous permettre, comme pour les polices de Google Fonts, d'utiliser des icônes qui ne sont pas hébergées sur votre site. L'intérêt est le vaste choix que ces bibliothèques offrent, ainsi que la qualité des images qui sont optimisées pour le Web. Aussi, il est très aisé de les modifier, de choisir la taille appropriée, sans passer par un logiciel de traitement d'images. C'est donc un gain de temps (encore et toujours) dans la phase de développement de votre site. La bibliothèque Font Awesome (*fontawesome.com*), par exemple, propose une multitude d'icônes disponibles.

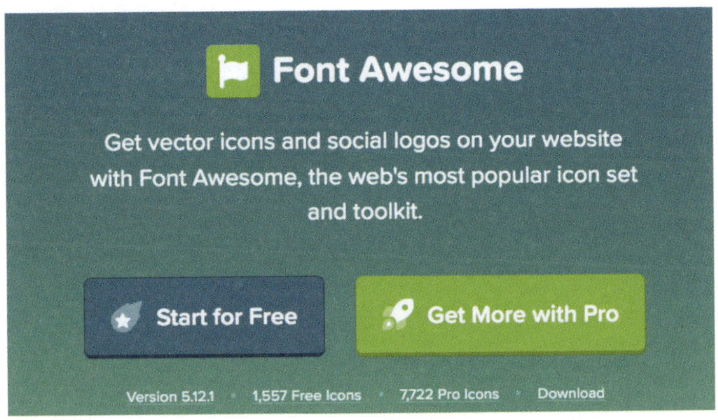

Figure 5-49
Page d'accueil de la banque d'icônes Font Awesome.

Je relie Font Awesome à ma page web

Le site nous permet de télécharger toutes les icônes dans le dossier de notre projet grâce au lien `Download Free`. Cette option est un petit peu moins flexible en matière de mise à jour et de performance. C'est pourquoi vous allez plutôt procéder comme pour Google Fonts. Ainsi, vous allez ajouter dans la balise `<head>` un lien de type `stylesheet`, qui va vous permettre d'intégrer n'importe quelle icône en un clin d'œil. Pour obtenir ce lien, il faut indiquer votre e-mail puis confirmer la bonne réception de ce message. Il vous sera demandé de créer un compte.

Figure 5-50
E-mail à renseigner pour obtenir le lien.

Une fois ces étapes validées, vous obtenez le lien.

Figure 5-51
Lien pour utiliser les icônes sur votre site.

Juste en dessous, sur la même page, on vous indique comment intégrer ce lien à votre page.

Figure 5-52
Instruction pour intégrer Font Awesome à votre page.

C'est ce lien qui va vous permettre d'accéder directement à toute la bibliothèque Font Awesome. Comme pour accéder aux polices Google Fonts, vous devez copier ce lien et le coller dans la balise `<head>` de votre page.

```
<head>
    <meta charset="utf-8">
    <title>OhMyCode</title>
    <meta name="description" content="OhMyCode! Je code mon premier site">
    <link rel="stylesheet" type="text/css" href="style.css">
    <link href="https://fonts.googleapis.com/css?family=Lobster" rel="stylesheet">
    <script src="https://kit.fontawesome.com/41ee967767d.js" crossorigin="anonymous">
    </script>
</head>
```

Figure 5-53
Insertion du lien dans la balise <head>.

Je choisis des icônes

Le plus dur est fait ! À présent, il vous faut choisir quelle icône correspond le mieux à votre contenu. Pour accéder aux icônes, depuis le menu, cliquez sur `Icons`. Font Awesome vous propose environ 1 000 icônes accessibles gratuitement, de quoi satisfaire les plus exigeants ! Prenez le temps de parcourir cette banque d'icônes, cela peut vous donner de nouvelles idées en matière de design. Pour la première colonne, utilisons le symbole de l'étudiant avec la fameuse casquette de diplômé.

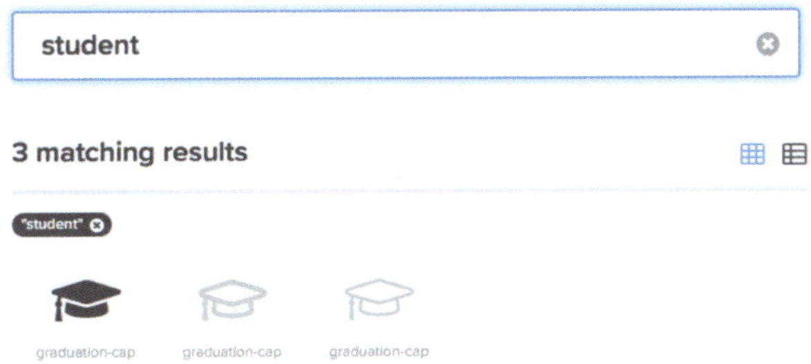

Figure 5-54
Recherche d'une icône à partir d'un mot-clef.

La première proposition convient tout à fait. En cliquant sur l'icône, une nouvelle page s'ouvre affichant l'icône déclinée en différents formats et couleurs. Un peu plus bas dans la page se trouve l'information que nous recherchons : la balise qui va nous permettre d'intégrer cette icône dans la page.

Figure 5-55
Balise correspondant à l'icône Casquette, à copier dans la page web.

Parfait ! Nous n'avons qu'à copier cette balise et à l'intégrer juste au-dessus de la balise <p> dans la première DIV.

Remarquez ici l'usage d'une nouvelle balise, `<i>`. Cette balise est communément utilisée pour intégrer une icône (même si son usage premier est d'insérer du texte).

```
<section id="services">
    <div class="services_item">
      <i class="fas fa-graduation-cap"></i>
      <p>
        Lorem Ipsum est un générateur de faux te
        paragraphes, de mots ou de listes. Vous 
        ensuite utiliser librement dans vos maqu
      </p>
    </div><!-- Referme services_item -->
```

Figure 5-56
Intégration de la balise de l'icône dans la première colonne.

Je modifie l'apparence des icônes

Regardez le résultat dans le navigateur. L'icône apparaît bien, mais n'est-elle pas trop petite ? Comme expliqué précédemment, nous allons pouvoir ajuster la taille de l'icône à notre besoin. Pour cela, rendez-vous dans la documentation : c'est un très bon réflexe, quand vous faites appel à une bibliothèque externe, de connaître les options disponibles et de savoir comment les mettre en place. Ainsi, cliquez sur `How to Use` dans le menu.

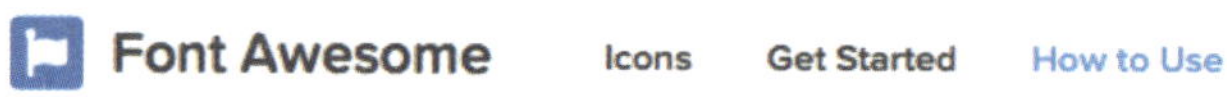

Figure 5-57
Le lien How to Use.

Cliquez sur `Additional Styling` dans le menu de gauche. Différentes lignes de code apparaissent ainsi que des explications indiquant comment ajuster la taille de l'image avec une référence de type `xs` pour *extra-small* ou `10x`, par exemple.

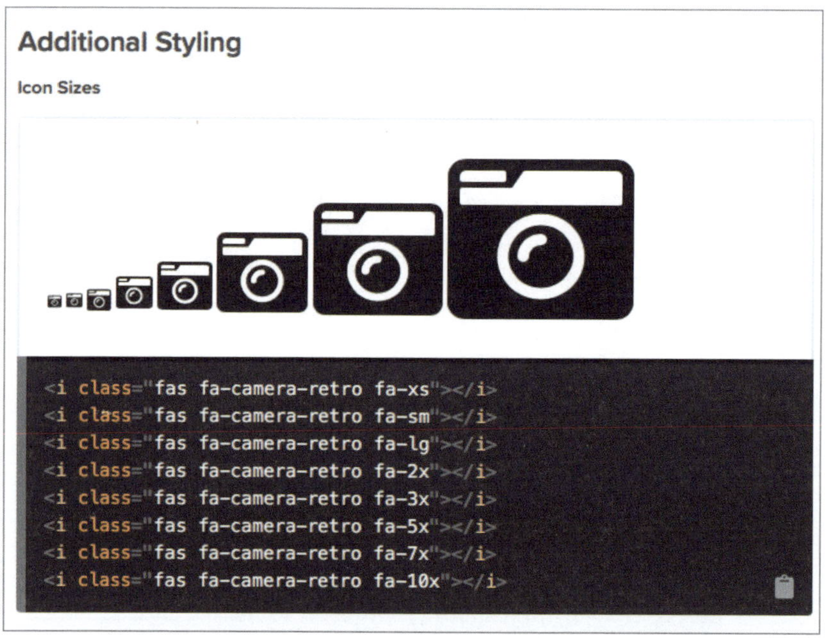

Figure 5-58
Présentation d'une icône dans différents formats.

Faites quelques tests de votre côté pour ajuster au mieux votre icône et ajoutez la référence supplémentaire comme ceci :

```
<i class="fas fa-graduation-cap fa-4x"></i>
```

Figure 5-59
Ajout d'un attribut pour ajuster la taille de l'icône.

Nous allons reproduire exactement la même opération pour les deux autres icônes et ajouter les balises correspondantes dans la deuxième et troisième DIV. Pour la deuxième DIV, l'icône traduit une idée de progression et la troisième icône symbolise le résultat, les compétences acquises. Tout à fait votre parcours de développeur !

Figure 5-60
Ajout des trois icônes avec indication de taille.

```
<section id="services">
    <div class="services_item">
      <i class="fas fa-graduation-cap fa-4x"></i>
      <p>
        Lorem Ipsum est un générateur de faux textes alé
        paragraphes, de mots ou de listes. Vous obtenez
        ensuite utiliser librement dans vos maquettes.
      </p>
    </div><!-- Referme services_item -->
    <div class="services_item">
      <i class="fas fa-chart-line fa-4x"></i>
      <p>
        Lorem Ipsum est un générateur de faux textes alé
        paragraphes, de mots ou de listes. Vous obtenez
        ensuite utiliser librement dans vos maquettes.
      </p>
    </div><!-- Referme services_item -->
    <div class="services_item">
      <i class="fas fa-gem fa-4x"></i>
      <p>
        Lorem Ipsum est un générateur de faux textes alé
        paragraphes, de mots ou de listes. Vous obtenez
        ensuite utiliser librement dans vos maquettes.
    </div><!-- Referme services_item -->
</section><!--Ici, on referme la section services-->
```

À ce stade, la structure des deux nouvelles sections est en place. Le navigateur affiche le contenu, sans aucune mise en page particulière. C'est justement l'objet de la partie qui va suivre.

Je modifie le CSS en toute flexibilité

C'est avec le CSS que la structure va petit à petit prendre forme, principalement avec la propriété `flex`. C'est en manipulant ses valeurs que vous allez pouvoir créer une mise en page plus recherchée, avec des colonnes, par exemple. Ces colonnes divisent la page suivant des proportions précises : cela peut être deux colonnes qui divisent la page en parts égales ou, comme pour la section `apropos`, une colonne de droite deux fois plus grande que celle de gauche. Visualisons justement ce que nous voulons accomplir avec la répartition des colonnes dans les sections.

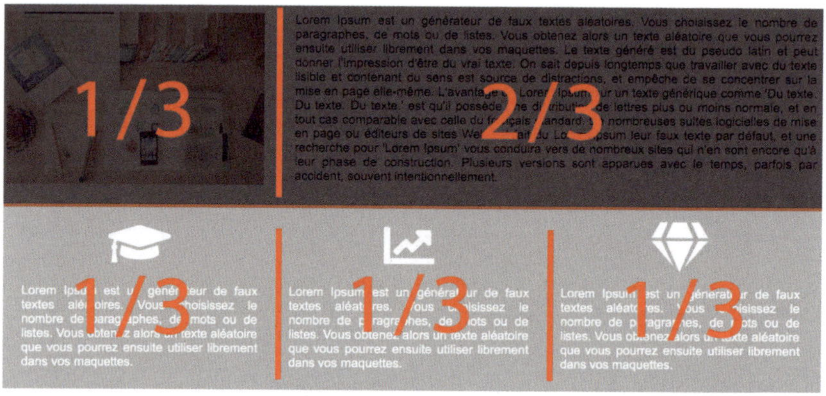

Figure 5-61
Répartition dans la page des sections apropos et services.

Illustrer votre design et penser en termes de division de page aident considérablement au moment de manipuler les valeurs CSS. Ici, nous avons une vue claire des sections et de leur contenu. Mettons cela en pratique avec la propriété `flex`.

flex, la propriété ultrasouple

La propriété `flex` aide à organiser le contenu avec, vous l'aurez compris, une grande flexibilité. Pour cela, la première action consiste à identifier le contenant *(le parent)* qui va contenir le contenu (les DIV, *les enfants*). C'est au parent que vous allez ajouter la propriété `display: flex`.

```
#apropos{
  display: flex;
}
```

Figure 5-62
La propriété display attribuée à la DIV parent.

Notre section `apropos` est maintenant identifiée comme étant un contenant `flex`. Le navigateur réagit déjà.

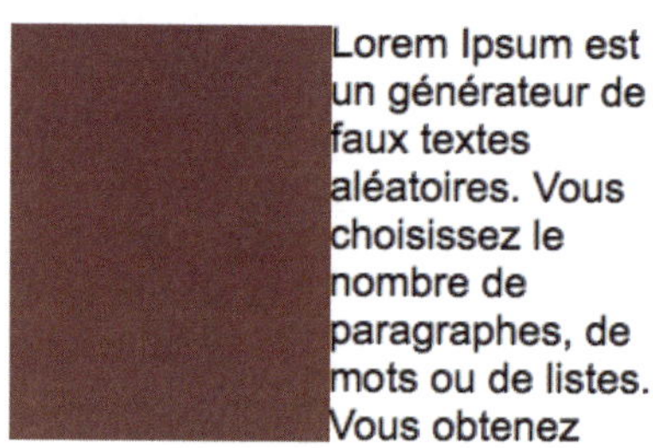

Figure 5-63
La section apropos avec la propriété flex : les deux DIV sont côte à côte.

Votre image se trouve à gauche, elle s'étend sur toute sa largeur ; le texte vient se loger tout à fait droite. La prochaine action consiste à maintenir l'image dans une proportion de 1/3 et le texte dans une proportion de 2/3. Pour accomplir cela, il nous faut agir au niveau des DIV *enfants*, en ajoutant tout d'abord à la DIV `apropos_image`, la propriété `flex: 1`.

```
#apropos_image{
  flex:1;
}
```

Figure 5-64
La propriété flex attribuée à la DIV enfant.

Par ailleurs, nous allons demander expressément à notre image de ne pas s'étirer au-delà de son contenant : elle ne doit pas excéder 1/3 de la largeur de la section, sans quoi le design ne serait pas respecté. Pour cela, nous faisons une nouvelle déclaration pour cibler l'image à l'intérieur de la DIV `apropos_image` et limiter sa largeur à 100 % de son contenant. C'est ce que nous permet la propriété `max-width` (« largeur maximale » en français).

```
#apropos_image img{
  flex:1;
  max-width: 100%;/*L'image prend au maximum la largeur de son contenant,
                 soit 100% du tiers de page*/
}
```

Figure 5-65
Déclaration CSS pour que l'image ne déborde pas de son contenant, la DIV apropos_image.

Modifions également la DIV `apropos_texte` en ajoutant une propriété `flex: 2` cette fois-ci. Cela correspond à 2/3 de la largeur.

```
#apropos_texte{
  flex:2;
}
```

Figure 5-66
Déclaration CSS modifiée.

Que comprend le navigateur ?

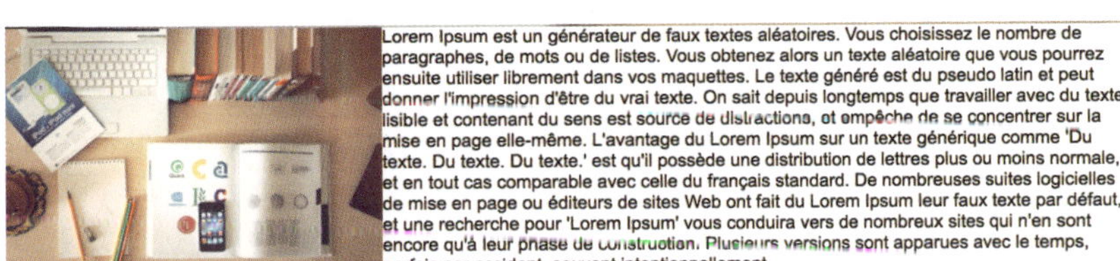

Figure 5-67
Affichage dans le navigateur : l'image occupe 1/3 de la largeur de la page, et le texte les 2/3 restants.

Excellent ! Avec la propriété `flex`, notre contenu est tout à fait en place. Bien sûr, le texte a besoin de plus de mise en page, notamment de `padding`, et un alignement justifié serait sûrement plus agréable à regarder.

```
#apropos_texte{
  padding: 20px;
  flex: 2;
  text-align: justify;
}
```

Figure 5-68
Ajout d'un espace autour du texte et d'un style justifié.

La propriété `text-align` fonctionne comme l'option Justifier dans un logiciel de traitement de texte. Ici, la valeur `justify` met en page notre contenu de façon équilibrée et alignée.

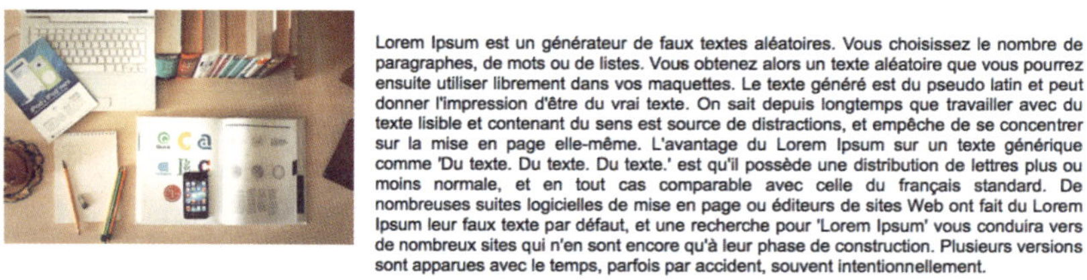

Figure 5-69
Affichage dans le navigateur.

La DIV `apropos_image` est maintenant en décalage par rapport au texte. Il lui faut également respecter le `padding` de 20 pixels.

```
#apropos_image{
  padding: 20px;
  flex: 1;
}
```

Figure 5-70
Ajout d'un espace autour de l'image.

Voici le résultat affiché dans le navigateur :

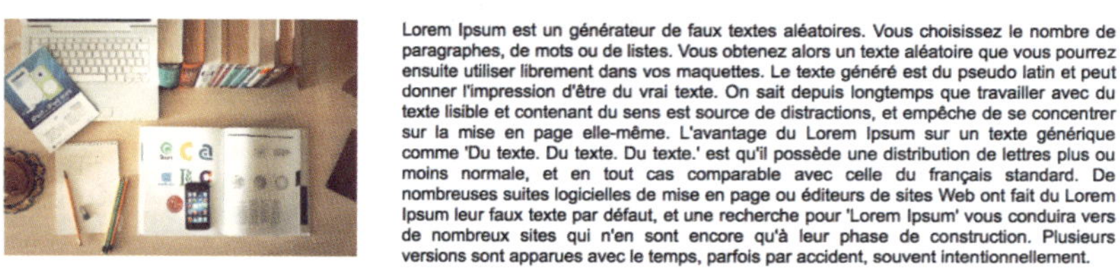

Figure 5-71
Affichage du résultat dans le navigateur.

La section `apropos` est presque finalisée. Que lui manque-t-il ? Passer le test des écrans réduits ! Si vous réduisez la fenêtre de votre navigateur, vous constaterez que la proportion 1/3-2/3 est toujours respectée, mais que cela ne convient pas à un écran de smartphone. Nous réglerons cela dans un second temps. Continuons pour l'heure notre mise en page de la section `services`. Voici le rendu dans le navigateur sans action de notre part.

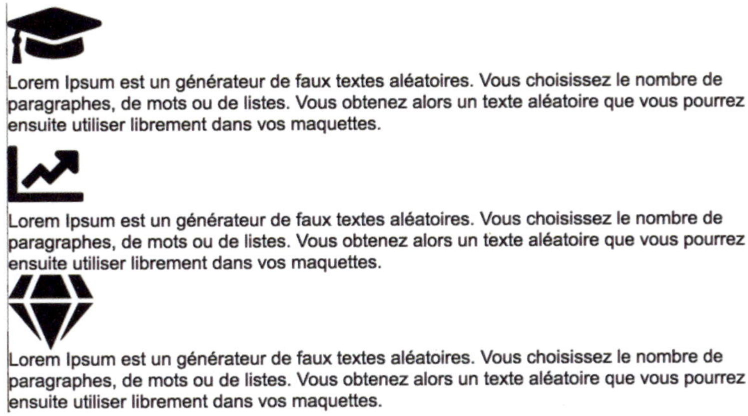

Figure 5-72
Section services avant mise en page.

Par défaut, les DIV s'ajoutent les unes en dessous des autres, alors que nous voulons qu'elles se présentent sur une seule ligne. Pour ce faire, les étapes sont identiques : identifier tout d'abord la DIV *parent* (le contenant) et lui attribuer la propriété `display: flex`.

Figure 5-73
La propriété display attribuée à la DIV parent.

Côté navigateur, le changement est immédiat :

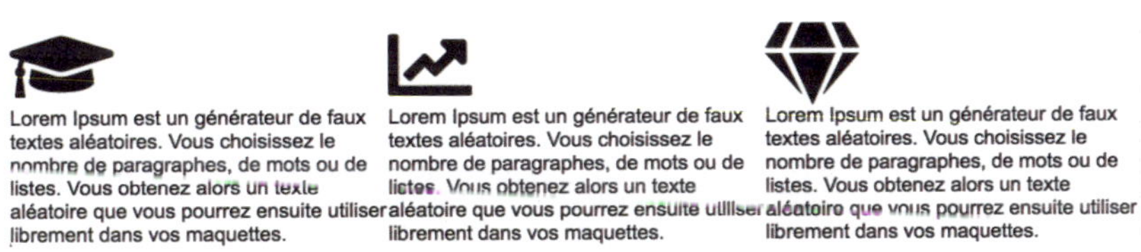

Figure 5-74
Résultat de la propriété diplay: flex, les DIV sont côte à côte.

Qu'a fait la propriété `display: flex` ? En coulisse, elle a aligné à l'horizontal toutes les DIV *enfants*, celles contenues dans `#services`, et leur a attribué par défaut une largeur égale. Si vous ajoutez à présent une quatrième DIV, elle se placera juste à côté.

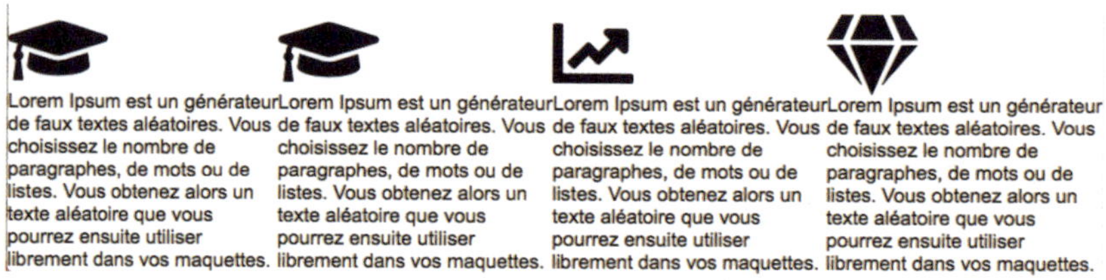

Figure 5-75
Exemple de mise en page avec une quatrième colonne.

Vous voyez ici toute la force de `flex`. Vous pouvez laisser libre cours à votre imagination et organiser votre contenu comme vous le voulez. Côté design, pour bien distinguer cette section, ajoutez un fond gris avec une couleur de texte blanc.

```
#services{
  display : flex;
  background-color: #666;
  color: white;
}
```

Figure 5-76
Ajout d'une couleur de fond et d'une couleur de texte.

La section s'améliore mais le contenu est encore trop collé aux côtés. Vous avez besoin de la propriété `padding` pour arranger cela.

```
#services{
  display : flex;
  background-color: #666;
  color: white;
  padding : 20px;
}
```

Figure 5-77
Ajout d'un espace autour de la DIV services.

Le résultat est bien meilleur. Essayons à présent de centrer les icônes avec la propriété `text-align: center`.

```
#services{
  display : flex;
  background-color: #666;
  color: white;
  padding : 20px;
  text-align: center;
}
```

Figure 5-78
Déclaration CSS pour centrer le contenu de la DIV services.

Cela centre immédiatement tout le contenu.

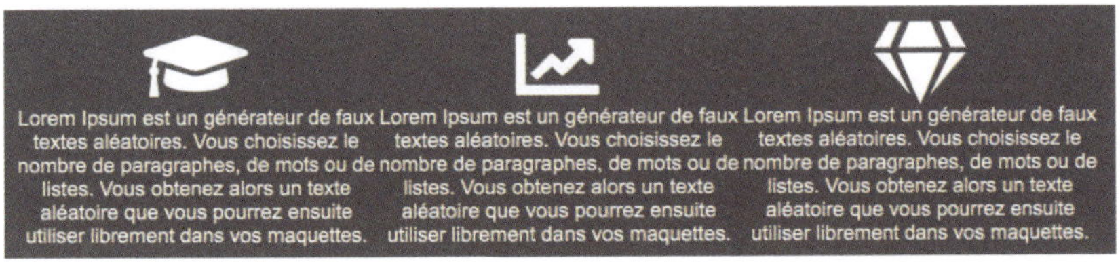

Figure 5-79
Contenu centré avec la propriété text-align et la valeur center.

Deux petits points à régler : nous voulons que le texte soit justifié et non pas centré. De plus, la balise <p> qui renferme le texte touche les bords de sa DIV. Pour ajuster cela, il nous faut cibler la balise <p> à l'intérieur de son contenant, la classe `services_item`.

```
.services_item p{
  text-align: justify;
  padding: 20px;
}
```

Figure 5-80
Déclaration CSS pour une mise en page du texte justifiée.

Vous avez bien vu, `services_item` est précédé d'un point (`.`). C'est le signe que ce sélecteur correspond à une classe et non pas à l'identifiant d'une DIV. Mis à part cette différence d'écriture, le fonctionnement est le même !

Figure 5-81
Affichage de la section services après mise en page.

Le navigateur a parfaitement compris votre code. Notre contenu est réparti de façon uniforme dans la page. Le texte est justifié ce qui confère une meilleure lisibilité. Les icônes sont centrées. Good job ! Quelle est la suite ? Faire en sorte que la page soit toujours agréable à regarder sur téléphone mobile. La partie qui suit est une étape fondamentale pour comprendre le responsive design, et pourtant elle ne recèle pas de grands secrets ni de grands calculs. Vous allez maintenant faire connaissance avec les *media queries*.

J'adapte avec les media queries

L'expression media queries pourrait se traduire littéralement par « requêtes média ». Concrètement, cela revient à attribuer des styles précis en fonction des dimensions et du type de support sur lequel est visionnée votre page. Pas de panique, tout ce que nous voulons, c'est donner des ordres au navigateur. Si la page est inférieure à une certaine dimension, nous nous donnons le droit de modifier certaines propriétés CSS. Pour mieux comprendre ce que nous voulons, réduisez l'affichage de la page sur votre smartphone. Vous aurez sûrement une image comme celle représentée à la figure 5-82.

Figure 5-82
Apparence des sections apropos et services sur un écran réduit.

Les DIV de la section `apropos` ont des proportions qui ne correspondent pas à un écran réduit : malgré le peu d'espace, le texte ne s'étend pas au-delà des 2/3 de la page. L'image est tellement petite qu'elle n'a plus grand intérêt. Pour la section `services`, le constat est le même. Les DIV se partagent un écran diminué, réduisant d'autant leur espace respectif. Dans un design responsive au contraire, lorsque l'espace diminue, les DIV changent de disposition, bien souvent pour se mettre les unes *en dessous* des autres. C'est exactement ce que nous voulons.

Voici l'objectif à atteindre sur mobile :

Figure 5-83
Affichage souhaité des sections apropos et services sur écran réduit.

Ce sont les media queries, ajoutées au fichier `style.css`, qui vont vous permettre d'atteindre ce résultat. Les media queries créent des points de rupture (*breaking points* en anglais) qui sont déclenchés dès que l'on étire ou que l'on diminue une page. Rassurez-vous, tout le style que vous avez écrit jusqu'à maintenant est toujours valide ! Nous en avons toujours besoin. En effet, sans consigne particulière avec les media queries, le navigateur utilisera le style par défaut. Alors comment écrire une media query ? Avant de vous expliquer la syntaxe précise, posons par écrit ce que nous voulons accomplir.

Si l'écran est inférieur à 414 px de large, la section apropos s'affichera en colonne.

La seule condition : 414 px de large. En dessous, l'aspect de la page sera modifié. Voici la syntaxe précise pour écrire une media query.

```css
@media screen and (max-width: 414px){
  #apropos{
    color : red;
  }/*Ici, on referme la déclaration #apropos*/
}/*Ici, on referme la media query*/
```

Figure 5-84
Déclaration CSS d'une media query.

Cette déclaration peut être ajoutée à n'importe quel endroit dans votre fichier `style.css`. Mais pour retrouver et manipuler facilement toutes les media queries (il vous faudra sûrement réajuster de nombreuses fois avant de trouver les bonnes valeurs), il convient de les rassembler à la fin des autres déclarations.

La formation d'une media query

Prenons le temps de décomposer cette nouvelle déclaration. Chaque media query est tout d'abord annoncée au navigateur par `@media`. Puis, on précise le support sur lequel appliquer cette condition : `screen` correspond aux écrans d'une manière générale. On l'oppose à `print`, qui s'applique uniquement à la version imprimable. Par exemple, on peut souhaiter ne pas afficher le `footer` dans la version imprimable. Ensuite, on ajoute un élément à la condition : `and (max-width: 414px)`. En français, cela revient à ne cibler que les écrans avec une largeur *maximale* de 414 pixels : c'est le point de rupture. Le style va changer à partir de cette dimension. Pourquoi 414 pixels ? C'est tout simplement la largeur de l'iPhone 7 en mode Portrait. De nombreux sites en ligne listent les dimensions des media queries en fonction du support que vous ciblez, ce qui peut considérablement vous aider à bien définir les points de rupture. De retour à la déclaration, le seul piège réside dans la double ouverture d'accolades. Remarquez comment la media query encapsule la déclaration `#apropos`. C'est souvent à ce niveau-là que de petites coquilles peuvent apparaître. Soyez donc bien attentif et n'hésitez pas à ajouter des commentaires à votre code.

Il faut également informer le navigateur de garder un œil sur la largeur de la fenêtre. C'est le rôle de la balise `<viewport>`. L'attribut `width=device-width` demande au navigateur de baser la largeur de la fenêtre (`width`) sur la largeur du support (`device-width`) utilisée par le visiteur.

```html
<meta name="viewport" content="width=device-width, initial-scale=1, maximum-scale=1">
```

Figure 5-85
Ajout de la Balise <viewport> dans la balise <head>.

Le navigateur doit avoir cette information *avant* d'afficher la page. C'est donc dans la balise `<head>` que vous allez la placer.

Alors, à votre avis, quel va être le résultat de cette media query ? Diminuez votre fenêtre (ou utilisez l'outil responsive de votre navigateur) et visualisez le changement sur un écran réduit.

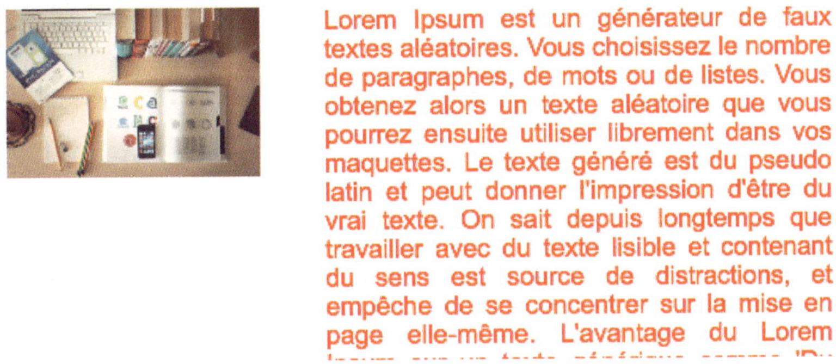

Figure 5-86
Rendu sur écran réduit du style déclaré à la figure 5-84.

Le texte initialement noir est *devenu* rouge quand l'écran s'est réduit. Bien sûr, ce n'est pas le design attendu pour votre page personnelle, mais vous avez compris le principe ! Les media queries ne sont rien d'autre que des conditions (de dimensions par exemple), à l'intérieur desquelles vous faites des déclarations. Et vous pouvez être très précis dans vos media queries. En jouant avec `min-width` (largeur minimale) et `max-width` (largeur maximale), vous pouvez déclarer plusieurs media queries pour maîtriser avec certitude votre design sur tablettes ou sur smartphones.

Les media queries mériteraient un livre entier pour explorer toutes leurs possibilités ! Le but ici est de vous faire découvrir leur existence et leur fonctionnement : rien ne vous empêche de vous plonger davantage dans ce vaste sujet, maintenant que vous avez compris le principe !

Je définis les media queries pour la section apropos

Revenons à notre design. Comment demander à la section `apropos` d'afficher les DIV sous forme de colonne plutôt que de façon alignée ? La propriété `flex` nous vient encore en aide avec l'une de ses sous-propriétés : `flex-direction`.

```
@media screen and (max-width: 414px){
  #apropos{
    flex-direction: column;
  }/*Ici, on referme la déclaration #apropos*/
}/*Ici, on referme la media query*/
```

Figure 5-87
Style en colonne pour la section apropos, lorsque l'écran ne dépasse pas 414 pixels de large.

Que comprend le navigateur ?

Figure 5-88 *Nouvelle mise en page de l'image et du texte sur écran réduit.*

Lorem Ipsum est un générateur de faux textes aléatoires. Vous choisissez le nombre de paragraphes, de mots ou de listes. Vous obtenez alors un texte aléatoire que vous pourrez ensuite utiliser librement dans vos maquettes. Le texte généré est du pseudo latin et peut donner l'impression d'être du vrai texte. On sait depuis longtemps que travailler avec du texte lisible et contenant du sens est source de distractions, et empêche de se concentrer sur la mise en page elle-même. L'avantage du Lorem Ipsum sur un texte générique comme 'Du texte. Du texte. Du

La DIV `apropos_image` prend maintenant toute la largeur de l'écran, il en va de même pour la DIV `apropos_texte`. La division de la page que nous avons déclarée plus haut (un tiers/deux tiers) ne s'applique plus ici. Mission accomplie !

Je définis les media queries pour la section services

Nous n'avons plus qu'à faire de même pour la section `services`.

Figure 5-89
Media query pour la section services.

```
@media screen and (max-width: 414px){
  #apropos{
   flex-direction: column;
  }/*Ici, on referme la déclaration #apropos*/
  #services{
    flex-direction: column;
  }/*Ici, on referme la déclaration #services*/
}/*Ici, on referme la media query*/
```

Le résultat sur téléphone mobile est exactement ce que nous voulions accomplir.

Figure 5-90
Affichage des sections apropos et services sur écran réduit.

Félicitations, les deux sections sont maintenant parfaitement responsive !

Je définis les media queries pour le menu

Le point de rupture de la media query est fixé à 414 pixels, ce qui correspond à l'écran large de l'iPhone 7. Sur un écran d'iPhone 5, la largeur sera plutôt de 320 pixels. Avec cette largeur, le menu n'est plus aussi bien positionné.

Figure 5-91
Le menu sur écran réduit.

Pour y remédier, rappelez-vous que les balises HTML ont par défaut un comportement en ligne ou en bloc. Les liens sont des balises en ligne : ils sont alignés à l'horizontale par défaut. Nous allons modifier ce comportement pour que les liens se comportent comme des balises en bloc, c'est-à-dire, les unes en dessous des autres.

```
  #services{
    flex-direction: column;
  }/*Ici, on referme la déclaration #services*/
  nav a{
    display: block;
    padding: 10px;
  }/*Ici, on referme la déclaration nav a*/
}/*Ici, on referme la media query*/
```

Figure 5-92
Style du menu défini « en bloc » sur écran réduit.

Plusieurs points à noter ici. Tout d'abord, c'est la propriété `display` qui permet de modifier les caractéristiques en bloc (`block`) ou en ligne (`inline`). Grâce à elle, les liens sont maintenant les uns en dessous des autres, ce qui est beaucoup plus joli. Aussi, le `padding` initial de 20 pixels a été réduit à 10 pixels, ce qui est suffisant pour cliquer sur les liens. Dernière chose, la déclaration `nav a`, cible uniquement les liens de la balise `<nav>`, ce qui permet d'appliquer cette déclaration uniquement aux liens du menu.

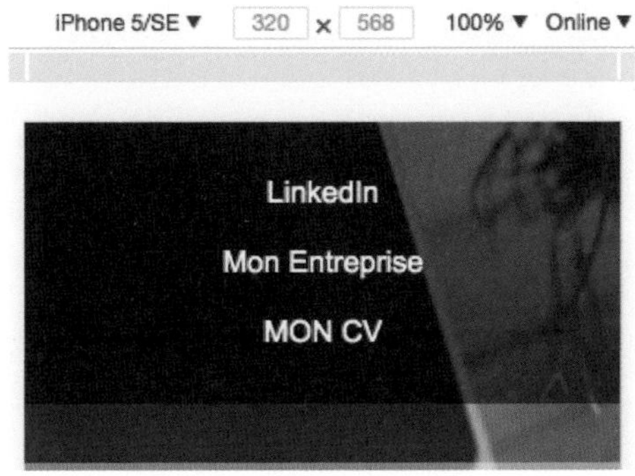

Figure 5-93
Affichage du menu sur écran réduit.

Cette partie a été très riche en enseignement. Tout ce que vous avez vu au cours de ce projet, depuis vos premières balises, en passant par l'utilisation de bibliothèques tierces jusqu'aux media queries, fait partie du quotidien du développeur : c'est la boîte à outils indispensable qui va vous permettre de poursuivre dans ce domaine. Mais la mission d'un développeur ne s'arrête pas là : vous devez encore rendre disponible votre site sur Internet ! Et pourquoi ne pas jouer avec des outils de marketing web pour rendre votre page encore plus efficace ?

6. HÉBERGEMENT ET VISIBILITÉ

Votre site est bientôt finalisé. Qu'avez-vous appris ? À utiliser des balises HTML, à styliser avec du CSS ou encore à enrichir le design avec des mises en page complexes. Mais créer un site ne se résume pas juste à coder. Il faut encore le rendre accessible sur Internet. C'est justement ce que nous allons voir ensemble au cours de ce chapitre : comment mettre votre site en ligne ? Qu'est-ce qu'un hébergement, un nom de domaine ? Et pourquoi ne pas aussi faire interagir votre site avec des plates-formes de marketing web comme Google Analytics et MailChimp pour augmenter son impact ? Autant de notions dans la nébuleuse du Web que nous allons explorer ensemble pour vous permettre de maîtriser toute la chaîne de production.

JE METS MON SITE EN LIGNE

En local/à distance

Tout le contenu de votre site est enregistré dans le dossier de votre projet, sur votre ordinateur. Comme nous l'avons vu brièvement au chapitre 1, tout ce qui est enregistré sur votre ordinateur est *en local*. Alors comment rendre votre site disponible sur le Web ? Il faut pour cela un serveur dont la fonction est d'héberger votre site, ce que l'on appelle *à distance*. Quelle est la différence entre un serveur et votre ordinateur ? En réalité, ils diffèrent assez peu. Un serveur n'est rien d'autre qu'un ordinateur ouvert aux connexions extérieures (c'est justement tout ce que vous voulez éviter pour votre ordinateur personnel !). Les fournisseurs d'accès Internet (FAI) protègent votre ordinateur des connexions extérieures, considérées comme des menaces pour l'intégrité de vos fichiers.

Concrètement, quelles missions remplit le serveur ? Tout d'abord, c'est auprès de lui que vos visiteurs se connectent pour demander d'afficher une page. Il assure également que votre site est disponible même si de nombreuses connexions ont lieu en même temps. Un point aussi important, si une panne survient, d'autres serveurs prennent le relais pour que le service ne soit pas impacté. Votre site est également *backupé*, c'est-à-dire que des sauvegardes régulières ont lieu. Ces sauvegardes enregistrent tous les fichiers de votre site à un instant *t*. Vous pouvez ainsi remonter dans les versions précédentes à 24 h, 48 h, même plus. Plutôt rassurant et pratique ! Vous l'avez compris, le serveur est l'outil obligatoire pour rendre votre site disponible sur Internet. Alors comment s'y prendre ?

Je choisis un hébergement web

Vous allez entendre très souvent le terme hébergement (*hosting* en anglais) et il faut le comprendre exactement pour ce qu'il est : un espace qui abrite un contenu. Tout comme votre lieu de résidence, il se définit par l'espace disponible. La ressemblance est en tout point identique. Suivant vos besoins (vivez-vous seul(e) ou en famille ? Avez-vous de nombreux meubles ou juste une table ?), vous allez adapter votre hébergement. C'est exactement les mêmes considérations à prendre en compte quand il s'agit de choisir un hébergement web. Il existe de nombreuses sociétés qui proposent d'héberger votre site telles que OVH, GoDaddy, 1&1 pour n'en citer que quelques-unes...

Figure 6-1
Quelques hébergeurs de sites Internet.

Les hébergeurs web vous proposent tous une large offre, allant du studio au 5 pièces. Comment déterminer en amont vos besoins ? D'autant que ceux-ci vont évoluer et, à mesure que vous ajoutez du contenu (images, vidéos notamment), votre espace disponible va diminuer. Pas de panique, il est très facile d'agrandir son hébergement et d'ajouter une pièce supplémentaire. C'est pourquoi, il est plutôt préférable de choisir un hébergement dans l'offre basique. Vous aurez environ 100 Go d'espace disponible (déjà pas mal !), la possibilité de créer des adresses e-mails (rattachées à votre nom de domaine, nous y reviendrons dans un moment), et souvent vous vous verrez offrir un nom de domaine. Prenez le temps d'appeler les services clients concernés si vous avez des interrogations et confirmez avec eux des options indispensables comme l'accès aux sauvegardes de façon gratuite et autonome. Un autre critère s'est rajouté depuis peu : le certificat SSL (*Secure Socket Layer*). Il s'agit d'une couche de sécurité supplémentaire pour protéger les échanges de données. C'est notamment utile dans le cas d'un site e-commerce où les visiteurs entrent leurs informations bancaires. Une fois le certificat installé sur le serveur par votre hébergeur, il transforme l'adresse de votre site en ajoutant la notion de sécurité avec `https` au lieu de `http`, et ajoute une information du type « sécurisé » avec un cadenas. Les visiteurs sont donc informés de la présence (ou non) de ce certificat.

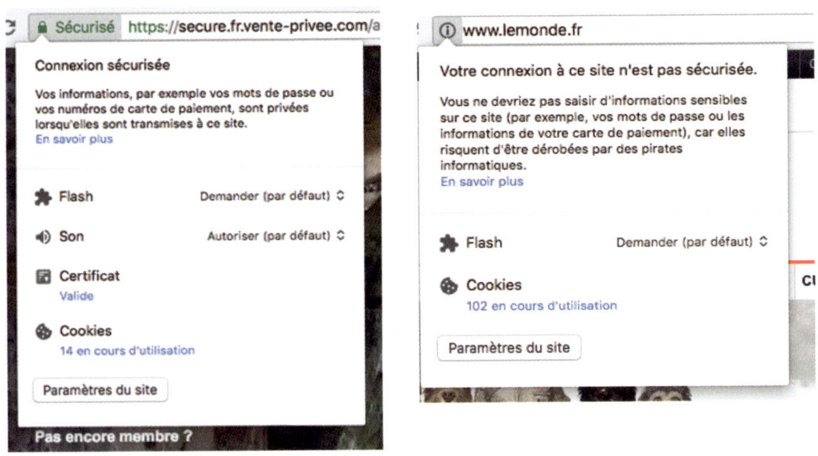

Figure 6-2
À gauche, le cadenas indique une navigation sécurisée. À droite, le site ne présente pas de certificat SSL.

Il existe plusieurs types de certificats SSL, à différents tarifs. En avez-vous besoin ? Si votre site ne demande pas à ses visiteurs d'informations sensibles, le certificat de base est largement suffisant. Cependant, attention, il reste nécessaire puisqu'il semble que Google pénalise depuis octobre 2017 les sites ne présentant pas de certificat. Même si votre site ne fait pas transiter de données personnelles, assurez-vous auprès de votre hébergeur qu'un certificat de base est bien compris dans votre offre. Chez OVH, il vous faudra manuellement activer ce certificat depuis votre tableau de bord. Comptez de 2 h à 4 h pour qu'il soit actif.

Je choisis une adresse

Les hébergeurs proposent l'hébergement et le nom de domaine sous forme de package. Très souvent, le nom de domaine est offert avec l'hébergement la première année. Gardez-vous de prendre un hébergement chez un fournisseur et un nom de domaine chez un autre. Cela ajoutera une complexité supplémentaire vraiment inutile au vu des prix pratiqués. Alors qu'est-ce qu'un nom de domaine ? Il correspond au nom de votre site. C'est ce qu'on appelle communément l'adresse. Elle est unique et vous est louée pendant un temps donné, à renouveler à chaque échéance (généralement 12 ou 24 mois). La première condition pour louer un nom de domaine est sa disponibilité. Pour vérifier si le nom que vous avez choisi est disponible, vous pouvez vous rendre sur le site d'un hébergeur, par exemple OVH ou GoDaddy. Saisissez l'adresse souhaitée et sa disponibilité vous sera indiquée.

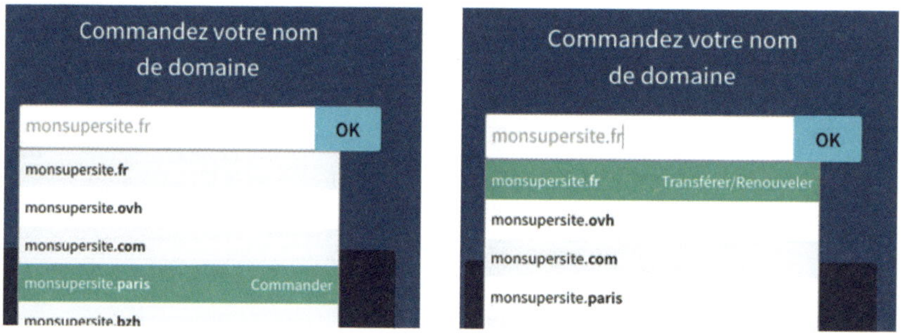

Figure 6-3
Vérification de la disponibilité d'un nom de domaine.

Ici, le nom de domaine *monsupersite* est disponible avec l'extension .paris mais pas avec l'extension .fr. La disponibilité du nom de domaine dépend donc également de l'extension que vous choisissez. Les extensions indiquent le pays où se trouve l'activité principale du site (.fr, .uk...) ou son type d'activité (.org, .edu). Pour les sociétés internationales, c'est l'extension .com qui est privilégiée. L'extension est également un critère de référencement. Google favorisera les résultats géolocalisés ou dans la langue de l'internaute. Si votre activité cible un pays en particulier, il est logique et recommandé d'utiliser l'extension dédiée à ce pays.

Vous remarquerez que même si *monsupersite.fr* est indisponible, vous pouvez tout à fait commander *monsupersite.paris*. Cela veut dire que le nom de domaine ne vous est pas exclusif. Suivant les extensions, d'autres sites peuvent avoir le même nom de domaine, mais avec des extensions différentes. En France, d'une manière générale, les extensions .com et .fr sont les plus utilisées. Il est donc pertinent d'acheter ces deux extensions pour vous garantir une meilleure visibilité et empêcher un autre site de s'installer sur l'extension laissée vacante. Cela revient à avoir deux adresses pour une seule maison. C'est auprès de votre hébergeur que vous pourrez accomplir cette démarche.

Une fois le nom de domaine acheté, il est à vous pour une période donnée. Faites attention cependant, vous ne pouvez pas le restituer après réflexion. Maintenant que vous avez choisi un nom de domaine et un hébergement (conditions nécessaires pour poursuivre le chapitre), l'étape suivante consiste à déménager votre site de votre ordinateur vers le serveur. Rassurez-vous, pas besoin d'appeler les amis, le déménagement se fait en quelques clics.

Je déménage avec FTP

Votre objectif est donc de déplacer le dossier de votre projet de votre ordinateur vers le serveur. Comment s'y prendre ? Une fois l'hébergement et le nom de domaine achetés, votre hébergeur vous envoie les identifiants qui vont vous permettre de vous connecter au serveur.

VOS IDENTIFIANTS FTP

Ces identifiants vous permettent de mettre vos fichiers en ligne, à placer dans le dossier "www" par défaut et ce, grâce à un logiciel FTP.

- Nom d'hôte (Serveur FTP) : ftp.cluster003.ovh.net
- Identifiant (Login FTP) : identifiant
- Mot de passe (Password FTP) : motdepasse
- Port : 21

Pour plus de sécurité, nous vous conseillons fortement de changer votre mot de passe FTP via votre Espace Client.

Vous avez besoin d'un peu d'aide pour mettre en ligne vos premiers fichiers ?
Rendez-vous à l'adresse suivante : https://www.ovh.com/fr/g1374.mettre-mon-site-en-ligne

Figure 6-4
Identifiants FTP envoyés par votre hébergeur, ici OVH.

C'est grâce à cet accès que vous allez pouvoir transférer tout le contenu de votre site. Pour cela, nous avons besoin d'une passerelle qui fasse le lien entre votre ordinateur et votre hébergement : cela s'appelle un client FTP *(File Transfer Protocol)*. Concrètement, cela revient à transférer des fichiers d'un ordinateur à un autre en utilisant une plate-forme intermédiaire.

Figure 6-5
Le protocole FTP sert de passerelle pour échanger des données.

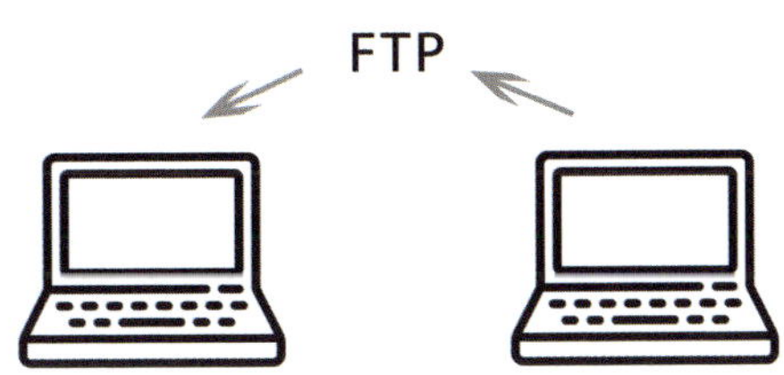

Il existe de nombreuses plates-formes sur le marché, gratuites ou payantes. Le client FTP le plus populaire est sans doute FileZilla.

Figure 6-6
Lien vers FileZilla sur Google.

FileZilla - The free FTP solution
https://filezilla-project.org/ ▾ Traduire cette page
FileZilla - The free FTP solution for both client and server. **Filezilla** is open source software distributed free of charge.

Résultats de filezilla-project.org

Download FileZilla Client
Download FileZilla Client 3.32.0 for Windows (64bit)

Download
Download FileZilla Server for Windows. Screenshot. The ...

Cela se présente sous la forme d'un logiciel à télécharger sur votre ordinateur :

Vous pouvez télécharger la version FileZilla Client. Une fois le logiciel ouvert, une interface s'ouvre. C'est cette interface qui va vous permettre de transférer les fichiers du site local (votre ordinateur) vers le site distant (le serveur mis à disposition par votre hébergeur). La partie de gauche affiche votre site en local et la partie de droite affiche le site distant : c'est le contenu de votre serveur. Tout le jeu va consister à faire glisser le contenu de la gauche vers la droite.

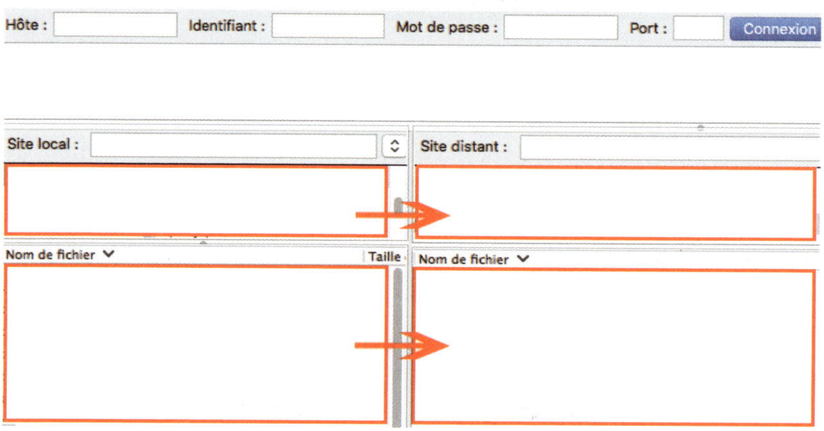

Figure 6-7
Fenêtre Filezilla pour transférer les données de son ordinateur vers un serveur distant.

Vous allez maintenant utiliser les identifiants envoyés par votre hébergeur par e-mail. Vous devez compléter les champs `Hôte`, `Identifiant`, `Mot de passe` et `Port` avec les informations fournies. Cliquez ensuite sur `Connexion rapide`.

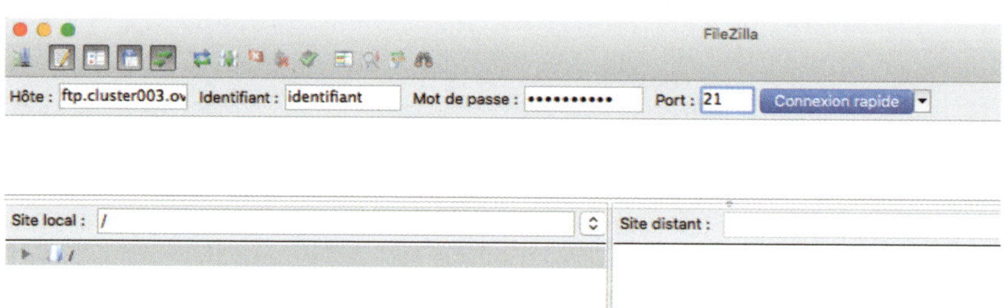

Figure 6-8
Champs complétés avec les informations envoyées par l'hébergeur.

Une fois les identifiants authentifiés, FileZilla vous informe que la connexion est établie avec le site distant, c'est-à-dire votre hébergeur.

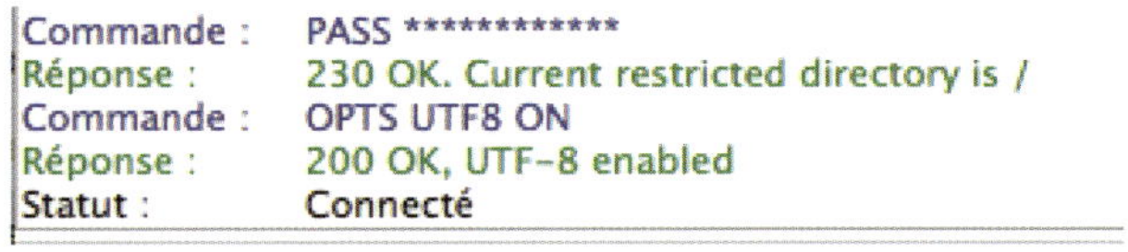

Figure 6-9
Message de connexion.

À droite, dans la partie `Site Distant`, se trouve une page `index.html`.

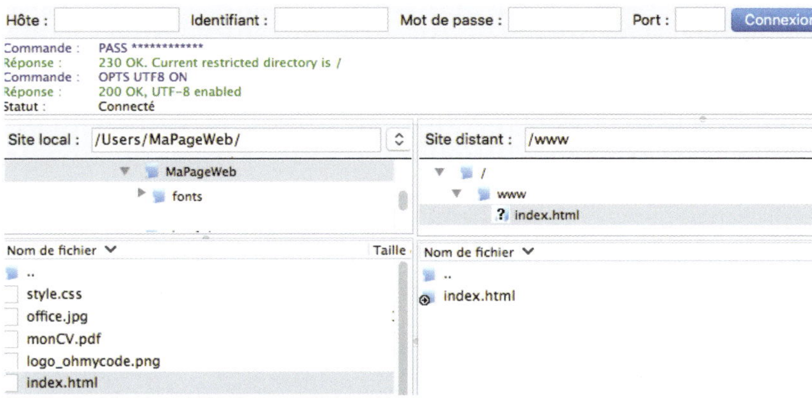

Figure 6-10
Connexion établie avec le serveur distant et affichage de son contenu.

Attention, ce n'est pas la page que vous avez créée ! Par défaut, dans le navigateur, votre site affiche une page « Site en construction ».

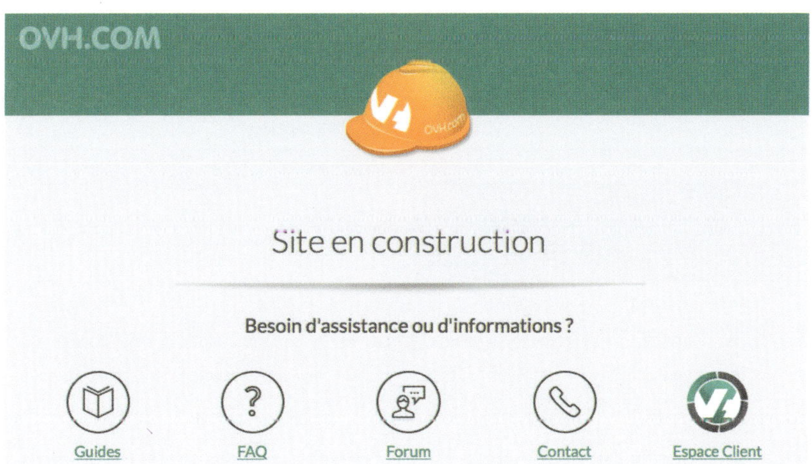

Figure 6-11
Page « Site en construction » mise en ligne par défaut par l'hébergeur.

C'est cette page, qui s'appelle elle aussi `index.html`, que vous voyez à droite sur le site distant : bien sûr nous n'en avons pas besoin et nous la supprimerons dans un instant. Dans la partie de gauche, vous pouvez voir tous les fichiers de votre ordinateur. Placez-vous dans le dossier de votre site.

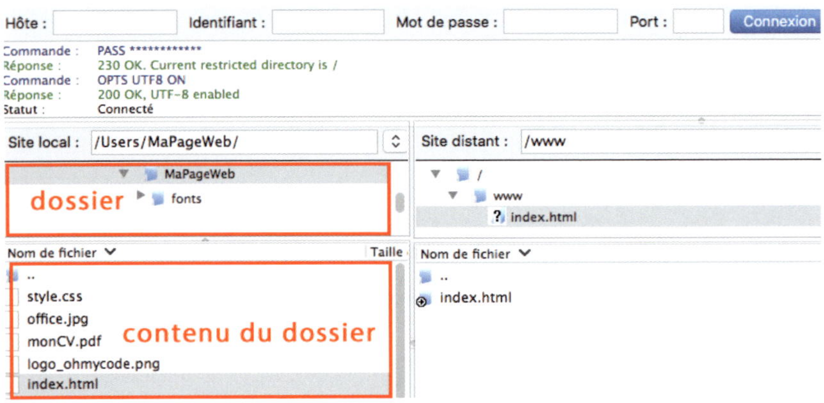

Figure 6-12
Affichage des dossiers dans la fenêtre du milieu et de leur contenu dans celle du bas.

Juste en dessous, s'affiche le contenu du dossier. Vous voyez votre page `index.html`, les images, le dossier `fonts` (les polices). Parfait, tout est prêt pour le transfert. Sélectionnez l'intégralité de votre dossier et faites-le glisser vers la droite.

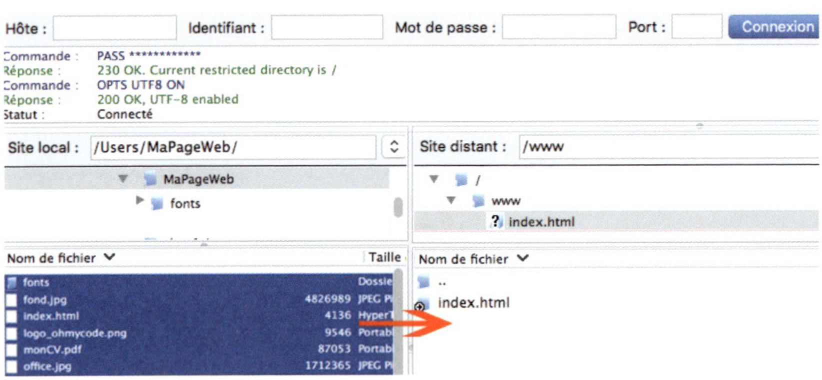

Figure 6-13
Transfert des données vers le site distant.

Certains d'entre vous remarqueront peut-être un nouveau fichier que vous n'avez pas crée : le fichier `.DS_Store`. Cela ne concerne que les utilisateurs Mac. Il s'agit d'un fichier de cache que vous n'avez pas à transférer sur le serveur.

À présent, une fenêtre pop-up va s'ouvrir pour vous prévenir qu'un document `index.html` existe déjà côté serveur et que vous tentez d'en charger un autre.

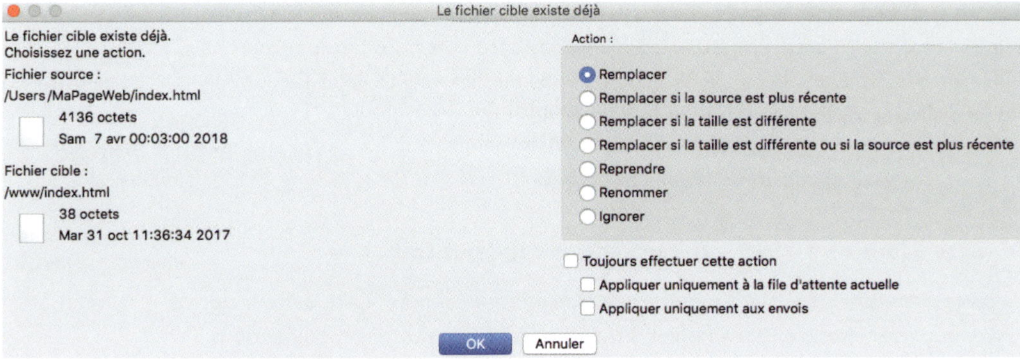

Figure 6-14
Message d'alerte : un autre document du même nom existe déjà.

Le transfert va écraser cette page : êtes-vous bien sûr de vouloir continuer l'opération ? Absolument, cette page n'est rien d'autre qu'une page « Site en construction » temporaire. Vous pouvez donc tout à fait la supprimer. Maintenant, le contenu du *site distant* correspond en tout point à celui de votre *site local*.

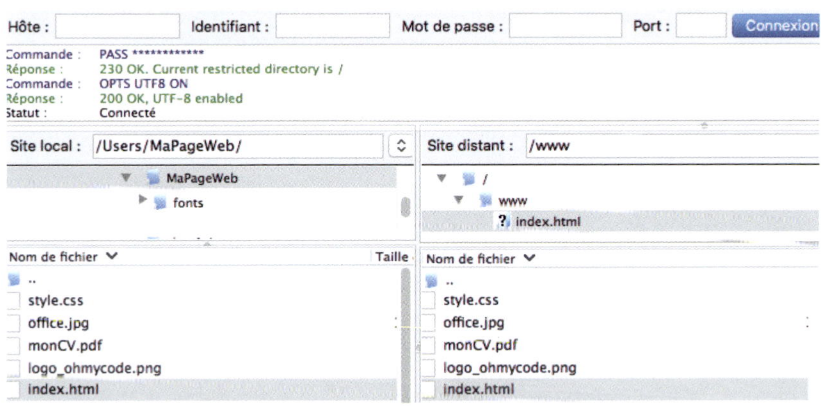

Figure 6-15
Transfert réussi vers le site distant : les fichiers s'affichent dans la fenêtre de droite.

Le transfert est terminé. Et maintenant ? Votre site est en ligne ! Si vous saisissez l'URL de votre site dans la barre d'adresses de votre navigateur, celui-ci affichera votre page personnelle.

Je modifie mon site

Et si vous changiez l'image de fond de votre site ou si vous modifiez le texte ? Le Web n'est pas figé dans le marbre comme une affiche. Vous pouvez revenir sur votre copie autant de fois que vous voulez ! Mais maintenant que votre site est en ligne, comment procéder ? Deux cas de figure.

Je mets à jour un fichier existant comme index.html

La première étape consiste à modifier ce fichier en local avec votre éditeur de texte. Pour ce faire, ouvrez le fichier `index.html` et faites les modifications nécessaires. La dernière version de la page `index.html` est à présent sur votre ordinateur en local. L'objectif est de faire concorder la version sur le site distant. Pour cela, vous allez utiliser la passerelle FileZilla comme précédemment. Cette fois, au lieu de transférer tout le contenu de votre dossier, vous allez uniquement faire glisser `index.html` vers la droite.

Au préalable, il faut rafraîchir la plate-forme FTP pour qu'elle prenne en compte votre nouveau document. Pour cela, dans le menu, cliquez sur Affichage puis Actualiser.

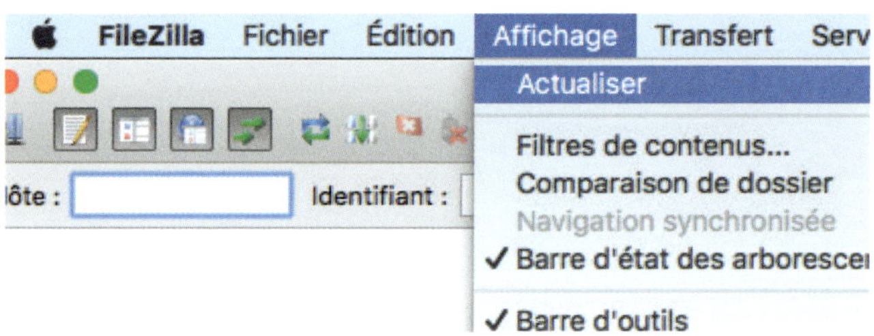

Figure 6-16
Le menu Affichage de FileZilla.

La dernière version de votre page doit apparaître sur la gauche. À présent, vous pouvez double-cliquer sur le nom du fichier pour le transférer. FileZilla vous prévient alors qu'un fichier du même nom existe déjà et vous propose de le remplacer. Vous pouvez valider la manœuvre. Comment s'assurer que le transfert a bien eu lieu ? Référez-vous à la colonne Dernière modification du fichier `index.html`, dans la partie `Site local` et dans la partie `Site distant`.

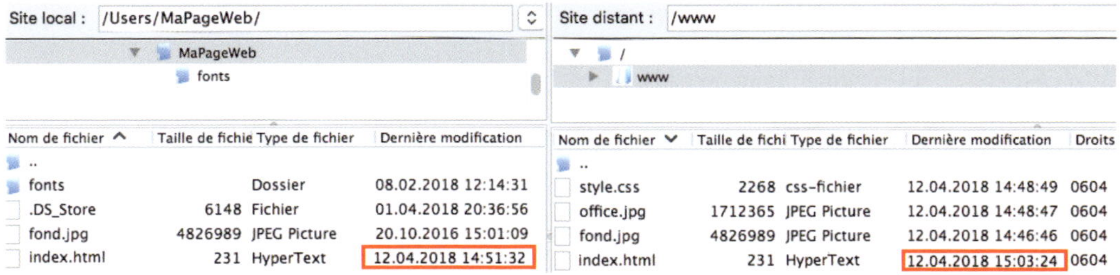

Figure 6-17

Les dates permettent de se repérer dans les transferts.

La dernière mise à jour sur le site distant doit intervenir après la dernière mise à jour sur le site local.

En confirmant votre action, la page `index.html` se met à jour sur le site distant. La modification est visible immédiatement pour vos visiteurs. Un petit tour sur le navigateur vous le confirmera. Vous ne voyez pas la modification ? Cela peut venir de votre cache. Le cache permet au navigateur d'enregistrer une partie d'un site dans le but de ne pas avoir à la recharger à votre prochaine visite. L'inconvénient est que cela peut vous empêcher de voir la dernière version d'une page ! Ayez donc le réflexe de supprimer le cache en premier lieu. Pour cela, suivant les navigateurs, la manipulation varie. Sur Chrome, cliquez sur l'icône tout à fait à droite représentant trois points, puis sur Paramètres. Une page s'affiche avec de nombreuses options. Dans la partie Confidentialité, vous trouverez Effacer les données de navigation.

Figure 6-18

Effacer le cache sur Chrome.

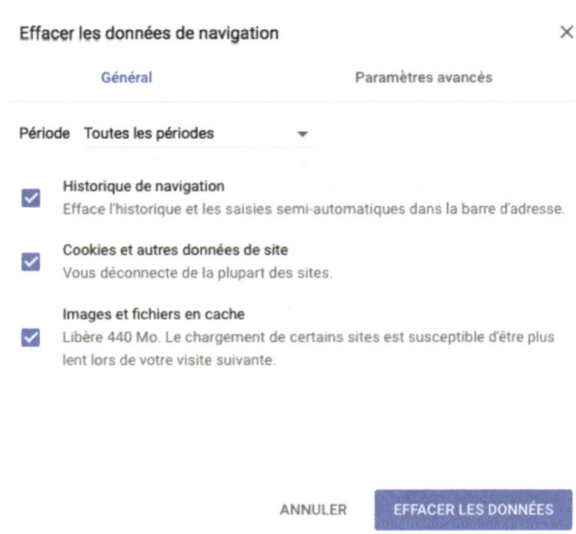

En rafraîchissant votre page, le navigateur en rechargera chaque élément, faisant apparaître les dernières modifications.

J'ajoute un nouvel élément

Vous avez une nouvelle image, un nouveau logo que vous aimeriez bien afficher sur votre site ? Placez-le tout d'abord dans le dossier de votre projet sur votre ordinateur. Ce n'est pas indispensable de l'enregistrer à cet endroit, mais c'est une bonne pratique que de garder tous les éléments de votre site toujours dans le même dossier. Dans cet exemple, vous modifiez votre page `index.html` avec une nouvelle balise `<img/>`. De retour dans FileZilla, la nouvelle image va apparaître dans la partie Site local. Pour que tout fonctionne, vous devez à la fois transférer l'image vers le site distant et mettre à jour la nouvelle page où figure la balise `<img/>`.

J'indique la route

Maintenant, il arrive que l'image soit bien transférée mais que le navigateur ne réussisse pas à l'afficher. Comme précédemment, cela peut venir du cache ou d'une erreur de transfert. Mais pas seulement. Imaginons que vous demandiez à quelqu'un de vous apporter un objet : vous lui indiquez le chemin, en précisant dans quelle pièce il se trouve, puis sur quel meuble et dans quel tiroir. Pour le navigateur, c'est exactement le même fonctionnement. Vous avez besoin de lui indiquer ce qu'on appelle un *chemin d'accès*. Dans la page `index.html`, vous avez inséré des images avec la balise `<img/>`, en indiquant la source. La source correspond au chemin à suivre par le navigateur pour trouver l'image. Et c'est ici que parfois se trouve la coquille qui va empêcher l'affichage de votre contenu. Pour expliquer cela, reprenons l'une des balises `<img/>` présente dans le fichier `index.html`.

```
<img src="./office.jpg" alt="bureau"/>
```

Ici, vous indiquez au navigateur que l'image se trouve dans le même dossier que la page `index.html`. Cela est indiqué par les signes `./` qui précèdent `office.jpg`. Si l'on regarde la structure du site dans FileZilla, on s'aperçoit effectivement que `office.jpg` est au même niveau que `index.html`.

Figure 6-19
Tous les fichiers sont accessibles au même niveau.

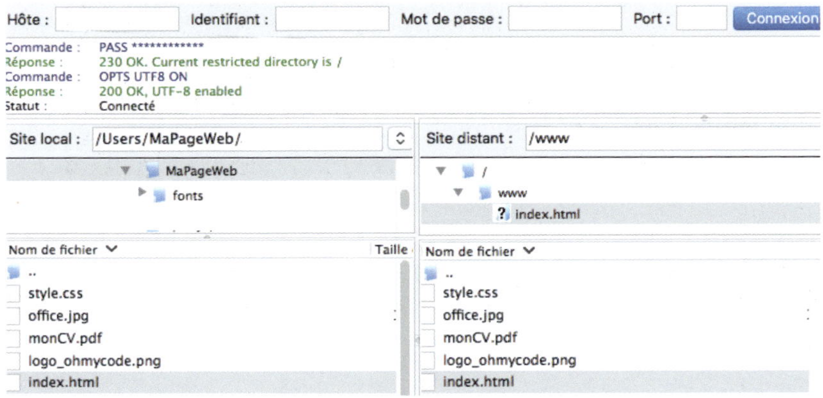

Votre site va sans doute évoluer et vous voudrez peut-être rassembler toutes vos images dans un dossier `images` pour une meilleure lisibilité. C'est en effet une bonne pratique que de bien structurer son dossier avec les images d'un côté, les pages de l'autre. Pour cela, créez un dossier `images` dans le dossier de votre projet sur votre ordinateur, et déplacez `office.png` ainsi que les autres images à l'intérieur.

Figure 6-20
Nouvelle organisation des fichiers : les images sont rangées dans le dossier images.

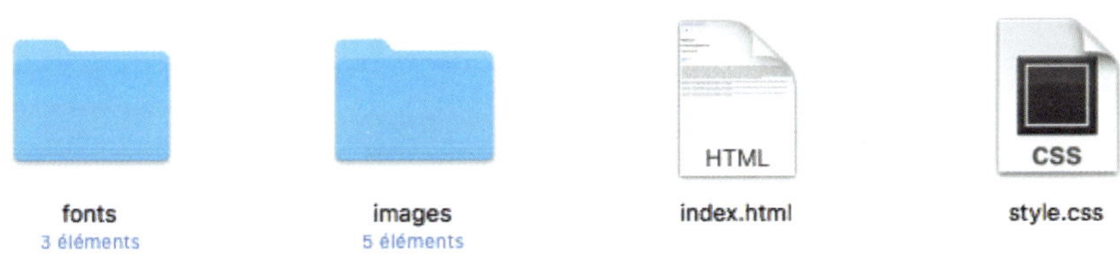

Désormais, l'image `office.jpg` ne se trouve plus au même niveau que `index.html` car elle est dans le sous-dossier `images`. Que va-t-il se passer côté navigateur ?

Le navigateur n'affiche plus l'image, mais simplement le contenu de l'attribut `alt` de la balise `<img/>`. Que s'est-il passé ? Le navigateur a suivi le chemin d'accès que vous lui avez indiqué, mais ce n'est plus le bon ! Pour résoudre cela, vous devez simplement modifier le chemin d'accès, en précisant que l'image se trouve à l'intérieur du dossier `images`.

```
<img src="./images/office.jpg" alt="bureau"/>
```

N'oubliez pas non plus de modifier le chemin d'accès de l'image de fond dans le dossier `style.css` !

```
#hero{
  background: url('images/fond.jpg');
  background-repeat: no-repeat;
  background-size: cover;
  height: 100%/*pour prendre en compte la marge du bas*/
}
```

Ainsi que celui du logo.

```
<img src="images/logo_ohmycode.png" alt="logo OhMyCode" width="100"/>
```

Très bien, vous avez fait des modifications dans `index.html` et dans `style.css`. Il ne vous reste plus qu'à mettre à jour le site distant pour que les dernières versions de votre travail soient bien prises en compte par le navigateur.

Maintenant, revenons un instant sur l'ajout d'un élément sur le site distant. Il est très facile de le placer au mauvais endroit, de le voir dans le serveur distant et de ne pas saisir l'erreur. C'est pourquoi, si une image ne s'affiche pas, vérifiez bien le chemin d'accès indiqué au navigateur et comparez-le avec son véritable emplacement sur le site distant.

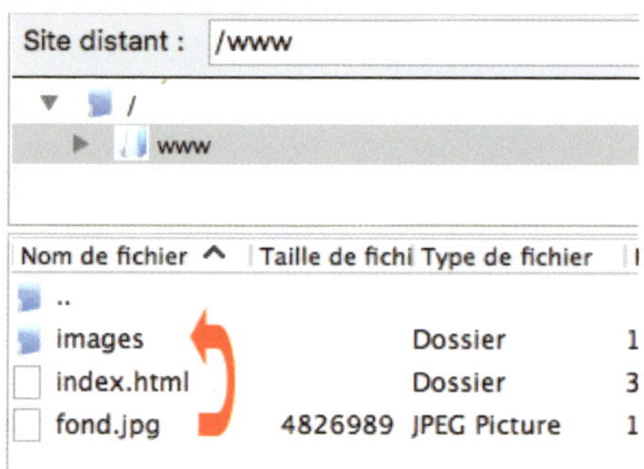

Figure 6-21
L'image fond.jpg devrait être dans le dossier images.

Dans cet exemple, l'image `fond.jpg` est bien présente sur le site distant. Pourtant le navigateur ne pourra pas l'afficher car il recherche cet élément dans le dossier `images`.

Vous avez à présent tous les outils en main pour gérer la mise en ligne de votre site et, tout aussi important, sa modification. Vous connaissez les étapes, mais l'attention donnée aux détails est essentielle ! FileZilla et Sublime Text (ou les logiciels que vous aurez choisis) ne pourront jamais vous signaler une erreur de chemin d'accès et vous suggérer, comme dans Google et son correcteur d'orthographe : « Vouliez-vous dire *dossier images* ? » Tant que le chemin est écrit correctement au niveau de la syntaxe, vous n'aurez aucune indication. C'est à vous de décomposer les étapes de façon systématique : « Je mets mon image ici, j'indique au navigateur le même chemin d'accès ». Cela vous permettra d'acquérir les bons réflexes et de repérer les coquilles en un clin d'œil.

JE GÈRE MON SITE AVEC DES OUTILS PERFORMANTS

Vous avez pensé le contenu sur le fond et sur la forme et peaufiné les détails de l'expérience utilisateur. Et maintenant ? Le plus beau des sites n'a pas de raison d'être, si personne ne vient le visiter. C'est un peu comme si vous aviez une très belle boutique mais qu'elle se trouvait dans une impasse. Aussi, dans le cas d'un site vitrine qui ne génère pas de ventes, vous aimeriez sûrement avoir une visibilité sur la popularité de votre page : qui la visite ? quand ? où ? Vos efforts de communication pour faire venir vos visiteurs sur votre site doivent être également récompensés et rentabilisés : même si vos visiteurs ne vous contactent pas tout de suite, comment conserver une trace de leur visite et les garder dans une liste en tant que prospects ? C'est ce que nous allons découvrir dans cette section.

Le référencement payant avec Google AdWords

Le référencement payant avec Google AdWords est une façon d'engranger des visites. C'est un vaste sujet qui est largement documenté dans de nombreux ouvrages, c'est pourquoi nous ne l'évoquerons que très sommairement ici.

Google AdWords vous permet d'apparaître dans un bandeau dédié (en haut de la page des résultats) à chaque fois qu'un visiteur recherche des mots-clefs spécifiques. En amont, c'est à vous de déterminer les mots-clefs les plus susceptibles d'être recherchés par votre audience cible et de rédiger une annonce pertinente. Bien sûr, vos concurrents voudront sûrement se placer eux aussi sur ces mêmes mots-clefs, ce qui fait vite grimper les prix. Plus un mot-clef est recherché, plus son prix est élevé. Google AdWords est une formidable opportunité pour booster votre présence en ligne mais ce service peut aussi être un gouffre pour qui ne manie pas son fonctionnement. Prendre le temps de se former en amont est un pari plutôt gagnant !

J'analyse avec Google Analytics

Google, encore et toujours, propose un outil extrêmement performant, gratuit (avec une version payante également) et rapide à mettre en place : Google Analytics. Cette solution propose une vue détaillée d'indicateurs clefs comme le nombre et le lieu de connexion sur votre site. Vos visiteurs viennent principalement du sud de la France, alors que votre activité se concentre sur Paris ? Voilà un argument pour retravailler vos efforts marketing ! Vous l'avez compris, les applications sont multiples. Maintenant que votre site est en ligne, voyons concrètement comment profiter de ce service.

Je mets en place mon compte

Il n'y a qu'un seul prérequis : vous devez avoir une adresse Gmail. Si vous n'en avez pas déjà une, faites un petit tour sur *accounts.google.com* et créez votre compte dès maintenant.

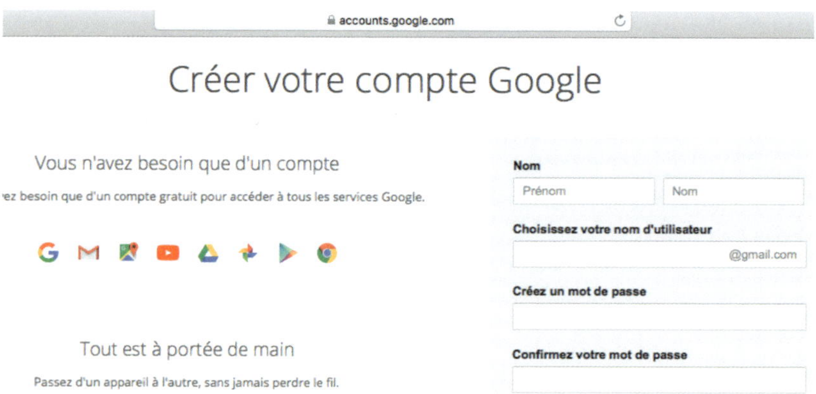

Figure 6-22
Page pour créer son compte Google.

Sur le site *https://www.google.com/analytics*, connectez-vous en cliquant sur `Se connecter>Google Analytics` en haut à droite.

Figure 6-23
Connexion à Google Analytics.

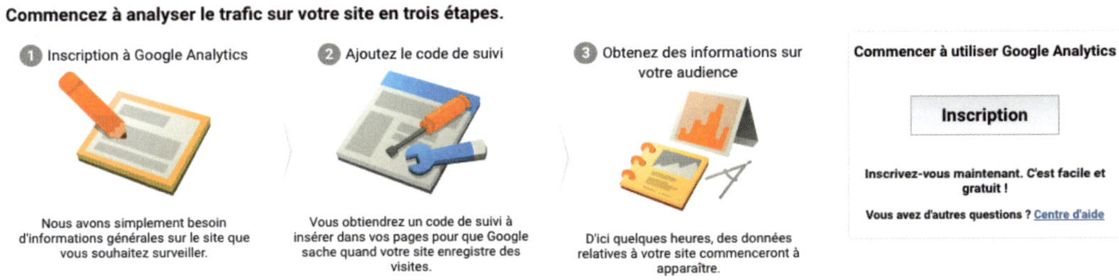

Figure 6-24
Étapes à suivre pour mettre en place Google Analytics sur votre site.

En cliquant sur Inscription, un formulaire apparaît pour compléter les informations relatives à votre site web.

Figure 6-25
Champs à remplir pour créer un compte Google Analytics.

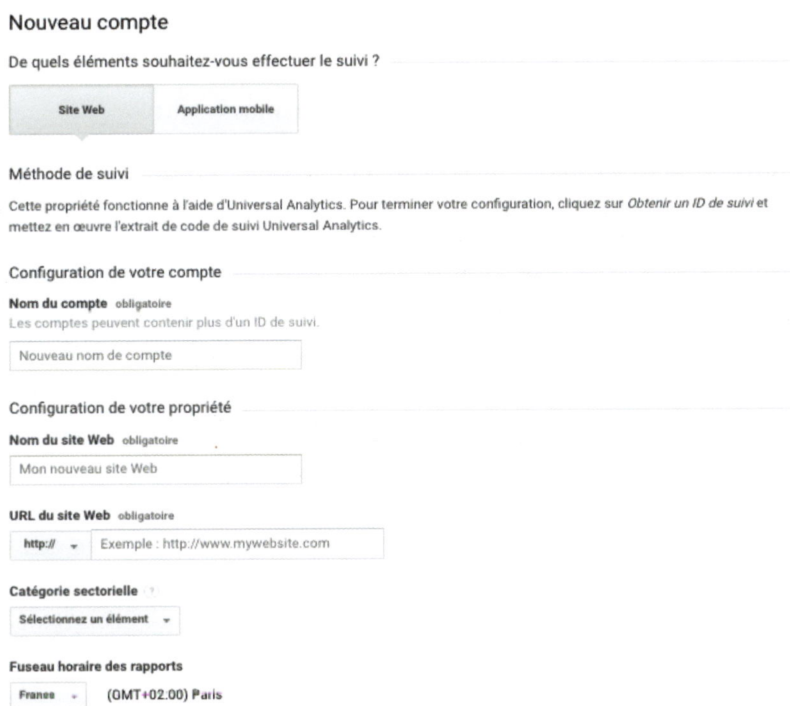

Une fois les champs complétés, cliquez sur le bouton Obtenir un ID de suivi.

Une nouvelle page s'ouvre, il s'agit de votre tableau de bord. À droite, vous trouvez votre code de suivi (*tracking* en anglais). Ce code va être ajouté sur votre site pour obtenir les statistiques le concernant.

Global Site Tag (gtag.js)

Il s'agit du code de suivi Global Site Tag (gtag.js) pour cette propriété. Copiez-le afin de l'insérer en tant que premier élément dans la section <HEAD> de chacune des pages Web dont vous souhaitez effectuer le suivi. Si votre page dispose déjà d'une balise Global Site Tag, ajoutez simplement à cette dernière l'événement ***config*** de l'extrait ci-dessous.

```
<!-- Global site tag (gtag.js) - Google Analytics -->
<script async src="https://www.googletagmanager.com/gtag/js?id=UA-117493411-1"></script>
<script>
  window.dataLayer = window.dataLayer || [];
  function gtag(){dataLayer.push(arguments);}
  gtag('js', new Date());

  gtag('config', 'UA-117493411-1');
</script>
```

Figure 6-26
Code de suivi unique à intégrer à votre site.

Google Analytics nous indique exactement la marche à suivre. Ce code est à insérer dans *chacune* des pages dont on veut suivre l'activité. Dans le cas de votre projet, vous n'avez qu'une page `index.html`. C'est donc dans cette page, à l'intérieur de la balise `<head>`, que vous allez placer le code de suivi.

```
<head>
  <meta name="viewport" content="width=device-width, initial-scale=1, maximum-scale=1">
  <!-- Global site tag (gtag.js) - Google Analytics -->
  <script async src="https://www.googletagmanager.com/gtag/js?id=UA-117493411-1"></script>
  <script>
    window.dataLayer = window.dataLayer || [];
    function gtag(){dataLayer.push(arguments);}
    gtag('js', new Date());

    gtag('config', 'UA-117493411-1');
  </script>
  <meta charset="utf-8">
  <title>OhMyCode</title>
```

Figure 6-27
Insertion du code de suivi dans la balise <head>.

Nous n'avons besoin de modifier d'aucune façon ce code. Vous remarquerez simplement qu'il contient votre identifiant unique : `UA-suite de chiffres`. Comme toujours, dès qu'on modifie les fichiers en local (ici, `index.html`), il faut également penser à les transférer sur le site distant avec FileZilla.

Dans Google Analytics, la majorité des statistiques prendront environ 24 h avant d'apparaître. Mais vous pouvez déjà visiter l'onglet Temps Réel. C'est une vue en direct de l'activité de votre site.

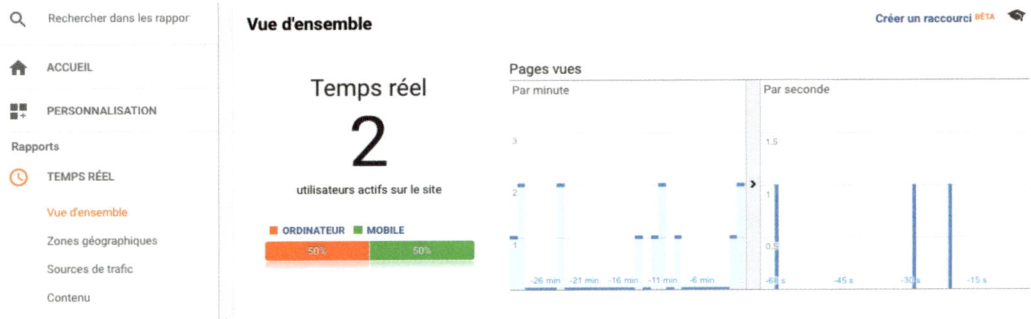

Figure 6-28
Tableau de bord Google Analytics avec les statistiques de visites en temps réel.

Le tableau de bord affiche deux connexions pour l'instant : on peut même savoir quels visiteurs sont sur ordinateur et lesquels sont sur smartphone. Faites le test, c'est impressionnant ! Au-delà de la vue immédiate, c'est dans l'onglet Accueil que toutes vos données sont rassemblées. Cela répond principalement à trois questions fondamentales : d'où vos visiteurs se connectent-ils ? Quand ? Et par quel biais sont-ils arrivés sur votre site ?

Figure 6-29
Statistiques affichant la provenance des visiteurs et leurs heures de visite.

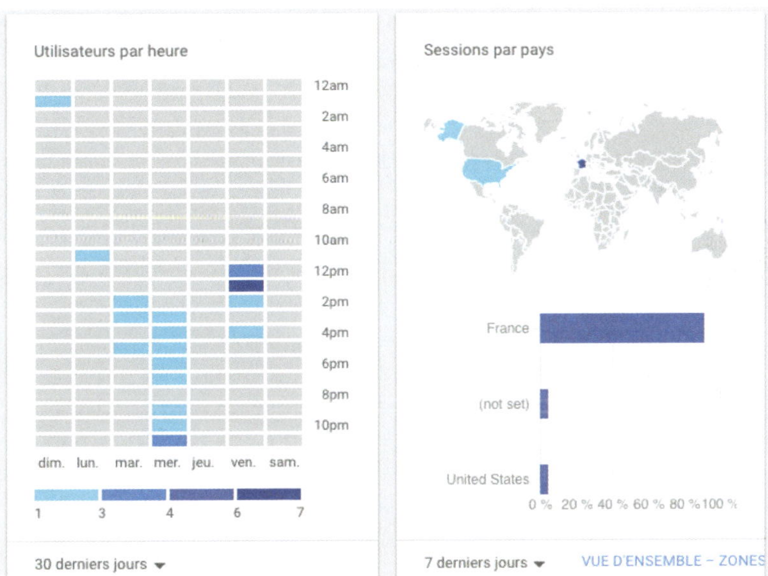

Cela revient à savoir si vos visiteurs proviennent d'un site en particulier, de vos réseaux sociaux… Ces données (disponibles après 24 h) vont vous permettre d'affiner votre présence en ligne. Google Analytics est un outil puissant, il faudrait sûrement un livre entier pour en faire le tour. Le but de ce chapitre est d'avoir une vue d'ensemble et de mettre en place l'outil sur votre site. Rien ne vous empêche d'aller plus loin dans votre découverte !

Je garde contact avec mes visiteurs

Vous avez fourni beaucoup d'efforts pour attirer vos visiteurs sur votre site. Il serait dommage de ne pas en tirer profit et de les laisser s'échapper ! Pourquoi ne pas proposer une newsletter avec les dernières tendances de votre domaine d'activité et montrer toute l'originalité de vos créations (quel que soit votre domaine d'activité) ? Pour cela, votre objectif est de récolter des e-mails qui vont nourrir une base de données. De cette manière, vous alimentez une liste de contacts potentiellement intéressés et que vous pouvez atteindre par un simple e-mail.

Je propose un contenu utile

Donner pour recevoir. C'est un principe assez simple qui permet d'augmenter votre base de données et donc vos clients potentiels. L'idée est de proposer une information de qualité, absolument irrésistible à vos visiteurs, en échange… d'un simple e-mail. Au-delà de la newsletter, il existe des techniques regroupées sous le terme de *Lead Magnet* (« attraction de prospects » en français). En général, cela prend la forme d'un e-book, d'une checklist, d'une méthodologie (les fameux 10 points à connaître, ou les erreurs à éviter), d'un contenu réutilisable (modèle d'e-mailing), des résultats d'une étude ou d'un sondage (pour cela, vous pouvez collecter l'information et la résumer). Votre visiteur ne peut absolument pas passer à côté de cette information ? Parfait, vous tenez votre Lead Magnet !

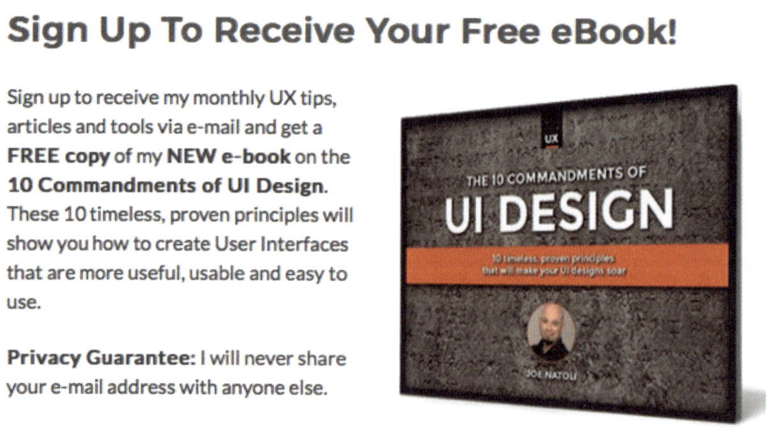

Figure 6-30
Exemple de Lead Magnet.

Les applications sont nombreuses mais elles ont toutes un objectif : proposer un contenu suffisamment utile à vos visiteurs pour qu'ils acceptent de laisser leur e-mail. Le Lead Magnet est aussi moins engageant dans le temps qu'une newsletter. Et pour vous, c'est également l'occasion de montrer votre expertise dans un domaine.

Je mets en place un e-mailing

Vous avez rédigé un rapport complet et pertinent sur l'état du marché dans votre secteur ? Parfait ! L'étape suivante consiste à créer l'e-mailing qui va contenir ce document, à l'aide d'une plate-forme d'envoi très populaire et gratuite, MailChimp.

Figure 6-31
Page d'accueil de MailChimp.

Grâce à cette plate-forme, vous pourrez récolter les e-mails dans une liste et gérer l'envoi des e-mailings. Après avoir créé votre compte, vous avez accès au tableau de bord. Attention toutefois, le site MailChimp est souvent remanié. Ces indications peuvent varier dans leur présentation. Mais le principe reste le même : on crée une liste de diffusion et on prépare un e-mailing automatique (Automation E-mail).

Je crée une liste de diffusion

Votre première action est de créer une liste afin de collecter les e-mails.

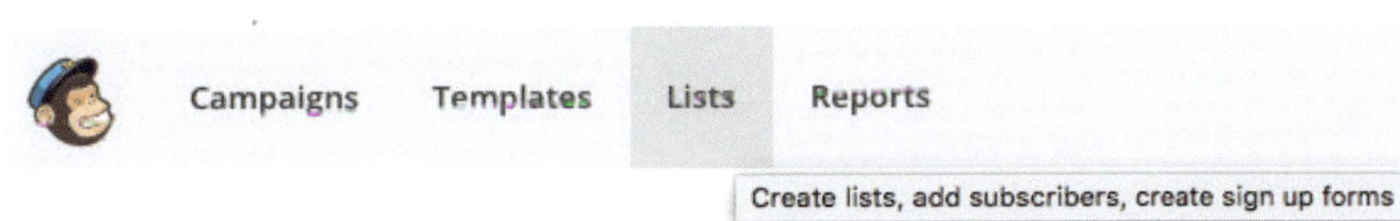

Cliquez sur `Lists` dans le menu situé en haut de la page puis sur le bouton Create List.

Pour poursuivre, vous devez renseigner quelques informations.

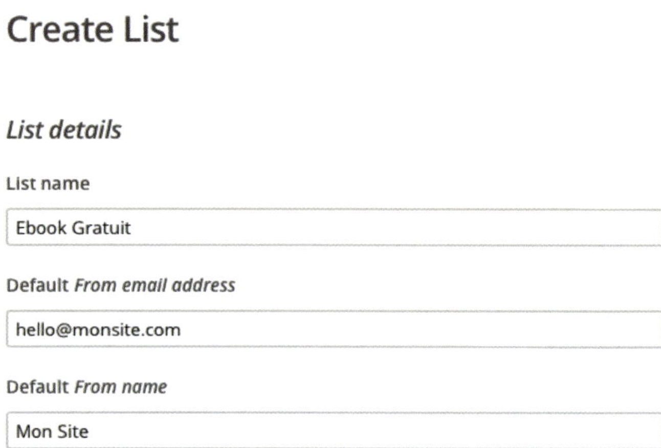

Figure 6-32
Champs à compléter pour créer une liste de diffusion dans MailChimp.

Vous pourrez tout à fait les modifier dans un second temps.

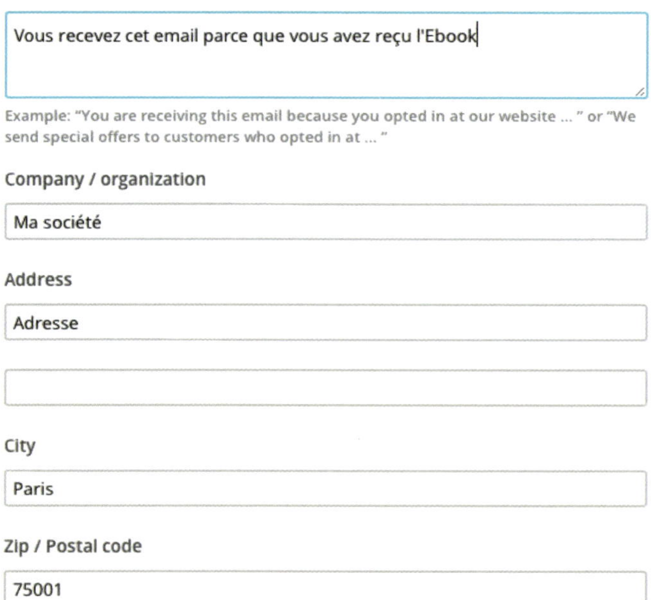

Figure 6-33
Suite des champs à compléter pour créer une liste de diffusion.

D'autres options peuvent être activées, comme un double *opt-in*. Avec cette option, votre contact recevra deux e-mails : un premier qui lui demande s'il veut bien s'inscrire et un second qui confirme son inscription. Dans le cas présent, votre visiteur s'attend à recevoir son contenu immédiatement : cette option n'est donc pas utile ici. MailChimp vous propose également de vous tenir au courant pour chaque nouvel e-mail récolté à différentes fréquences.

Nous avons terminé pour cette étape. Juste un point avant de poursuivre : vous pouvez créer autant de listes que vous voulez dans MailChimp, c'est même une bonne pratique à avoir. Chaque liste est alimentée par une page différente sur votre site, ou à un endroit différent. Cela vous permet de connaître exactement la page, l'endroit qui *convertit* le plus et d'affiner au mieux vos efforts de communication.

Je définis les options de ma campagne

Après avoir créé une liste, il vous faut ajouter une campagne, ce qui revient à définir les caractéristiques de l'e-mailing : quand doit-il être envoyé ? avec quelles options ?

Cliquez sur Campaigns dans le menu, puis sur le bouton Create Campaign.

Cliquez ensuite sur Create an E-mail.

MailChimp vous donne le choix entre plusieurs types de campagnes. Automated permet d'envoyer un message immédiatement après que le visiteur a renseigné son e-mail : c'est exactement ce que nous voulons.

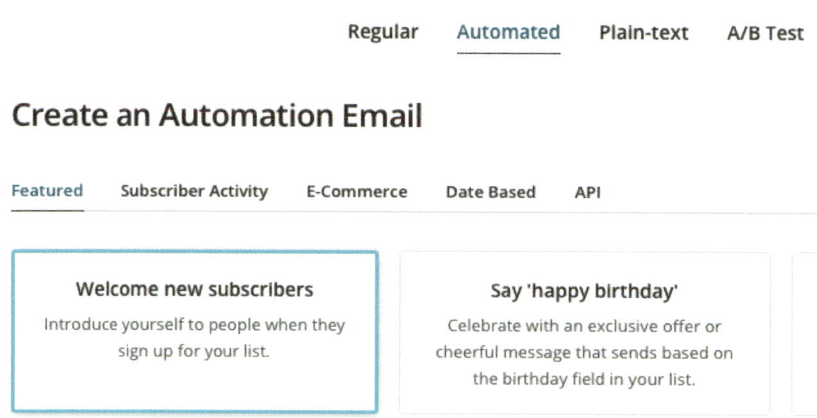

Figure 6-34
L'option Automated permet l'envoi d'un e-mail automatiquement après un événement (inscription, par exemple).

Après avoir cliqué sur Welcome new subscribers, renseignez le nom de la campagne et choisissez la liste dans laquelle seront collectés les e-mails.

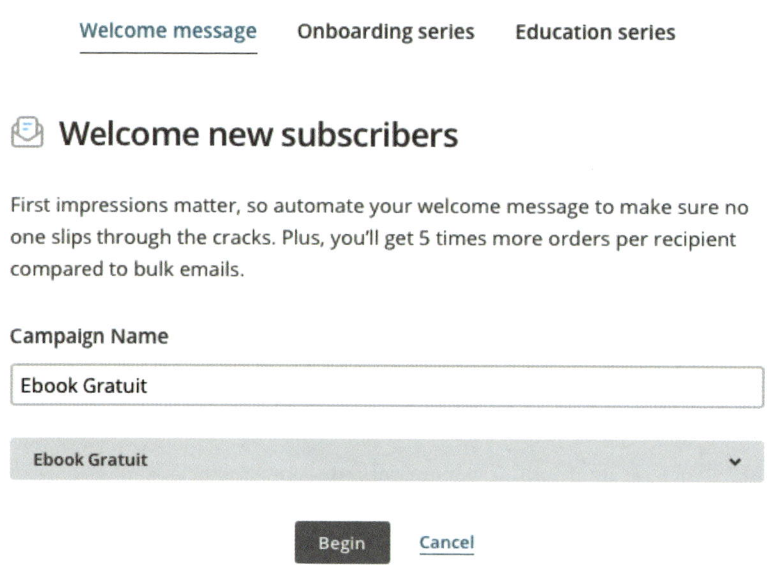

Figure 6-35
Création d'une campagne associée avec une liste de diffusion.

Un nouvel écran apparaît avec les détails de l'envoi : le nom de la liste. En dessous, se trouvent des informations relatives à l'envoi de l'e-mailing. La ligne Trigger, par exemple, correspond au moment où est *déclenché* l'envoi : par défaut, un jour après que le visiteur a rejoint la liste.

En cliquant sur Edit Trigger, vous pouvez modifier ce comportement pour envoyer l'e-mailing immédiatement.

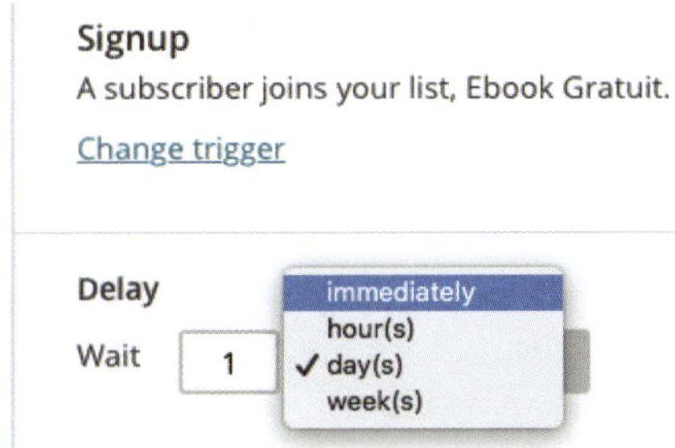

Figure 6-36
Envoi de l'e-mailing immédiatement après l'inscription du visiteur.

Cliquez sur le bouton Update Trigger en haut à droite pour enregistrer vos changements.

À présent, le déclenchement est bien programmé pour avoir lieu immédiatement.

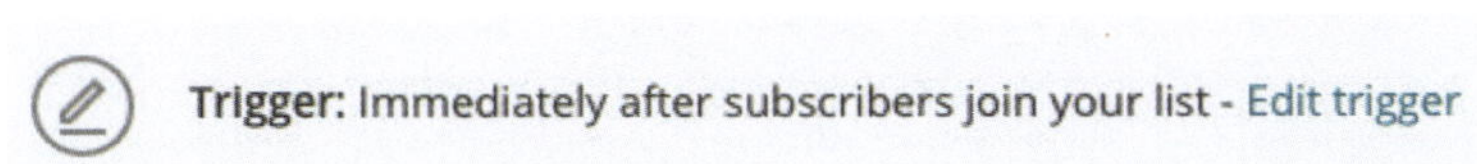

Je rédige l'e-mailing

La liste de diffusion est créée, votre campagne est programmée selon vos critères, il ne reste plus qu'à rédiger le contenu de l'e-mailing. À droite, cliquez sur le bouton Design E-mail.

Une nouvelle page apparaît avec des champs à compléter.

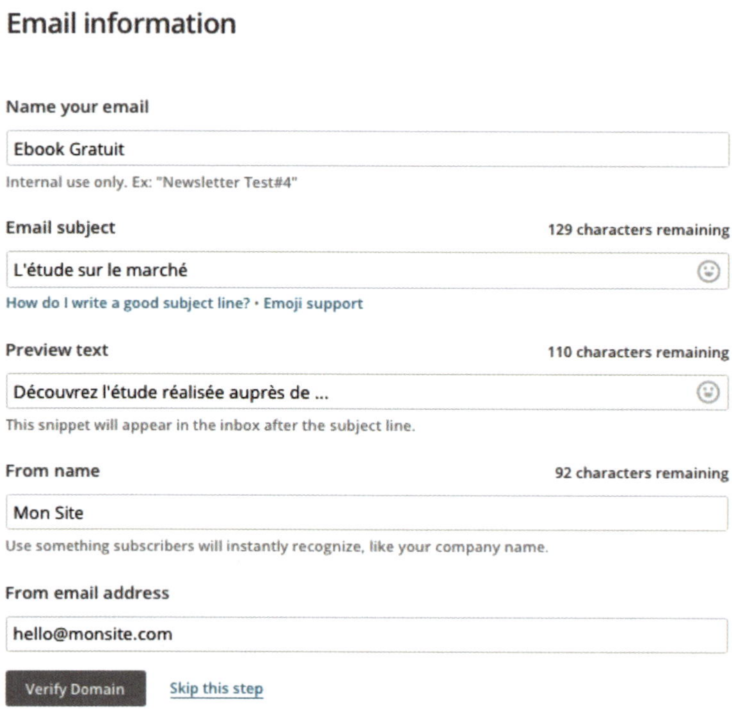

Figure 6-37
Champs à compléter pour créer l'e-mailing.

L'e-mailing laissera apparaître une adresse d'expéditeur à vos destinataires. Tout en bas, le bouton Verify Domain permet justement de vérifier que vous avez le droit d'utiliser cette adresse comme adresse d'expéditeur.

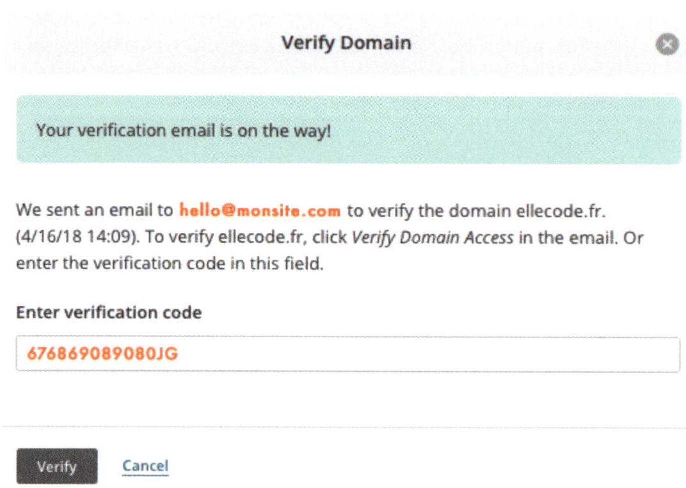

Figure 6-38
Vérification de vos droits sur l'e-mail renseigné.

C'est une étape utile et indispensable pour que votre message ne soit pas considéré comme du spam par la messagerie de votre visiteur. Une fois votre e-mail vérifié, cliquez sur `Next` en bas de la page, à droite. Après cette étape, vous pouvez être redirigé hors de votre campagne. Pour revenir sur votre e-mailing en cours, cliquez de nouveau sur Campaigns dans le menu.

Pour construire votre e-mailing, MailChimp met à disposition un grand nombre de modèles (*template* en anglais) : vous pouvez choisir le modèle Simple Text pour cet exercice.

Une nouvelle fenêtre s'ouvre avec, à gauche, la vue de votre e-mailing et, à droite, les blocs à disposition : réseaux sociaux, bouton, vidéo… Le choix est vaste, d'où le succès de MailChimp ! Pour utiliser chacun de ces blocs, il suffit de les glisser vers la gauche, dans votre e-mailing.

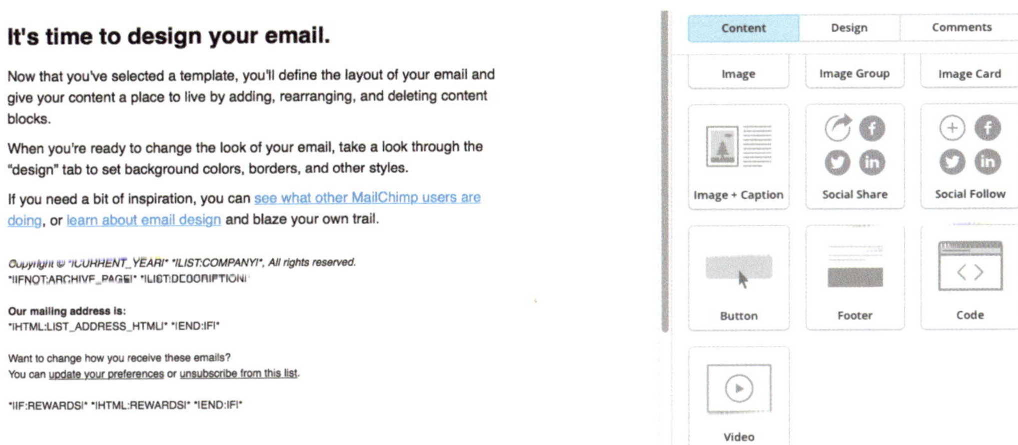

Figure 6-39
Interface de création d'un e-mailing.

Pour l'heure, la mission est simplement de modifier un bloc en ajoutant un lien qui permette à vos visiteurs de télécharger l'étude au format PDF. Pour ce faire, choisissez un bloc et cliquez sur le crayon.

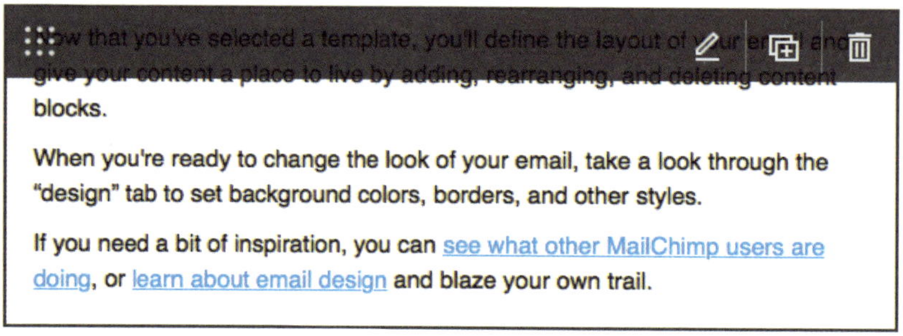

Figure 6-40
Bloc de texte par défaut, à éditer avec votre propre texte.

Un éditeur de texte apparaît à droite.

Figure 6-41
Outils d'édition à droite.

Cet éditeur vous semble peut-être déjà familier. Il reprend les mises en forme les plus courantes : gras, italique, centré. Tout ce que vous devez faire est sélectionner le texte et cliquer sur l'icône Lien.

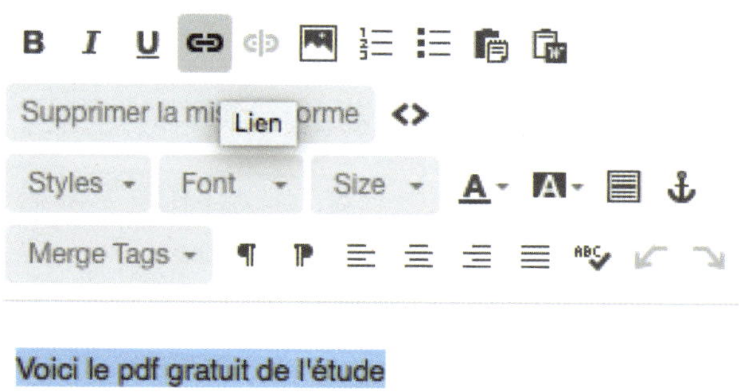

Figure 6-42
Éditeur de texte dans MailChimp.

Vous pouvez supprimer pour l'instant le bloc par défaut *It's Time to design your e-mail*. En revanche, le bloc tout en bas ne doit pas être effacé.

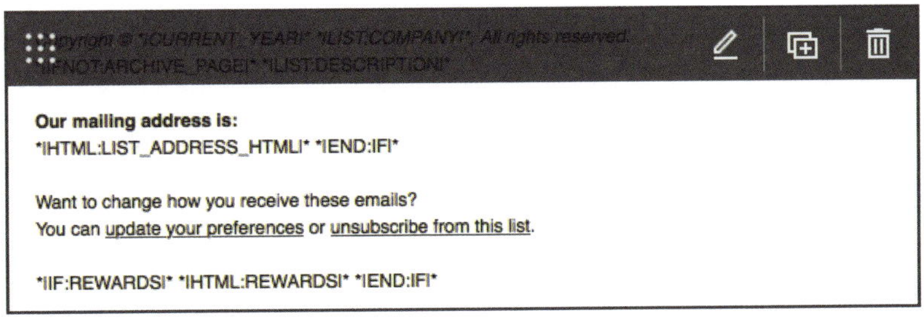

Figure 6-43
Bloc de texte comprenant les informations légales obligatoires entre astérisques.

Il s'agit des informations obligatoires comme le droit pour la personne inscrite de se désinscrire de la liste. Vous pouvez éditer ce bloc et traduire les termes en français (sauf ceux commençant par *). L'e-mail est très basique, mais il n'a pour but que de valider le fonctionnement. Après avoir enregistré, MailChimp vous demande maintenant de valider l'envoi de cet e-mailing.

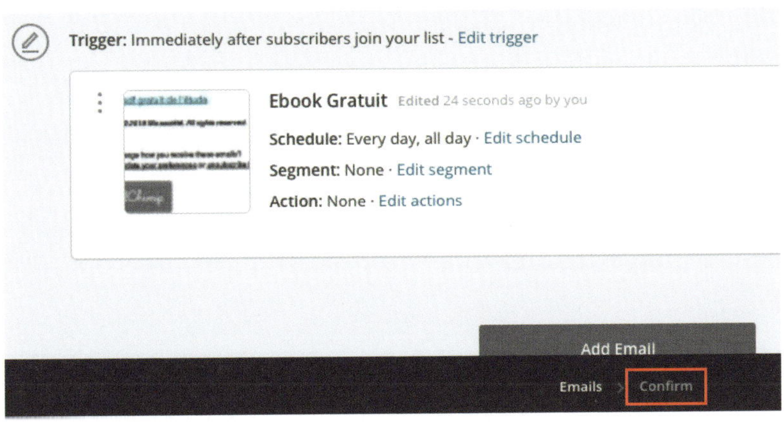

Figure 6-44
Visualisation des options de la campagne.

Cliquez sur `Start Workflow` pour confirmer les informations.

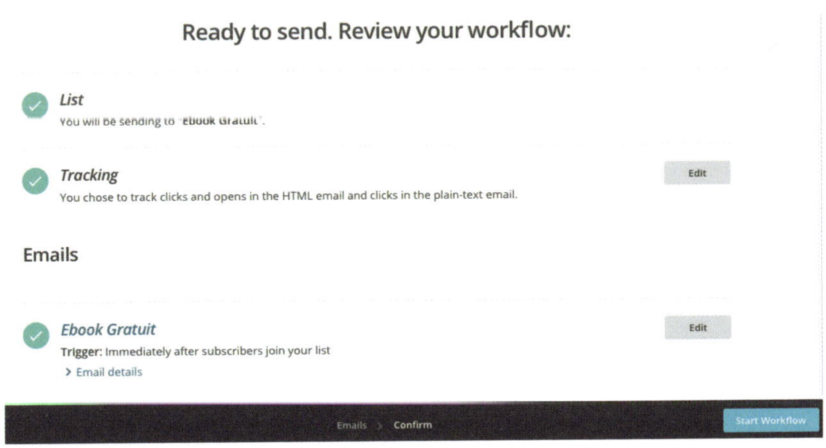

Figure 6-45
Récapitulatif des informations relatives à la campagne.

Je modifie les messages par défaut

Ce sont les messages que vos visiteurs vont voir apparaître pour leur confirmer l'envoi de leur e-mail ou leur indiquer une erreur. Par défaut, ces messages sont en anglais. Pour les traduire, cliquez sur Lists dans le menu supérieur et choisissez la liste qui vous intéresse. Vous allez tout d'abord définir quelques paramètres comme la langue de votre formulaire : en effet, MailChimp génère des messages pour vos abonnés (« Merci pour votre inscription », « Erreur »...). Il faut s'assurer que ceux-ci sont bien en français. Pour cela, cliquez sur Signup forms, puis sur Form Builder.

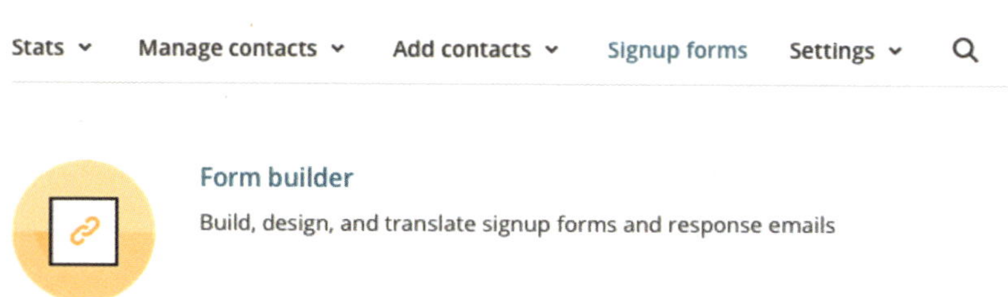

Figure 6-46
Configuration du champ d'inscription.

Assurez-vous que vous éditez bien Signup form (« formulaire d'inscription » en français).

Puis, dans la partie Translate it, choisissez French :

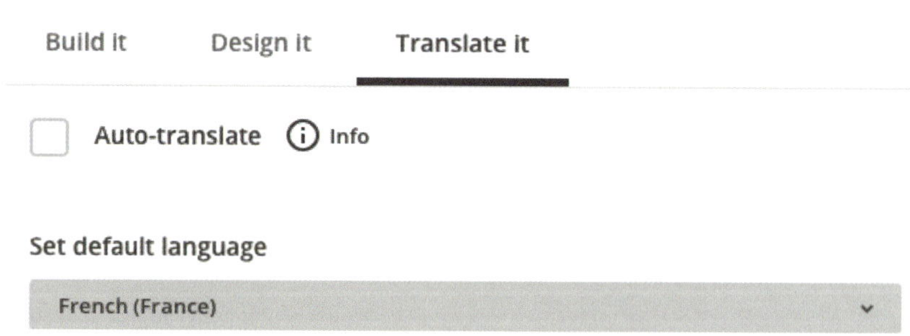

Figure 6-47
Choix de la langue.

Juste en dessous, les champs traduits apparaissent. Si vous le souhaitez, vous pouvez aussi modifier la traduction que vous propose MailChimp. Une fois les modifications enregistrées, vous avez la main sur les champs d'inscription. En effet, par défaut, le formulaire demande le prénom et le nom en plus de l'e-mail. C'est peut-être trop demandé à vos visiteurs qui ne veulent que recevoir un document. Cliquez sur l'onglet Build It pour ajouter ou enlever des champs.

Si vous cliquez sur le champ First Name, deux boutons apparaissent en dessous : cliquez sur l'icône représentant le signe –. MailChimp va vous demander de confirmer votre choix en saisissant « Delete » dans une fenêtre.

Reproduisez l'opération pour le champ Last Name. Dernière étape sur cette page : traduire le champ e-mail en français. En cliquant dessus, vous obtenez plus d'options dans la colonne de droite : indiquez ici le nom du champ (par exemple, « Votre adresse e-mail », comme sur la figure 6-49, ou ce que vous souhaitez) et enregistrez vos modifications.

Figure 6-48
Finalisation du remplissage du formulaire.

Je récolte des e-mails depuis index.html

Tout est en place. Il vous faut à présent récupérer le code de ce formulaire pour l'intégrer dans votre page `index.html`. MailChimp nous a déjà prémâché le travail : il suffit de récupérer quelques lignes de code et de les copier dans le fichier `index.html`.

Cliquez à nouveau sur `Signup forms` et, cette fois, choisissez `Embedded forms` (« formulaires intégrés »).

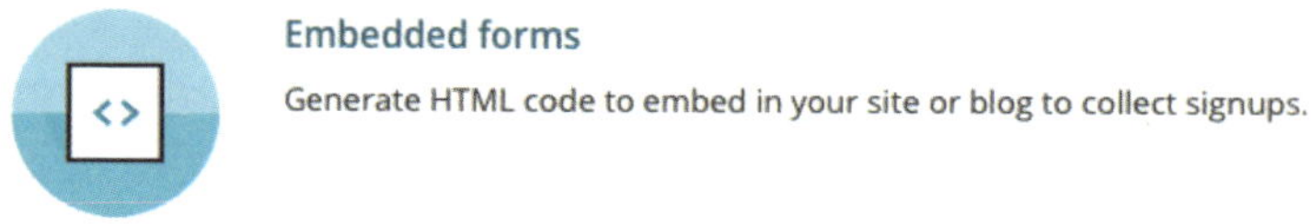

Vous visualisez alors votre formulaire. Quelques modifications sont à apporter : tout d'abord, nous n'utiliserons pas le titre proposé par MailChimp (un autre texte sera intégré plus tard dans `index.html`) tout comme l'indication de champ obligatoire (symbolisé par l'astérisque *). Vous pouvez donc décocher les deux premières options.

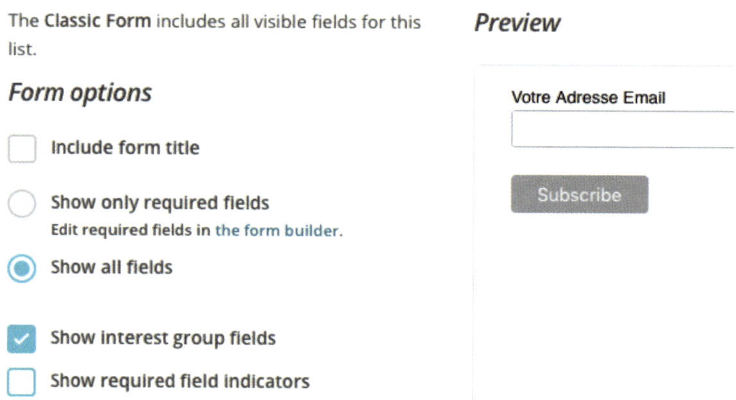

Figure 6-49
Configuration des champs à compléter par les visiteurs pour leur inscription à cette campagne.

Juste en dessous se trouve le code résultant de votre configuration précédente. C'est ce code que vous allez intégrer dans votre page. Comme vous le voyez, le bouton d'envoi indique `Subscribe`. Localisons ce morceau de code et remplaçons `Subscribe` par `Envoyer`.

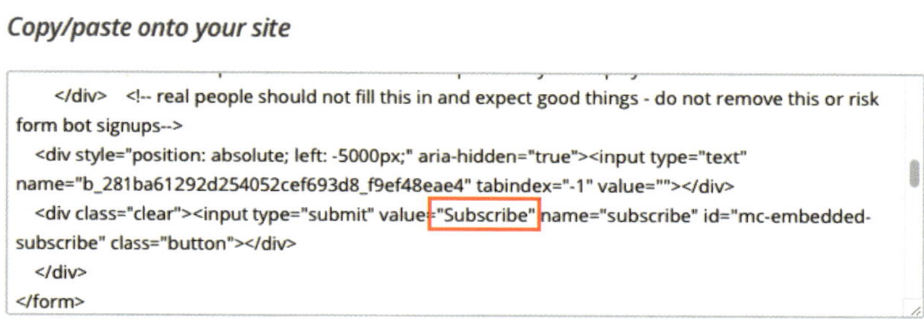

Figure 6-50
Code à intégrer dans la page web.

Dernière chose, MailChimp ajoute des styles CSS à son formulaire : il est plus simple de les enlever pour une meilleure intégration dans votre site. Le code à effacer se trouve entre les balises `<style></style>`.

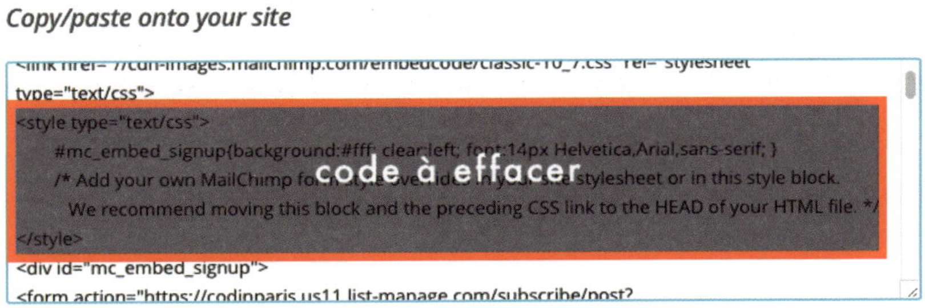

Figure 6-51
Code à effacer.

Copiez à présent l'intégralité du code modifié dans un nouveau document dans Sublime Text : cela vous permettra d'éviter de revenir dans l'interface MailChimp. Depuis le menu de Sublime Text, cliquez sur File>New File, et coller le code. Vous pouvez même enregistrer ce document pour plus de sûreté.

Je crée la DIV lead dans index.html

Où placer ce code ? C'est justement l'objet de cette partie dont vous maîtrisez (déjà) toutes les grandes étapes ! L'objectif à atteindre est une section avec un fond de couleur, un titre et le formulaire.

Figure 6-52
Section lead de votre page web.

Comme toujours, nous travaillons tout d'abord sur la structure. Nous allons donc commencer à créer les DIV. La section `lead` sera responsable de la couleur de fond et servira de contenant au formulaire.

Figure 6-53
Création de la section lead.

Le formulaire sera intégré à une DIV, ce qui permettra d'avoir un meilleur contrôle sur son design : emplacement et largeur, entre autres.

```
<section id="lead">
  <div class="form">
    <!--Ici le code du formulaire de MailChimp-->
  </div>
</section>
```

Figure 6-54
Ajout d'une balise <form> qui contient uniquement le formulaire.

Il ne reste plus qu'à copier-coller le code du formulaire à l'intérieur de la DIV. Ce code est conséquent, plusieurs dizaines de lignes. Il comprend toute la logique du formulaire propre à MailChimp. Pour nous aider à nous repérer, une ligne de commentaire au début du code indique le début du formulaire.

```
<div class="form">
    <!-- Begin MailChimp Signup Form -->
    <link href="//cdn-images.mailchimp.com/e
    css">
    <div id="mc_embed_signup">
```

Figure 6-55
Intégration du code MailChimp dans la balise <form>.

À la fin du code, un autre commentaire nous indique la fin du formulaire.

```
        });}(jQuery));var $mcj = jQu
        <!--End mc_embed_signup-->
    </div>
  </section>
```

Figure 6-56
Fin du code du formulaire MailChimp et fermeture de la DIV <form>.

Ajoutons un titre accrocheur au Lead Magnet avec une balise <h2>.

```
<div class="form">
  <h2>Recevez la boîte à outils du Community Manager</h2></br>
    <!-- Begin MailChimp Signup Form -->
```

Figure 6-57
Ajout d'un titre au-dessus du champ d'inscription.

Que nous dit le navigateur ?

Figure 6-58
Section lead en construction avec un titre et le champ d'inscription au formulaire MailChimp.

La section avec le formulaire est bien visible. Le titre est une balise <h2> : il reprend le style défini précédemment (dans cet exemple, la police Lobster).

Je modifie la section lead dans style.css

À présent, ajoutons un peu de style à ce formulaire pour donner envie aux visiteurs de cliquer ! Dans le fichier `style.css`, ajoutons les propriétés nécessaires pour la section `lead`.

Figure 6-59
Propriétés CSS de la section lead.

```
#lead{
  display: flex;
  justify-content: center;
  background-color: #e74c3c;
  color: white;
}
```

La propriété `display: flex` va servir à positionner l'élément avec la classe `.form`. Le fond (`background-color`) est défini avec une couleur hexadécimale, une nuance de rouge/orange. La couleur du texte (`color`) choisie est le blanc. La seule nouveauté ici est la propriété `justify-content`. Comme son nom l'indique, elle s'applique au contenu. Ici, la valeur est `center`, ce qui centre l'élément avec la classe `.form` dans son contenant. À ce stade, si vous rafraîchissez le navigateur, vous verrez que le formulaire se positionne déjà au centre, c'est parfait !

Figure 6-60
Affichage du formulaire au centre de la page.

La balise <h2> a été définie plus haut avec la couleur noire. Pour plus de cohérence, ciblons la balise <h2> de la section `lead` pour qu'il apparaisse en blanc.

```
#lead h2{
  color: white;
}
```

Cela manque encore un peu d'espace pour être totalement harmonieux : le texte est collé au bord haut de la DIV.

Un simple `padding` appliqué à la classe `.form` va régler cela.

```
.form{
  padding: 20px;
}
```

Depuis votre navigateur, si vous entrez un e-mail valide dans le champ dédié, un message apparaît en vert : « Merci pour votre inscription ! »

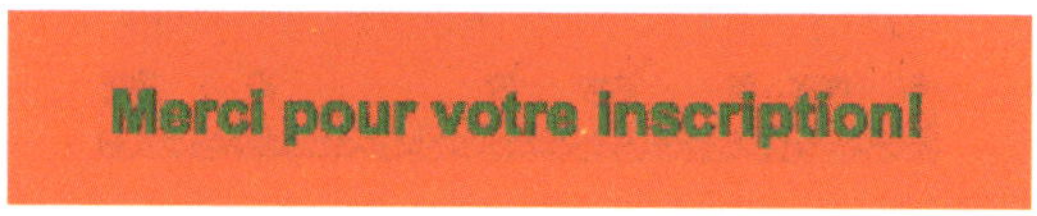

Figure 6-61
Message (en vert, par défaut) confirmant l'inscription.

Cette couleur est héritée d'une feuille de styles que MailChimp a ajoutée dans le code du formulaire. Nous n'avons pas accès à cette feuille de styles, elle est hébergée par MailChimp. Nous ne pouvons pas non plus l'enlever puisqu'elle gère d'autres styles du formulaire. Alors comment la modifier *à distance* ? Depuis le navigateur, effectuez un clic droit sur « Merci pour votre inscription » afin d'ouvrir l'inspecteur web. Cet inspecteur vous indique le nom de la DIV et, à droite, le style associé.

```
">…</div>
▶ <div class="response" id="mce-success-response" style="display:
block;">…</div> == $0
</div>
```

```
#mc_embed_signup #mce-success-response {
  color: #529214;
  display: none;
}
```

Figure 6-62
L'inspecteur web affiche le style appliqué à un élément.

Le texte est compris dans la DIV `mce-success-response`. À droite, la couleur du texte est spécifiée en vert. Grâce au CSS, vous pouvez contourner cette règle déjà définie ! Dans le fichier `style.css`, ajoutez une nouvelle déclaration.

```
#mce-success-response{
  color: white!important;
}
```

Figure 6-63
Ajout de la mention !important pour contourner le style par défaut.

`!important` est une façon de faire appliquer cette règle en priorité. C'est très utile lorsque vous modifiez des styles hérités d'autres feuilles de styles auxquelles vous n'avez pas accès (comme ici avec MailChimp).

Votre navigateur affiche à présent la section `lead` totalement mise en page : le formulaire est fonctionnel (essayez-le !). Vos visiteurs ont une bonne raison de vous laisser leur e-mail, mission accomplie. L'e-mail de vos visiteurs apparaîtra depuis MailChimp, dans la liste que vous avez choisi d'alimenter.

JE FINALISE MON SITE

Un site web doit toujours se terminer avec un contenu plus général : c'est l'objectif du *footer*, c'est-à-dire le pied de page). Cette section sera la dernière à créer pour terminer complètement ce projet ! Ajouter des liens vers les réseaux sociaux est une excellente façon de finaliser votre page personnelle.

Figure 6-64
Ajout des liens vers les réseaux sociaux dans la section footer.

Au niveau de la structure, cette section utilisera la balise HTML 5 `<footer>`. Celle-ci regroupera trois DIV qui contiendront les différentes icônes de la figure 6-65, définies par la même classe : `.social`. Cela nous permettra d'appliquer en une seule déclaration CSS les styles valables pour toutes les icônes du pied de page. Au survol, les icônes changeront de couleur (en rouge sur la figure 6-65).

Je crée la section footer

Dans le fichier `index.html`, à la suite de la section `lead`, vous pouvez rajouter la nouvelle balise `<footer>`.

Figure 6-65
Création de la section footer.

```
<footer>
  <!--Ici les DIV qui contiendront les icônes-->
</footer>
```

À l'intérieur de cette balise, la classe `.social` a été spécifiée pour les trois DIV.

```html
<footer>
  <div class="social">
    <!--Ici l'icône Facebook-->
  </div>
   <div class="social">
    <!--Ici l'icône Twitter-->
  </div>
  <div class="social">
    <!--Ici l'icône Instagram-->
  </div>
</footer><!--Ici, on referme la balise footer-->
```

Figure 6-66
Intégration des trois DIV.

Font Awesome est déjà installée sur votre page personnelle : nous allons en profiter pour ajouter les trois icônes grâce aux balises `<i>` mises à disposition par la bibliothèque.

```html
<footer>
  <div class="social">
    <i class="fab fa-facebook-square fa-2x"></i>
  </div>
   <div class="social">
    <i class="fab fa-twitter-square fa-2x"></i>
  </div>
  <div class="social">
    <i class="fab fa-instagram fa-2x"></i>
  </div>
</footer><!--Ici, on referme la balise footer-->
```

Figure 6-67
Ajout des icônes pour chacune des DIV.

Pour l'instant, ces icônes ne renvoient nulle part : vous avez besoin de les entourer de la balise Lien. C'est exactement le même principe que si vous vouliez appliquer un lien sur une image.

```html
<footer>
      <div class="social">
        <a href="http://facebook.fr" target="_blank">
            <i class="fab fa-facebook-square fa-2x"></i>
        </a>
      </div>
       <div class="social">
        <a href="http://twitter.fr" target="_blank">
            <i class="fab fa-twitter-square fa-2x"></i>
        </a>
      </div>
      <div class="social">
        <a href="http://instagram.fr" target="_blank">
            <i class="fab fa-instagram fa-2x"></i>
        </a>
      </div>
  </footer><!--Ici, on referme la balise footer-->
```

Figure 6-68
Ajout des liens correspondants.

Comme on l'a vu précédemment, l'attribut `target` avec la valeur `_blank` permet d'ouvrir la page dans un nouvel onglet. Que se passe-t-il côté navigateur ? Les liens sont en place : mais les icônes sont blanches et elles n'apparaissent qu'au survol. En effet, c'est le style des liens définis plus haut qui s'applique. Il faut à présent définir des styles propres à la section `footer`.

Je modifie le style du footer

En premier lieu, attribuons à la section `footer` la souplesse de la propriété `flex` et ajoutons la propriété `justify-content` pour centrer son contenu.

Figure 6-69
Déclaration de styles pour la section footer.

```
footer{
  display: flex;
  justify-content: center;
}
```

Ces icônes ne peuvent raisonnablement rester invisibles ! En les ciblant, vous pourrez leur attribuer la couleur que vous voulez.

Figure 6-70
Déclaration CSS qui cible uniquement les liens de la section footer.

```
footer a{
  color: black;
}
```

Modifions à présent leur couleur au survol.

Figure 6-71
Déclaration de la couleur des liens de la section footer au survol de la souris.

```
footer a:hover{
  color: #e74c3c;
}
```

Cette couleur correspond à la couleur du fond de la section `lead`. Cela permet de faire un rappel harmonieux. À ce stade, tout fonctionne, mais les icônes sont comme collées les unes aux autres. Ajoutons un peu de `padding`, cette fois à la classe `.social`. Vous allez faire une déclaration unique qui s'appliquera aux trois DIV : c'est un travail efficace, qui fait l'économie de lignes de code et donc de temps !

```
.social{
  padding: 20px;
}
```

Figure 6-72
Ajout d'un espace pour les éléments avec la classe .social.

Prenez toujours le temps en amont de penser votre page en matière de structure et de style. Vous aurez une vue claire des étapes à réaliser et des questions à vous poser comme : une DIV avec `id` ou plutôt une classe ?

7. JE DYNAMISE MON SITE

À ce stade, vous l'avez compris, le duo HTML/CSS remplit tout à fait son rôle pour afficher du contenu de façon esthétique, sur tous supports, en ajoutant même de subtils effets qui rendent l'expérience utilisateur agréable. Mais allons plus loin. Ce chapitre va vous faire découvrir un troisième langage, le JavaScript. Ce langage, largement supporté par les navigateurs, permet une multitude d'actions, ce qui le rend extrêmement populaire dans l'environnement web. Il forme avec HTML et CSS le trio incontournable du développement de pages web. Avant de commencer, précisons que JavaScript est un langage à part entière qui fait l'objet d'ouvrages tout à fait complets pour maîtriser son utilisation. Le livre que vous avez entre les mains a pour but de manipuler JavaScript dans une de ses utilisations : faire apparaître ou disparaître des éléments en fonction d'événements. Pour les plus curieux cependant, je vous invite grandement à creuser le sujet et à découvrir l'étendue de tout ce que JavaScript peut faire pour vous !

JAVASCRIPT, TOUR D'HORIZON

JavaScript est un langage de programmation qui a été quelque peu sous-évalué mais qui depuis quelques années est devenu le langage à connaître et à utiliser. Sans entrer dans les détails, disons simplement qu'il permet de manipuler aussi bien les éléments d'une page que les informations d'une base de données. C'est ainsi que des langages comme React (développé par les équipes Facebook), Vue ou encore Angular ont conquis les développeurs et continuent de révolutionner le web.

Les usages

En tant que développeur web, à quoi peut bien vous servir JavaScript ? JavaScript est capable d'interagir avec vos visiteurs en fonction de ce que l'on appelle des événements. Déplacement de la souris, clic d'un bouton, survol d'une image, tous ces événements peuvent être détectés et faire l'objet d'une réponse. C'est comme si vous pouviez contrôler à distance l'écran de vos visiteurs et faire apparaître ou disparaître un nouvel élément. Nous y reviendrons justement dans ce chapitre.

D'autre part, nous pouvons utiliser JavaScript pour valider la conformité d'informations fournies par vos visiteurs. L'intérêt d'utiliser JavaScript est l'économie de temps et de requêtes inutiles au serveur. Par exemple, JavaScript va s'assurer que le champ e-mail est correctement renseigné *avant* que ces informations ne soient envoyées au serveur. C'est ce qu'on appelle une validation côté client. C'est-à-dire que les programmes à exécuter sont gérés sans intervention du serveur, depuis la page ouverte par vos visiteurs. L'expérience utilisateur n'en est que plus rapide.

J'ÉCRIS EN JAVASCRIPT

Le code JavaScript peut être inséré directement dans le document HTML avec les balises `<script></script>`. C'est d'ailleurs de cette façon que nous avons inséré le code de MailChimp un peu plus tôt. Bien que cette méthode fonctionne, il est recommandé de créer un nouveau document (comme pour le CSS), cette fois-ci avec l'extension `.js`. Cette organisation permettra à vous-même ou à un autre développeur, de maintenir (c'est-à-dire modifier) votre code avec plus de clarté, avec l'affichage HTML d'un côté et la logique JavaScript de l'autre. Aussi, le code que vous allez écrire une seule fois pourra être utilisé par de multiples pages.

Je crée un nouveau fichier

Depuis l'éditeur de texte, la combinaison de touches Ctrl + N ou Cmd + N permet de créer ce premier document `script.js`.

Figure 7-1
Contenu du dossier.

Comme pour le CSS, vous devez signaler l'existence de ce fichier au navigateur pour qu'il en tienne compte. Jusqu'à maintenant les liens vers des fichiers externes étaient inclus dans la partie <head>. Concernant JavaScript, la bonne pratique est plutôt de l'inclure juste avant la balise de fermeture </body>.

Figure 7-2
Lien vers le fichier JavaScript.

```
  <script src="script.js"></script>
  </body>
</html>
```

Premiers scripts

Un script est un programme, c'est-à-dire une action, écrit par le développeur suivant ce qu'il souhaite réaliser. Le script est exécuté après un événement précis défini par le développeur : après le chargement de la page ou du clic d'un bouton par exemple. Cette palette d'événements va permettre de transformer votre page web en outil interactif capable de réagir en fonction des actions de votre visiteur. Avant d'aller plus loin avec JavaScript, assurez-vous que votre navigateur autorise bien ce langage.

Figure 7-3
Gestion JavaScript dans le navigateur Chrome.

Je modifie le contenu HTML

Une des forces de JavaScript est de pouvoir cibler un élément du code et de le modifier. Ce tour de magie permet une multitude d'applications, notamment indiquer au visiteur qu'une action a bien été réalisée par exemple.

Figure 7-4
Bouton d'abonnement sur YouTube.

Pour obtenir ce résultat, vous allez écrire votre première ligne de code en JavaScript.

```
document.getElementById().innerHTML="Nouveau Texte";
```

Figure 7-5
Modification du contenu texte.

Ici, nous procédons en quatre étapes. Premièrement il faut indiquer le terme *document*. Cela fait référence à la page web concernée. Ce terme *document* est ce qu'on appelle un « objet », c'est-à-dire de l'information. Ici, *document* contient l'intégralité des balises et styles utilisés dans cette page web (voir encadré).

Deuxièmement, il faut cibler l'élément avec un ID précis en utilisant une méthode : `getElementById()`. Une méthode est une action. Ici l'action consiste à obtenir une DIV précise.

Troisièmement, récupérer le contenu de cette DIV avec la propriété `innerHTML`. Une propriété est une information de l'élément ciblé. Dans ce cas, l'information correspond au contenu de la balise concernée.

Enfin attribuer une nouvelle valeur, `Nouveau  Texte`. C'est l'opérateur = qui assigne cette nouvelle valeur. Faisons l'essai avec le bouton Contactez-moi. Pour cela, dans le document `index.html`, rajoutons tout d'abord un ID à la balise Lien.

```
<a href="mailto:ohmycode@test.com?subject=Demande de Contact"
id="btnMailto">
  Contactez-moi
</a>
```

Figure 7-6
Ajout d'un identifiant dans la balise Lien.

Puis retournons dans le document `script.js` et appliquons le code JavaScript comme suit :

```
document.getElementById("btnMailto").innerHTML="Nouveau texte";
```

Figure 7-7
Ciblage du bouton et remplacement de son contenu.

J'attire ici votre attention sur l'écriture de `document.getElementById()` avec les majuscules notamment, qui est indispensable à son foctionnement.

Le DOM

Quand le navigateur charge une page web, il analyse son contenu, c'est-à-dire ses balises. Il va en créer une représentation qu'il garde en mémoire : il s'agit du DOM, aussi connu sous le nom de *Document Object Model*. C'est grâce à cette représentation que JavaScript a accès au contenu de la page, en utilisant ce qu'on appelle des « objets », c'est-à-dire une mémoire d'un élément. Dans la figure 7-7, le terme **document** est en fait un objet qui nous permet d'accéder à la représentation complète de la page. C'est pourquoi c'est le point de départ de cette ligne de code. À l'intérieur de **document**, nous pouvons chercher un élément en fonction de son ID ou de sa classe par exemple.

Ici, le code JavaScript est lu et traité par le navigateur sans action de notre part au chargement de la page.

Figure 7-8
Modification du texte du bouton.

Nous voulons cependant avoir un plus grand contrôle sur ce programme et le déclencher après un événement précis : le clic du bouton. Le langage JavaScript nous permet de détecter cette action. Pour ce faire, nous allons associer l'événement `onclick` à l'élément `btnMailto`.

```
//Modifie le texte du bouton si cliqué
btnMailto.onclick = function(){
  document.getElementById("btnMailto").innerHTML="A très bientôt";
}
```

Figure 7-9
Fonction associée à l'événement onclick.

La réponse à cet événement est déclarée dans une fonction qui permet de rassembler l'ensemble des tâches à exécuter. Là encore, il vous faudra exactement l'ouverture et fermeture de parenthèses, puis des accolades comme la figure 7-9. Ces quelques lignes de code nous permettent d'être très précis quant au moment du démarrage de ce script.

Le résultat est bien celui attendu. Si vous cliquez sur le bouton, le contenu du texte est modifié. Nous n'en sommes qu'au début de l'aventure JavaScript, mais à ce stade vous avez déjà ciblé un élément de la page et modifié son contenu, ce qui a permis une réponse à une action de votre visiteur.

Je détecte les erreurs

Une des grandes missions du développeur est le débogage. Concrètement, cela revient à inspecter votre code à la recherche du point-virgule de trop ou de l'espace manquant. On l'a vu, l'éditeur de texte joue un rôle important dans cette recherche avec notamment un code couleur ou une indentation qui peuvent renseigner sur la source de l'erreur. JavaScript va bien au-delà en mettant à disposition deux outils indispensables dans le navigateur lui-même. Dans l'inspecteur web, l'onglet Console est totalement dédié au débogage JavaScript.

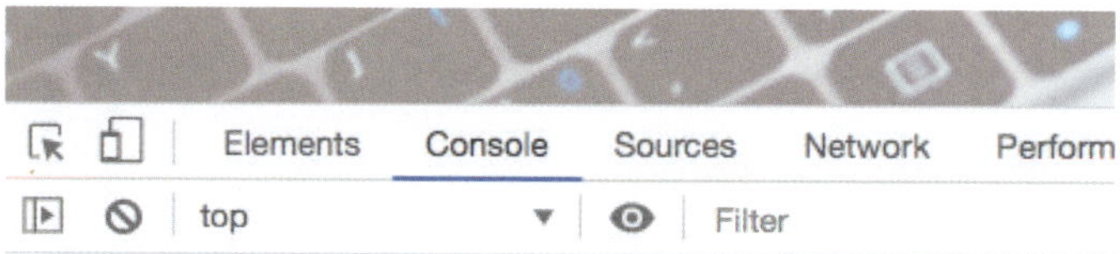

Figure 7-10
Vue de l'onglet Console dans l'inspecteur web.

C'est ici que les erreurs JavaScript apparaîtront. Faisons un essai, en supprimant volontairement une parenthèse.

```
xte du bouton si cli
ck = function){
lementById("btnMailt
```

Figure 7-11
Suppression d'une parenthèse dans la fonction.

Voici ce qui apparaît à présent dans la console JavaScript.

```
Uncaught SyntaxError: Unexpected token '{'
>
```

Figure 7-12
Message d'erreur dans la console.

Le navigateur nous informe que le code ne fonctionne pas à cause d'une erreur de syntaxe sans toutefois préciser laquelle. Mais cela reste un bon indice !

Imaginons à présent le cas de figure où le clic n'entraîne aucun résultat. À quel niveau se situe l'erreur ? S'agit-il de la première partie de la fonction qui ne reprend pas le bon ID par exemple ? Dans ce cas, la fonction n'est jamais déclenchée. Ou s'agit-il plutôt des instructions ? La fonction est alors bien déclenchée, mais le code contient un bug. Pour le savoir, nous avons à disposition une ligne de code avec un rôle d'espion. Cette ligne de code va nous permettre d'envoyer un petit message dans l'inspecteur web et ainsi isoler la source d'erreur. Pour cette démonstration, rectifions l'erreur de syntaxe et ajoutons les lignes suivantes.

```
//Modifie le texte du bouton si cliqué
btnMailto.onclick = function(){
  console.log('la fonction est bien appelée')
  document.getElementById("btnMailto").innerHTML="A très bientôt";
  console.log('après avoir ciblé élément');
}
```

Figure 7-13
Utilisation de console.log.

Tout fonctionne, la console affiche les deux messages. Imaginons les situations suivantes :

- Le premier message console.log n'apparaît pas. La fonction n'est pas déclenchée. L'erreur est à trouver dans le code qui déclenche la fonction.
- Le deuxième console.log n'apparaît pas. L'erreur se situe probablement à l'intérieur de la fonction.

Expert ès Erreur

Les erreurs vous veulent du bien ! Elles sont le signe que vous faites (sûrement) quelque chose de nouveau. Pour qu'elles ne soient pas source de stress, développez progressivement votre management d'erreur. Pour cela, je vous conseille d'adopter une stratégie systématique devant la résolution d'erreur. Concrètement, n'hésitez pas à noter les questions à se poser dans l'ordre. Je vérifie la syntaxe (les points-virgules, les espaces...), je change de navigateur, je positionne des console.log, j'ajoute des commentaires dans le code... Tout cela est le fruit de votre expérience et peut (doit) alimenter une checklist Erreur.

Cela vous permettra également de mieux expliquer la situation, en détaillant les étapes de résolution déjà effectuées à un autre développeur par exemple. Également, notez les erreurs que vous rencontrez ! On pêche souvent en se disant qu'on ne refera plus cette erreur ou que l'on se rappellera facilement de sa solution. Ce n'est pas toujours vrai !

J'affiche un message

Continuons notre découverte de JavaScript avec une méthode pour afficher un message au visiteur. Pour ce premier script, souhaitons la bienvenue à notre visiteur avec le script suivant.

Figure 7-14
Code pour ouvrir une boîte de dialogue dans le navigateur.

```
alert('Bienvenue sur le site');
```

Ce script contient uniquement l'action à réaliser sans préciser sous quelles conditions ni à quel moment précis cela doit avoir lieu. Par défaut, ce script sera exécuté pendant le chargement de la page.

En rechargeant la page, le message apparaît bien.

Figure 7-15
Ouverture d'une boîte de dialogue dans Chrome et dans Firefox.

Cet exemple est une version rudimentaire d'un outil marketing puissant, utilisé sur de nombreux sites, le pop-up. Attention cependant, le pop-up ou toute autre façon d'interagir avec votre utilisateur ne doit pas constituer un obstacle à la visite de votre site. Sans compter que les navigateurs servent de barrières à ce qu'ils considèrent des fenêtres intempestives gênantes. Si vous ajoutez un deuxième message, le navigateur intervient en proposant au visiteur de ne plus être dérangé.

```
alert('Bienvenue sur le site');
alert('Encore bienvenue sur le site');
```

Figure 7-16
Deux ouvertures de boîtes de dialogues.

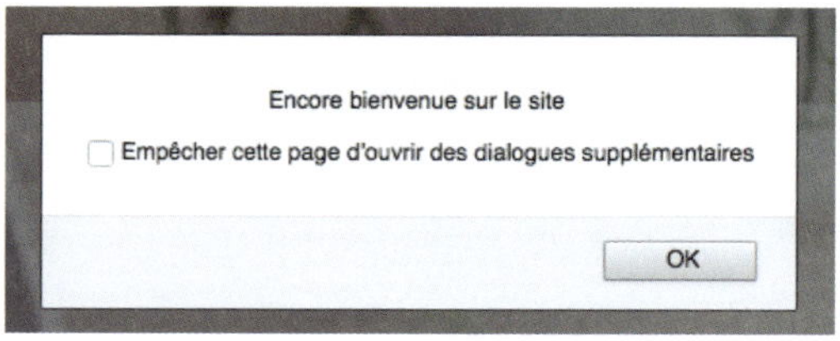

Figure 7-17
Le navigateur propose de ne plus ouvrir ces boîtes de dialogues.

De plus, le pop-up, ou boîte de dialogue du navigateur, tel que présenté ici ne peut pas être personnalisé. Utilisé sans stratégie ni graphisme adapté, celui-ci va vite ennuyer vos visiteurs et ils quitteront votre site sans hésiter. Heureusement, il existe une autre façon d'afficher du contenu qui cette fois-ci remplira notre cahier des charges.

Je crée un modal

Le modal (termes équivalents : fenêtre modale, pop-in), est un outil de captation d'attention ultra-puissant. Lorsque celui-ci s'ouvre dans la page, tout le reste du contenu est mis au second plan. Seul le message est largement visible par le visiteur. Bien sûr la contrepartie d'imposer cela à vos visiteurs est de proposer une offre de qualité ou de fournir une information.

Les applications

Bien souvent, l'objectif de ces modals est de récolter des e-mails en offrant en échange un contenu utile (cf. lead magnet) ou de valider les conditions d'utilisation, en acceptant l'installation de cookies par exemple.

Figure 7-18
Exemples de modals.

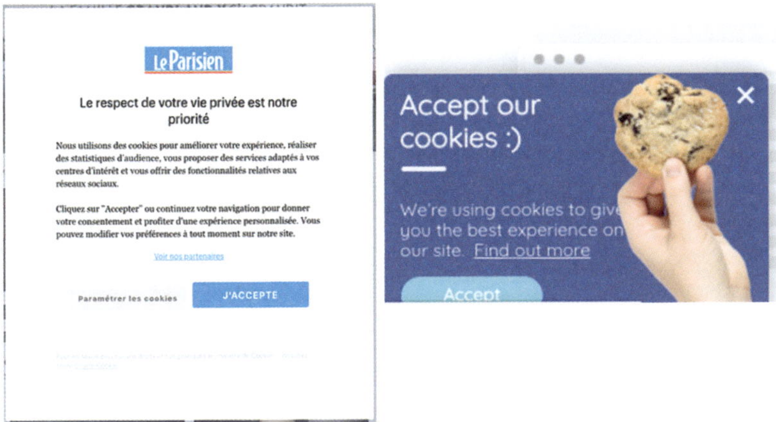

Il peut également rallonger la durée de visite sur votre site en proposant de poursuivre avec la lecture d'autres articles. La qualité du message a un rôle décisif dans la réussite de cette opération, mais aussi le design, particulièrement sur des problématiques d'écran réduit.

Un autre critère à considérer : le ciblage. Est-ce que le message que vous voulez diffuser s'adresse à la bonne personne ? Pour cela, vous devez tenir compte des actions de votre visiteur et ainsi en déduire son intérêt potentiel pour le message que vous voulez diffuser. JavaScript nous permet justement de surveiller le comportement des visiteurs et de faire apparaître le modal au bon moment. Le visiteur s'apprête-t-il à fermer la page ? Certains sites n'hésitent pas à proposer des bons de réduction de dernière minute.

Figure 7-19
Modal qui propose une offre lorsque le visiteur va refermer la page.

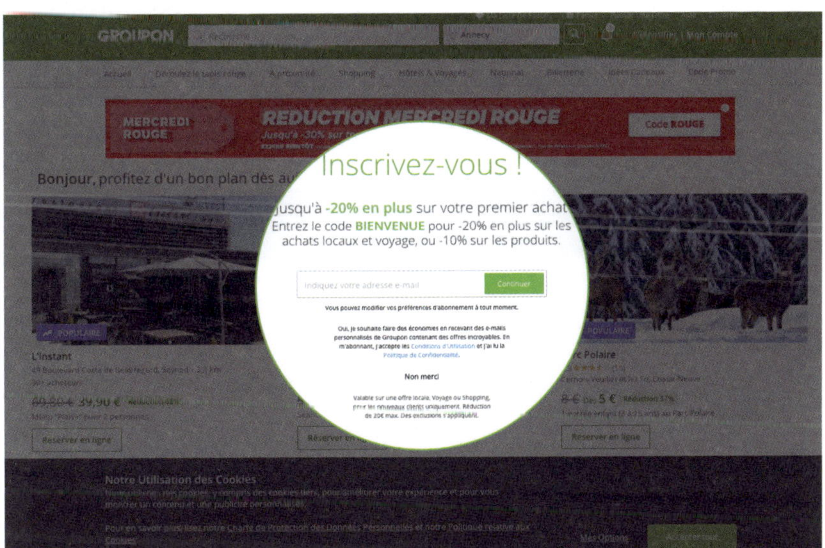

Tout ceci doit être réfléchi en amont afin d'assurer une navigation de qualité. Bien implémenté, le modal permet à votre message d'atteindre (plus probablement) sa cible.

A/B testing

Le critère clef dans la stratégie de webmarketing est le ciblage. Si votre visiteur a l'impression que vous lui proposez une offre qui ne le concerne pas, il y a de grandes chances qu'il referme le site. C'est pourquoi la technologie ne doit pas être une fin en soi, mais bien la conséquence d'une stratégie. Pour ce faire, utilisez les outils à votre disposition comme les tests comparatifs, appelés A/B testings. Google propose une solution gratuite, Google Optimize, qui vous permet de créer des variantes de votre page et d'assigner une part de votre trafic sur chacune d'entre elles. Vous pouvez alors constater les différences de comportements de vos visiteurs suivant le design de votre page. D'autres solutions existent, gratuites ou payantes. Cette étape est nécessaire pour qui veut optimiser les conversions (plus d'abonnés, plus d'achats, plus d'articles lus...).

Je mets en place le fond

Le modal est un élément principalement construit en HTML et CSS et affiché grâce à JavaScript. Regardons le modèle que nous allons construire ensemble.

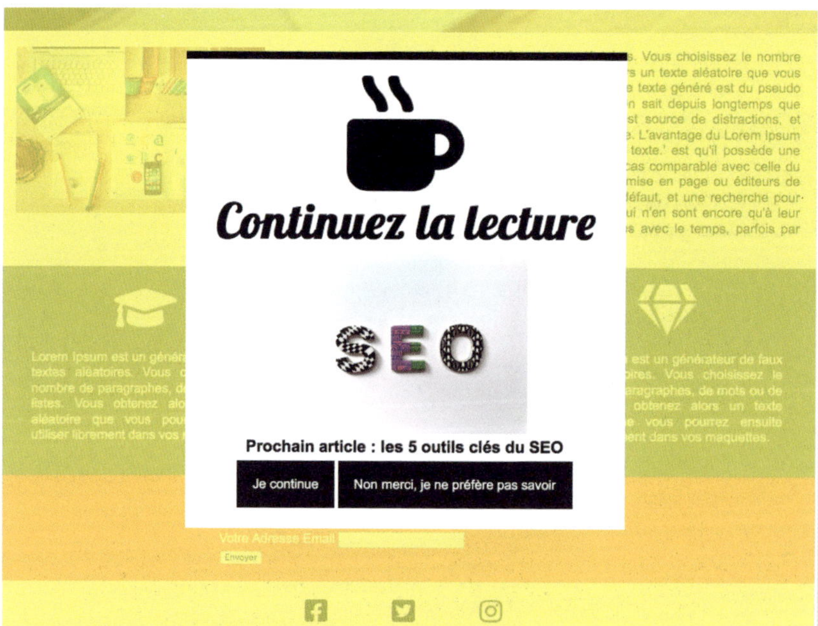

Figure 7-20
Modal proposant la lecture d'un nouvel article.

L'objectif de ce modal est d'allonger la durée de visite de l'internaute. La stratégie est de le déclencher quand le visiteur est suffisamment bas dans votre page. En effet, si votre visiteur est descendu dans la page jusqu'à un certain niveau, on peut en déduire qu'il est intéressé par votre contenu et qu'il fait potentiellement partie de votre cible. Une fois tous les critères cités plus haut validés, il s'agit de traduire en langage JavaScript l'idée de défilement vers le bas. Là encore JavaScript nous propose un détecteur dédié.

Figure 7-21
Utilisation de onscroll.

```
window.onscroll = function (){
  //ici les instructions
}
```

Cet événement est associé à l'objet `window`, c'est-à-dire la fenêtre contenant la page. Avant de compléter cette fonction, construisons le modal. Le modal est composé d'une DIV avec un fond jaune, que nous appellerons `leadModal`, et une DIV blanche dans laquelle sera insérée le contenu, `modalBloc`. La première étape consiste à créer dans le document HTML, après `footer`, la DIV `leadModal`.

Figure 7-22
Insertion de la DIV leadModal.

```
<div id="leadModal" class="modal">
  <!-- ici le contenu -->
</div>
```

Côté CSS, vous allez mettre en place une toute nouvelle façon de placer une DIV. Jusqu'à maintenant les DIV apparaissaient là où vous les aviez placées. Mais dans notre cas, `leadModal` a une position particulière puisqu'elle se place au-dessus de toutes les autres, comme une couche supplémentaire. CSS propose pour cela de fixer notre DIV à un endroit précis dans la page grâce à la propriété `display` et la valeur `fixed`. Pour fonctionner, il vous faut déterminer un ou deux points de référence.

Figure 7-23
Positionnement de la DIV leadModal avec position.

```
.modal {
  position: fixed;
  left: 0;/*Sans marge à gauche*/
  top: 0;/*Sans marge en haut*/
}
```

Dans notre cas, nous voulons que cette DIV se positionne sans aucune marge en haut ni sur les côtés. Les valeurs `top` et `left` sont à 0. Pour tester le fonctionnement, n'hésitez pas à changer les valeurs et à constater que la DIV se décale d'autant de pixels. Notez qu'il existe également les propriétés `right` et bottom. Pour l'instant, la page ne devrait pas afficher de résultat. Ajoutons à présent deux éléments : sa couleur et ses dimensions.

```
background-color: rgba(243,235,72, 0.76);
height: 100%; /* Pleine hauteur */
width: 100%; /* Pleine largeur */
z-index: 1; /* Se place au-dessus */
```

Figure 7-24
Couleur et dimensions de la DIV leadModal.

Côté couleur, optons pour un jaune vif, légèrement transparent, pour rendre le message vitaminé et positif. Pour s'assurer que la DIV va remplir l'intégralité de la page, nous déterminons ses dimensions à 100 %. Autre élément nouveau, la propriété z-index qui place les éléments au premier plan, second plan et plus encore, en fonction de vos besoins. Ici, nous informons le navigateur que quoiqu'il arrive, cette DIV doit se placer au-dessus du reste.

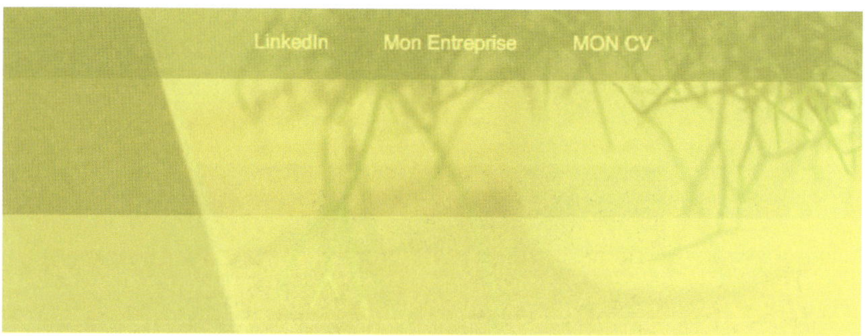

Figure 7-25
Affichage de la DIV leadModal au-dessus des autres éléments.

La DIV apparaît dans l'intégralité de la page.

Je mets en place le bloc central

Ajoutons à présent la DIV modalBloc.

- Je crée la structure.

```
<!-- MODAL -->
<div id="leadModal" class="modal">

  <!-- BLOC CENTRAL -->
  <div class="modalBloc">
    <!-- ici le contenu -->
  </div>

</div>
```

Figure 7-26
Insertion du bloc blanc avec la DIV modalBloc.

• Et le style de `modalBloc`.

Figure 7-27
Style de la DIV modalBloc.

```css
/* Le Bloc Central*/
.modalBloc{
  margin: 10% auto;
  padding: 20px;
  width: 50%;
  text-align: center;
  background-color: white;
  color: black;
  border-top: 10px solid black;
}
```

Le fond blanc et la couleur du texte en noir vont contraster avec le fond jaune. Aussi, remarquez la valeur de `margin`, ou plutôt les valeurs de `margin`. Pour comprendre cette nouvelle notation, gardons en tête que le CSS nous permet de préciser les valeurs de marge pour les quatre côtés d'une DIV. En ne précisant que deux valeurs, la première s'applique aux marges du haut et du bas, et la deuxième aux marges de gauche et de droite. La valeur `auto`, quant à elle, permet de centrer la DIV dans son contenant. Ainsi, vous verrez très souvent cette notation `margin: 0 auto` pour centrer une DIV (sans marge, ni en haut, ni en bas).

• J'ajoute du contenu.

Figure 7-28
Contenu HTML de modalBloc.

```html
<!-- MODAL -->
<div id="leadModal" class="modal">

  <!-- BLOC CENTRAL -->
  <div class="modalBloc">
    <!-- Une icône -->
    <div class="modalIcon">
      <i class="fas fa-mug-hot fa-9x"></i>
    </div>
    <!-- Titre - Image - Sous-titre -->
    <div class="modalText">
      <h4 class="modalTextTitle">Continuez la lecture</h4>
      <img src="./images/seo.jpg">
      <h5 class="modalTextSubtitle">
        Prochain article : les 5 outils clés du SEO
      </h5>
    </div>
  </div><!-- Ici on referme modalBloc -->

</div><!-- Ici on referme leadModal -->
```

Cette DIV reprend des concepts vus plus haut. Tout d'abord, l'insertion d'une icône (une tasse de café pour évoquer un moment agréable, la lecture !). En-dessous, du contenu texte agrémenté d'une image. Les statistiques varient, mais sachez que les pop-ups (ou articles, posts sur réseaux sociaux…) avec une image aboutissent à plus de clics.

• J'ajoute le CTA.

Il manque encore un élément : le call to action.

```
      </h5>
    </div>
    <div class="modalBtn">
      <a href="#">Je continue</a>
      <a href="#">Non merci, je ne préfère pas savoir</a>
    </div>
  </div><!-- Ici on referme modalBloc -->
```

Figure 7-29
Boutons pour accepter ou refuser.

Qui préfère *ne pas savoir* ? Voilà un bouton un peu provocateur, mais qui devrait inciter votre visiteur à poursuivre sa lecture. Si vous n'êtes pas sûr du ton à employer, du terme qui saura convaincre, faites des tests ! Côté CSS, on manipule des propriétés vues précédemment. Notez que l'article n'existe pas encore, nous indiquons simplement le signe # en guise de remplissage.

```
.modalBtn{
  margin: 5%;
}
.modalBtn a{
  color: white;
  background-color:black;
}
.modalBtn a:hover{
  opacity: 0.7;
}
```

Figure 7-30
Style des boutons à l'état initial et au survol.

Remarquez aussi l'usage de la propriété `opacity`. Celle-ci détermine un niveau de transparence, de 0 à 1. En fixant cette valeur à `0.7`, le passage de la souris au-dessus des boutons atténuera la couleur noire en tons de gris. Le titre affichera la police `Lobster`, le sous-titre, la police par défaut `arial`.

```
.modalTextTitle{
  font-size: 60px;
  font-family: 'Lobster', cursive;
}
.modalTextSubtitle{
  font-size: 20px;
}
.modalText img{
  width: 60%;
}
```

Figure 7-31
Style du titre, sous-titre et image.

Enfin, pour que les dimensions de l'image s'adaptent à l'écran, la largeur est fixée en pourcentage. Remarquez comment la déclaration utilise le sélecteur `img`, pour cibler précisément les images de la DIV `modalText`.

- Je permets le défilement vers le bas.

Nous avons bien avancé, cependant en utilisant `position: fixed`, la DIV devient immobile. Faites le test. Suivant les dimensions de la fenêtre de votre navigateur, nous ne pouvons accéder au contenu situé plus en dessous.

Figure 7-32
L'intégralité du modal n'est pas visible, sans toutefois permettre le défilement vers le bas.

Pour résoudre ce problème, nous avons besoin d'ajouter un peu de CSS à `.modal`

```
/* Pour pouvoir faire défiler le contenu */
overflow: auto;
```

Figure 7-33
Ajout de la propriété CSS pour permettre le défilement vers le bas.

Maintenant, une barre de défilement apparaît à droite laissant au visiteur la possibilité de faire défiler le contenu.

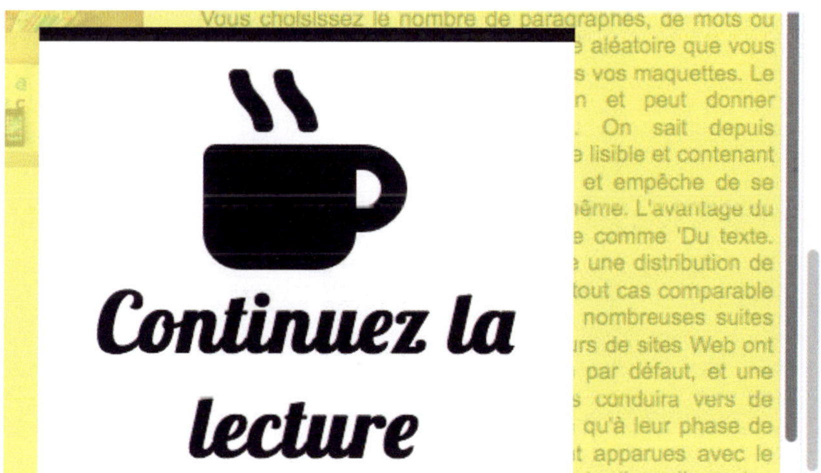

Figure 7-34
Apparition de la barre de défilement sur la droite.

- Je rends les contenus adaptables grâce aux media queries.

Dernière étape, assurons-nous que ce modal est bien responsive. Les éléments à modifier seront la taille du texte et la disposition des boutons. Pour la version écran large (desktop), ils sont l'un à côté de l'autre. Dans la version mobile, ils se placeront l'un au-dessus de l'autre. Pour cela, nous modifions leur comportement par défaut () cf. bloc ou en ligne.

À l'intérieur de la media query déjà écrite dans le CSS, nous écrivons les nouvelles déclarations.

```
@media screen and (max-width: 414px){
  /*ICI LES PRECEDENTES DECLARATIONS*/
  .modalTextTitle{
    font-size:40px;
  }
  .modalBtn a{
    display: block;
    margin-bottom: 5%;
  }
}
```

Figure 7-35
Modification du style pour écran réduit.

Le résultat est bien conforme au design.

Figure 7-36
Affichage du modal depuis un écran réduit.

J'utilise JavaScript

Le modal est en place mais ne se comporte pas encore tout à fait comme attendu. Il est visible dès le chargement de la page et n'apparaît pas encore spontanément comme un modal. Nous allons avoir besoin du JavaScript pour réussir notre mission.

Je fais disparaître le modal

Un peu comme un magicien, nous allons cacher un élément, puis le faire apparaître au bon moment. Ceci est la traduction exacte du code nécessaire à notre entreprise. Tout d'abord, donc, cacher l'élément, c'est-à-dire cacher la DIV `leadModal`. Dans le fichier CSS, à l'intérieur de `.modal`, nous insérons une nouvelle propriété `display` avec la valeur `none`.

Figure 7-37
La DIV .modal devient invisible avec display: none;

```
/* Le modal*/
.modal {
  display: none;  /*Caché par défaut
  position: fixed; /* Nécessaire pou
  z-index: 1; /* Se place au-dessus
  left: 0;/*Collé au bord gauche*/
```

Cette propriété cache l'élément pour les visiteurs, mais le navigateur est parfaitement au courant qu'il existe. Si vous rechargez la page, vous constaterez effectivement que le modal n'est plus visible (nous l'opposerons un peu plus loin à la valeur `block` pour le rendre visible). Pour le faire réapparaître, point de chapeau, mais plutôt direction le fichier `script.js`. La première action est de cibler la DIV `leadModal`.

Figure 7-38
Ciblage de la DIV leadModal.

```
document.getElementById("leadModal");
```

Je déclare une variable

Le navigateur a ciblé cette DIV mais ne sait pas encore quoi en faire. Pour la manipuler, nous allons enregistrer le contenu de cette DIV dans une variable. Cette variable (`var`) est en fait une mémoire temporaire dans laquelle nous pouvons stocker du contenu. Pour ce faire, il nous faut déclarer une variable.

Figure 7-39
Déclaration de la variable modal.

```
/*Cible leadModal et l'enregistre avec une variable */
var modal = document.getElementById("leadModal");
```

Une bonne pratique consiste à appliquer `console.log` sur vos variables pour voir ce qu'elles contiennent réellement.

```
/*Cible leadModal et l'enregistre avec une variable */
var modal = document.getElementById("leadModal");
console.log(modal, 'console log de modal')
```

Figure 7-40
Console.log de la variable modal.

En actualisant la page, la console dans le navigateur doit afficher le contenu mémorisé dans la variable `modal`, mais également le texte `console log de modal`. Je vous conseille vivement de toujours associer `console.log` avec un texte qui décrit son contexte. Si vous avez plusieurs `console.log` dans votre page, cela peut être utile de les différencier très nettement. Pour cela faites suivre la variable d'une virgule et mettez le texte entre guillemets.

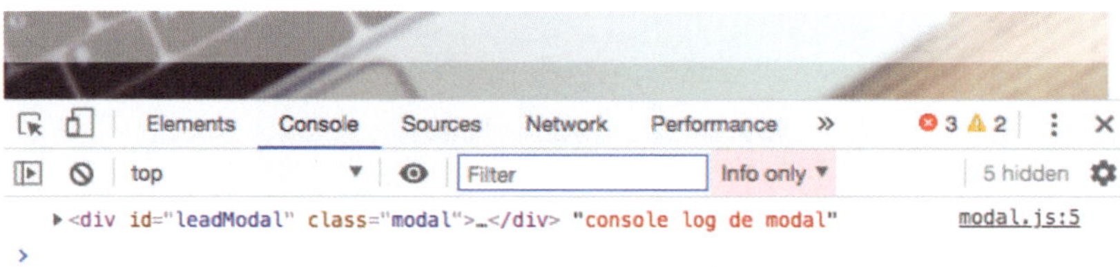

Figure 7-41
Affichage dans l'inspecteur web du contenu de la variable modal.

Le résultat est bien celui attendu. Nous pouvons voir clairement la DIV `leadModal` et le texte associé. La DIV `leadModal` est donc bien enregistrée dans la variable `modal`.

Je définis des conditions

Nous savons que cette DIV doit apparaître en fonction d'un événement : le défilement vers le bas. JavaScript est justement capable de détecter ce type de mouvement avec l'événement `onscroll`. Cet événement sera appliqué sur l'élément `window`, c'est-à-dire la fenêtre ouverte du navigateur. Nous allons à présent associer `window.onscroll` à une fonction qui contiendra les conditions à réunir pour le déclenchement du modal. Quelles sont-elles ? Principalement, le niveau de défilement vers le bas qui doit être assez important. Là encore JavaScript garde un œil sur cette valeur, ce qui nous permet de déterminer un point au-dessus duquel la DIV sera apparente : 350pixels. Ce chiffre peut varier suivant votre design, n'hésitez pas à tester d'autres valeurs !

Figure 7-42
Condition d'affichage du modal.

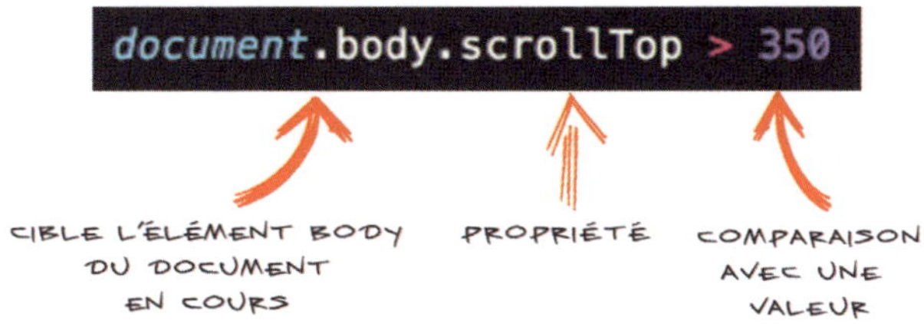

Ici, nous surveillons la distance en pixels du défilement vers le bas de toute la page, avec la propriété `scrollTop`. Une propriété est en fait une information sur un élément de la page que nous pouvons utiliser comme point de référence. Question de compatibilité entre navigateurs, il existe une autre façon d'obtenir cette information.

Figure 7-43
Ajout d'une alternative en cas de non-compatibilité avec le navigateur.

```
document.documentElement.scrollTop > 350
```

Nous allons implémenter les deux grâce à l'opérateur « ou », symbolisé par les deux barres verticales (Alt + Maj + L sur Mac ou AltGr + 6 sur PC).

```
document.body.scrollTop > 350 || document.documentElement.scrollTop > 350
```

Figure 7-44
Conditions d'affichage du modal avec deux écritures différentes.

Cette ligne demande au navigateur la même chose à gauche et à droite, en lui laissant le choix de la formule.

Je fais apparaître le modal

À présent, essayons de mettre des mots sur ce que nous voulons accomplir, cela nous aidera à les traduire en code.

Si la page défile de plus de 350 pixels vers le bas, *alors* le style de la DIV `lead-Modal` (enregistrée avec la variable `modal`), passera de `display: none` à `display: block`. Voici justement une nouvelle propriété JavaScript, `style` qui a le pouvoir d'accéder au style déclaré en CSS.

Figure 7-45
Instruction pour modifier le style de la variable modal en ciblant la propriété display et lui assignant la valeur block

Le langage JavaScript reprend la même logique que celle de la parole. Ainsi, la condition définie plus haut avec *si* et *alors* sera traduite de cette façon.

```
if(
  /* une ou plusieurs conditions à réunir*/
  ){
  /* une ou plusieurs conséquences*/
}
```

Figure 7-46
Structure d'une condition en JavaScript.

Observez bien la syntaxe utilisée. Les conditions sont entre parenthèses, tandis que les instructions sont entre accolades. En complétant cette structure avec les conditions, nous obtenons :

```
if (document.body.scrollTop > 350 || document.documentElement.scrollTop > 350){
  modal.style.display = "block";
}
```

Figure 7-47
Conditions d'exécution et instruction.

Pour une utilisation plus souple, nous allons englober ce code dans une fonction.

```
function modalHomePage(){
  if (document.body.scrollTop > 350 || document.documentElement.scrollTop > 350){
    modal.style.display = "block";
  }
}
```

Figure 7-48
Fonction modalHomePage.

Il s'agit maintenant d'associer ce bloc de code à l'événement `onscroll`.

```
window.onscroll = function (){modalHomePage()};
```

Figure 7-49
La fonction modalHomePage est associée à l'évènement onscroll.

Juste en dessous, la fonction est rattachée à l'événement `onscroll` de la fenêtre avec l'opérateur =. Là encore, la syntaxe a toute son importance, les parenthèses après les termes de fonctions (`function` et `modalHomePage`) doivent faire l'objet de toute votre attention ! Que comprend le navigateur ? Le modal se déclenche comme prévu, mais ne nous laisse aucune possibilité de le refermer.

J'ajoute le bouton de fermeture

C'est justement la mission du bouton Non merci. Nous aurons besoin de l'événement `onclick`. Les étapes consistent à donner un ID au bouton, à le cibler avec `documentgetElementById` et à déclarer une variable.

Figure 7-50
Ajout d'un ID au bouton de refus.

```
<a href="#" id="btnNo">Non merci, je ne préfère pas savoir</a>
```

Le bouton a maintenant un ID, ce qui nous permet d'utiliser `documentgetElementById`.

Figure 7-51
Déclaration de la variable btn.

```
// Cibler le bouton de refus
var btn = document.getElementById("btnNo");
```

Il est d'usage de déclarer toutes les variables ensemble au début du document JavaScript. Cette ligne doit donc être écrite juste en dessous de `var modal`.

Figure 7-52
Au clic du bouton, exécution de la fonction.

```
btn.onclick= function(){
  modal.style.display = "none";
}
```

Nous avons tous les éléments pour écrire la fonction.

Cette fois-ci l'écriture diffère de la fonction `modalHomePage`. Ici la fonction n'a pas de nom. Côté navigateur, le bouton fait disparaître instantanément le modal.

J'améliore l'expérience utilisateur

Il reste encore un dernier point à peaufiner, qui relève plus de l'expérience utilisateur. Si vous restez sur la page, après avoir refermé ce modal, et lorsque vous faites défiler de nouveau la page vers le bas, le modal va réapparaître. Cela peut être gênant dans la mesure où peu importe l'option choisie par le visiteur (lire ou ne pas lire), il ne voudra sûrement pas qu'on lui propose encore une fois la même chose. L'action consiste à annuler l'événement `onscroll`, après l'exécution de l'instruction `modal.style.display`. Ainsi, le navigateur n'associera plus le défilement à la fonction `modalHomePage`.

```
function modalHomePage(){
  if (document.body.scrollTop > 350 || document.documentElement.scrollTop > 350){
    modal.style.display = "block";
    // Annule l'événément window.onscroll
    window.onscroll = null;
  }
}
```

Figure 7-53
Suppression de l'événement onscroll.

Votre modal est en place ! Votre site permet maintenant de détecter le comportement de vos visiteurs et d'y associer une réaction. Sachez que JavaScript est un langage très riche, souple et avec des applications multiples. Prenez le temps d'aller explorer ses possibilités.

Votre site web est maintenant terminé. Il ressemble en tout point au design que je vous ai présenté dans les premières pages de ce livre. Vous avez réalisé un véritable projet web : une mise en page riche et les multiples sections de ce projet vous ont permis de manipuler à plusieurs reprises la structure et le style. Toutes les balises et les propriétés CSS vues ensemble vont vous suivre dans votre exploration du développement web. Et il en existe bien d'autres qui peuvent vous aider à accomplir ce que vous avez en tête. Aussi, grâce à JavaScript, votre site interagit avec vos visiteurs en affichant un contenu en fonction d'un événement précis sur la page. Le mot d'ordre : continuez d'explorer ! Le développement web est, comme son nom l'indique, en construction permanente : c'est un état d'esprit plus qu'une somme de savoirs. C'est pourquoi, au quotidien, vous vous poserez des questions, testerez des réponses et validerez des solutions. À la clef ? De superbes créations dont vous pourrez être fier/fière, parce qu'elles auront été le fruit de votre réflexion autant que de vos connaissances.

8. JE METS EN VALEUR MES RÉALISATIONS

Les langages évoluent, proposent de nouvelles fonctionnalités, en retirent d'autres considérées comme obsolètes. À ce jeu-là, le CSS n'est pas en reste. Il y a encore quelques années, on utilisait couramment l'outil diaporama pour faire défiler une suite d'images les unes après les autres. Ce genre d'UI (User Interface) ne fait plus vraiment recette, dans la mesure où l'utilisateur doit attendre (patiemment) le défilement des images pour découvrir le contenu. À la place, de nouvelles interfaces ont vu le jour avec des contenus disponibles en un coup d'œil, disposées de façon à capter l'attention : ce sont les grilles, autrement appelées « CSS Grid ». L'objectif de ce chapitre est de vous permettre de construire une grille d'images qui attire l'attention et met en valeur son contenu. Vous trouverez tous les fichiers sources des projets développés ensemble sur le site *https://ohmycode.io/ohmycode-le-livre/* ainsi que les liens utiles vers les documentations officielles.

PRÉSENTATION DE LA SECTION PORTFOLIO

Notre objectif

Cette nouvelle section aura pour mission d'afficher une série d'images sous la forme d'une grille comprenant des cellules de différentes tailles, également appelée une grille *masonry*.

Figure 8-1
Présentation du projet sur grand écran et mobile.

Cette disposition asymétrique d'éléments donne du dynamisme à votre page et contribue à surprendre le visiteur. Cela répond également à un besoin réel puisque toutes les images n'ont pas la même orientation (paysage ou portrait) et réclament un espace adapté pour être pleinement mises en valeur. Cette mise en page s'oppose à la grille des *thumbnails* (c'est-à-dire « vignettes ») également courante qui se caractérise par des cellules de mêmes dimensions.

Figure 8-2
Exemple d'une grille en vignettes.

Par ailleurs, nous optimiserons l'affichage sur écrans réduits à l'aide des media queries.

PREMIERS PAS AVEC CSS GRID

On oppose souvent deux techniques de mises en page CSS pour déterminer *la meilleure*. Est-ce FlexBox (vue ensemble précédemment) ou CSS Grid ? La bonne nouvelle c'est que nous n'avons pas besoin de les opposer puisqu'elles se complètent. Chacune répond à un besoin précis. Ce serait dommage de se priver de l'une d'elles.

Comparatif avec FlexBox

FlexBox est performant pour réaliser une tâche : disposer des blocs sur une rangée (*row* en anglais). Dans un nouveau dossier intitulé `0-demoCSSGrid`, faisons quelques essais avec une nouvelle page et une nouvelle feuille de styles.

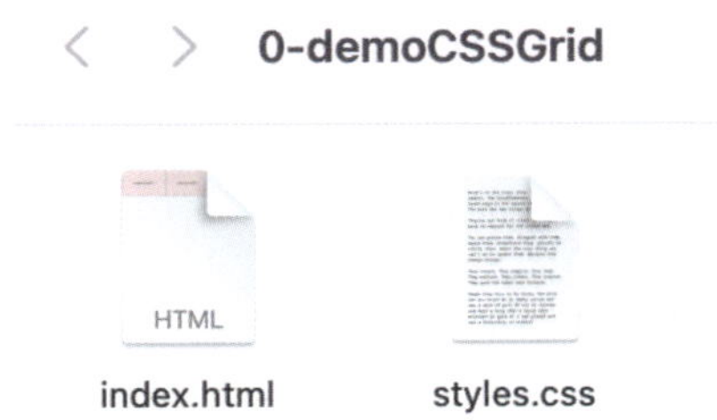

Figure 8-3
Contenu du dossier.

Je crée la structure HTML et CSS

Je crée le HTML

Démarrons avec `index.html` à l'intérieur duquel se trouvent trois DIV.

```
<div class="container">
    <div class="item">Contenu de la DIV 1</div>
    <div class="item">Contenu de la DIV 2</div>
    <div class="item">Contenu de la DIV 3</div>
</div>
```

Figure 8-4
Structure HTML de base.

Par défaut, chacune de ces DIV respecte un alignement en bloc, c'est-à-dire qu'elles se placent les unes en dessous des autres.

J'affiche la page dans le navigateur

Dans ce projet, c'est l'éditeur de texte (gratuit) Visual Studio Code qui sera utilisé. Il dispose de nombreux outils efficaces que nous découvrirons ensemble dans cette section.

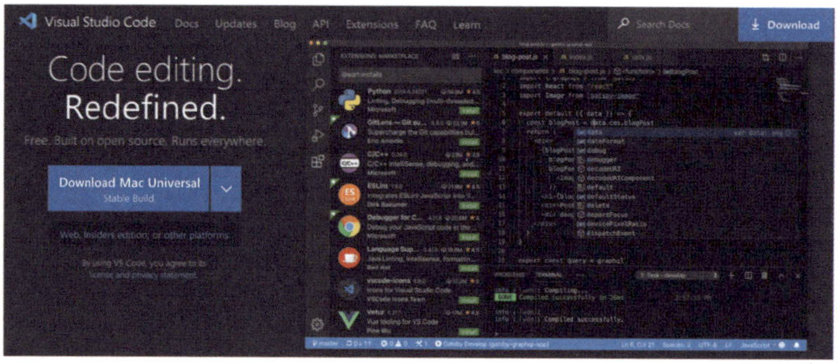

Figure 8-5
Installation de Visual Studio Code.

Avec cet éditeur, des fonctionnalités additionnelles sont disponibles : ce sont les extensions (ou plug-ins). Pour afficher le projet dans le navigateur, VS Code propose un plug-in Live Server.

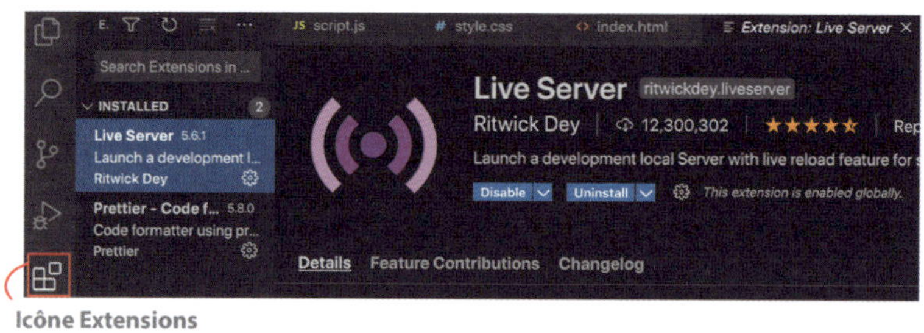

Figure 8-6
Installation de l'extention Live Server.

Depuis la page `index.html`, cliquez droit et choisissez Open with Live Server.

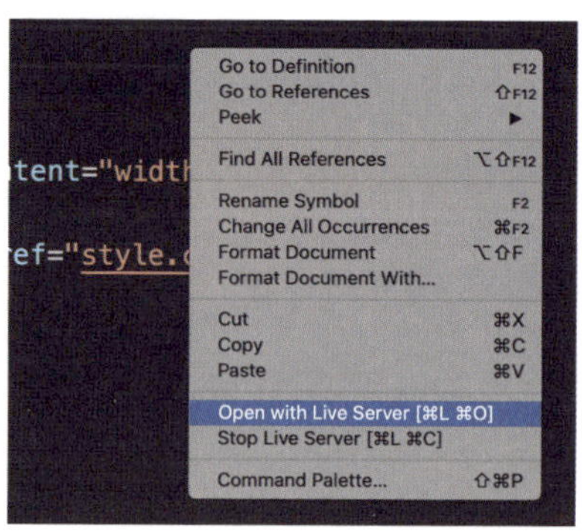

Figure 8-7
Depuis le fichier index.html, ouverture du fichier avec le Live Server.

Une nouvelle fenêtre s'ouvre et laisse apparaître votre site à une adresse locale.

Figure 8-8
Vue de l'URL dans la barre de navigation.

127.0.0.1:5500/index.html

Je donne un peu de styles aux DIV

Ajoutons un peu de CSS pour identifier plus facilement ces DIV dans la page.

Figure 8-9
Style de la classe item.

```
.item{
    font-size: 20px;
    text-align: center;
    line-height: 200px;/*centrer le texte en vertical*/
    height: 200px;
    border: 1px solid black;
    background-color: rgb(255, 225, 225);
}
```

Notre objectif est maintenant de les placer les unes à côté des autres.

Figure 8-10
Ajout de la propriété display : flex.

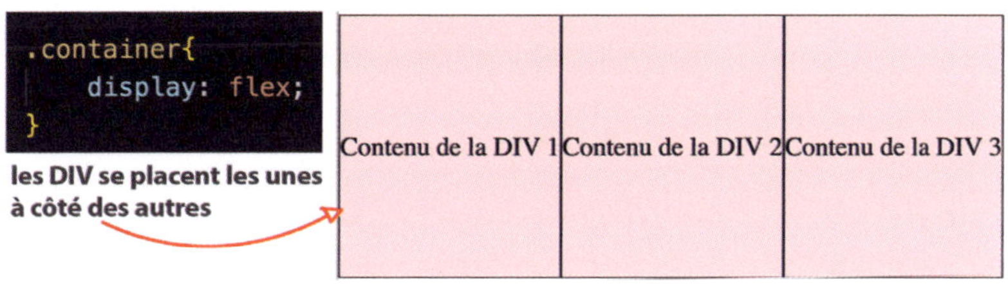

Vous remarquez que les DIV prennent uniquement l'espace nécessaire en largeur (équivalent à la longueur du texte). En combinant une largeur minimum (propriété `min-width`) et un partage égal de l'espace disponible (propriété `flex`), on obtient un affichage plus esthétique.

Figure 8-11
Ajout de flex et d'une largeur minimum.

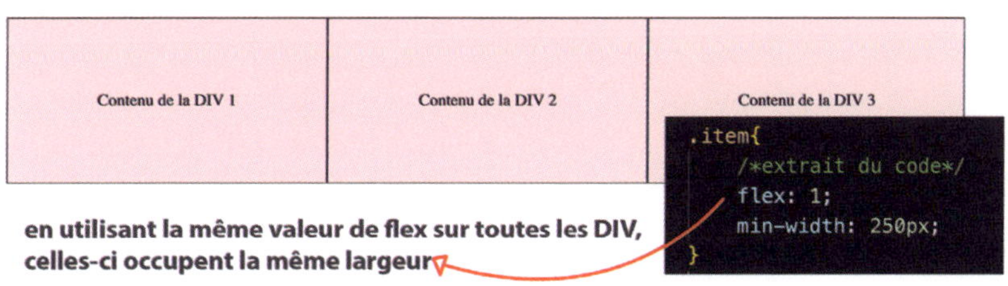

Comme vous pouvez le constater, chacune de ces DIV a été agrandie pour couvrir l'intégralité de la page. En revanche, si nous diminuons la largeur de l'écran, les DIV ne s'adaptent pas.

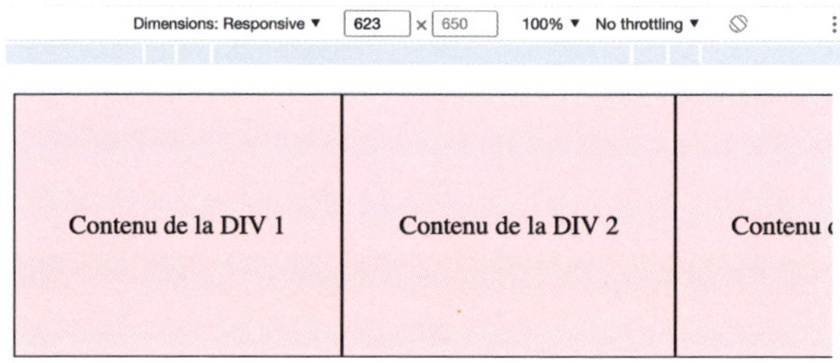

Figure 8-12
Vue sur écran réduit.

Nous avons la possibilité de forcer le retour à la ligne grâce à la propriété `flex-wrap`.

```
.container{
    display: flex;
    flex-wrap: wrap;
}
```

Figure 8-13
Ajout de la propriété flex-wrap pour le retour à la ligne.

Cette propriété crée autant de rangées que nécessaire pour afficher complètement les DIV. Parfait.

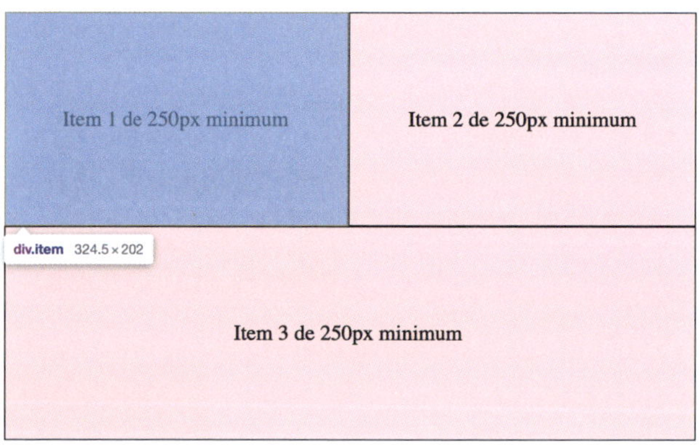

Figure 8-14
La troisième DIV se place en dessous.

Dans notre cas, chaque DIV occupe au minimum 250 px de large (le texte des DIV a été modifié pour s'en rappeler), avec la possibilité de s'étirer si l'espace le permet. Sur l'image ci-dessus, il y a suffisamment d'espace pour contenir deux DIV sur une même rangée, et la troisième est venue se placer dans une nouvelle rangée juste en dessous. Cette disposition pourrait tout à fait vous convenir. Ou bien, vous aimeriez que la `DIV Item3` prenne la même largeur que `Item1`, comme ici.

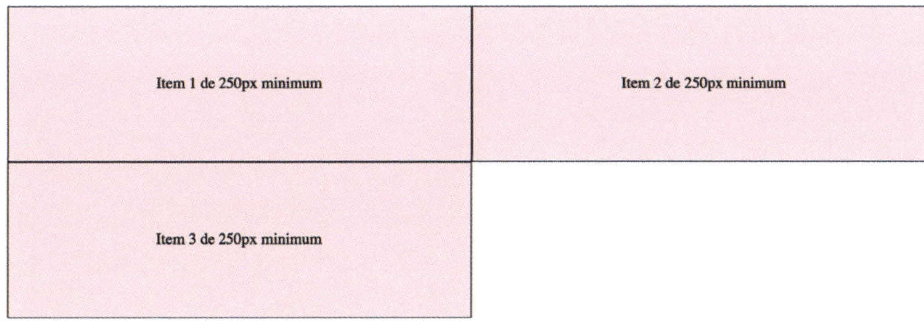

Figure 8-15
Vue de la maquette où Item3 est aligné à Item1.

Problème : vous ne savez pas exactement combien de pixels mesure la DIV `Item1` puisqu'elle fait « au minimum 250 px ». Si vous fixez la valeur de `Item3` à 250 px, elle ne s'adaptera pas *toujours* à `Item1`. Et si vous fixez une valeur maximale en pourcentage (comme 50 %), alors la DIV `Item3` correspondra provisoirement à la maquette. Il suffira d'ajouter une nouvelle DIV au code pour que plus rien ne corresponde.

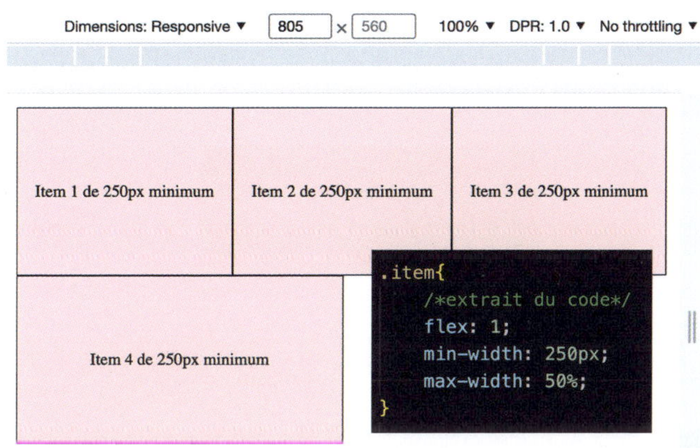

Figure 8-16
Ajout de la propriété max-width et d'une quatrième DIV.

Et c'est là que nous atteignons les limites de FlexBox. Ces rangées sont indépendantes les unes des autres. Que cela signifie-t-il concrètement ? Avec FlexBox, vous ne pourrez pas aligner les blocs sur l'axe vertical, pour créer l'équivalent de colonnes. Ce concept de colonnes est, quant à lui, le concept fondateur de CSS Grid.

Refonte avec CSS Grid

CSS Grid repose sur un quadrillage comprenant des colonnes et des rangées. C'est vous, le développeur, qui allez fixer le nombre de colonnes, de rangées et le contenu de chacune des cellules ainsi créées.

Je crée la grille en CSS

Notre objectif est d'obtenir l'affichage de l'image 8-15. Deux DIV occupent une rangée et la DIV `Item3` vient se placer dans une nouvelle rangée.

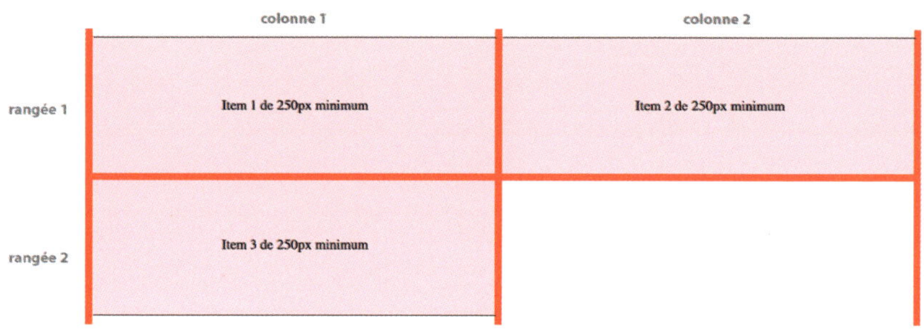

Figure 8-17
Grille correspondant à la maquette à réaliser.

Comme FlexBox, CSS Grid utilise le concept de parent/enfant. C'est sur le parent, ici la DIV container, que va s'appliquer la valeur `grid`. Remplaçons la valeur de `display` de `flex` à `grid`.

```
.container{
    display: grid;
}
```

Figure 8-18
Utilisation de la valeur grid.

Cette action seule ne donne aucun résultat. Il faut à présent fixer le nombre de colonnes. *A priori*, nous avons besoin de deux colonnes.

```
.container{
    display: grid;
    grid-template-columns: 250px 250px;/*une valeur par colonne*/
    margin: 1rem;/*pour éloigner le tableau des bords*/
}
```

première colonne   deuxième colonne

Figure 8-19
Création d'une grille avec deux colonnes.

La propriété `grid-template-columns` accepte des valeurs en pixels (ou d'autres unités). Chaque valeur fixe une largeur de colonne. À présent, chaque DIV enfant trouve une place dans les cellules de cette grille.

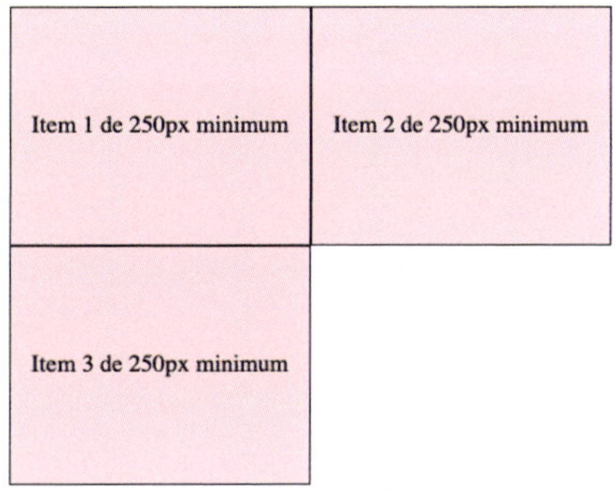

Figure 8-20
Vue de la grille dans le navigateur.

Chaque colonne de 250 px accepte une DIV, la troisième DIV se retrouve à la ligne. On se rapproche du résultat attendu, même si pour l'heure les cellules ont une largeur fixe, cela ne correspond pas à la maquette de départ.

J'utilise les bons outils

Pour mieux visualiser votre quadrillage, les navigateurs Chrome et Firefox ont enrichi l'inspecteur web avec des outils d'aide à la conception de grille. Le navigateur Firefox propose une vue particulièrement bien conçue, c'est pourquoi je vous propose d'utiliser ce navigateur. Dans l'inspecteur web, au niveau de la DIV parent, une étiquette `grid` devrait apparaître.

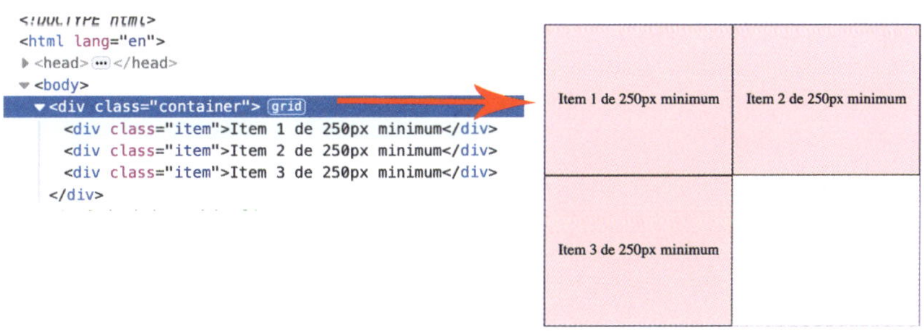

Figure 8-21
Vignette grid disponible depuis l'inspecteur web.

En cliquant dessus, de nouvelles lignes vont s'ajouter à votre page. En un coup d'œil, vous visualisez votre tableau. Les lignes démarquent clairement les cellules et on constate qu'une cellule est laissée vide en bas à droite. Peut-être n'avez-vous pas exactement le même affichage que sur l'image 8-21. Dans l'onglet Mise en Page, de nouvelles options d'affichage sont proposées.

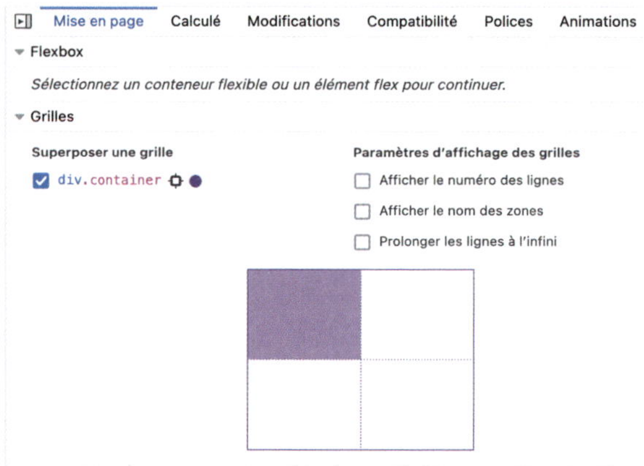

Figure 8-22 *Vue de l'onglet Mise en page dédié aux grilles.*

Pour l'instant, assurez-vous que seule la case `div.container` est bien cochée. À mesure que nous avancerons, nous allons utiliser les autres options. Déjà ici, le quadrillage disponible vous permet de choisir avec la souris une cellule (ici en violet). Cette même cellule apparaîtra en surbrillance dans votre page.

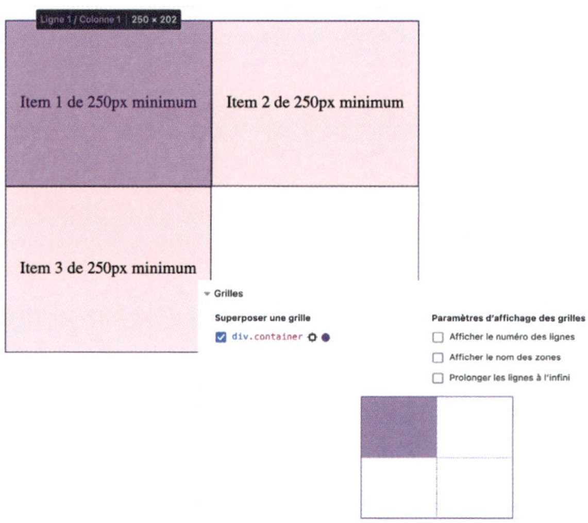

Figure 8-23 *Surbrillance dans la page des zones survolées depuis l'onglet Grilles.*

Je contrôle le comportement des colonnes

Dans la maquette initiale, les colonnes ont une largeur minimum de 250 px et s'étendent si la largeur de la page le permet. Pour traduire cela, nous allons modifier la valeur de la propriété `grid-template-columns` en deux temps. Tout d'abord, il semble fastidieux de déclarer deux fois la même valeur. CSS Grid nous propose un raccourci avec la valeur `repeat`.

Figure 8-24 *Utilisation de l'écriture repeat.*

```
grid-template-columns: repeat(2, 250px);
```

nombre de répétition — valeur

Le code est simplifié sans toutefois affecter la page. Ensuite, les colonnes doivent pouvoir s'étirer si l'espace le permet. Cela implique de fixer une valeur minimum (ici `250px`) et une valeur maximum. Dans un premier temps, utilisons la valeur `500px` comme valeur maximum.

Figure 8-25 *Attribution d'une largeur minimum et maximum avec minmax.*

```
grid-template-columns: repeat(2, minmax(250px, 500px));
```

largeur minimum — largeur maximum

La fonction `minmax` sert à fixer un intervalle pour chacune des colonnes de la grille. Si vous regardez le comportement de votre grille dans le navigateur, vous constaterez que les colonnes s'étirent bien jusqu'à 500 px. Cependant, en fixant cette valeur en pixels, les colonnes ne s'étirent pas autant qu'elles le pourraient. Dans cette situation, on préférera utiliser l'unité de mesure `fr`, qui signifie « fraction de la page ».

Figure 8-26 *Utilisation de l'unité fraction.*

```
grid-template-columns: repeat(2, minmax(250px, 1fr));
```

largeur minimum — largeur maximum

Cette unité est relative à la largeur disponible dans la page. À partir de maintenant, les colonnes mesurent au minimum 250 px et s'étirent si besoin.

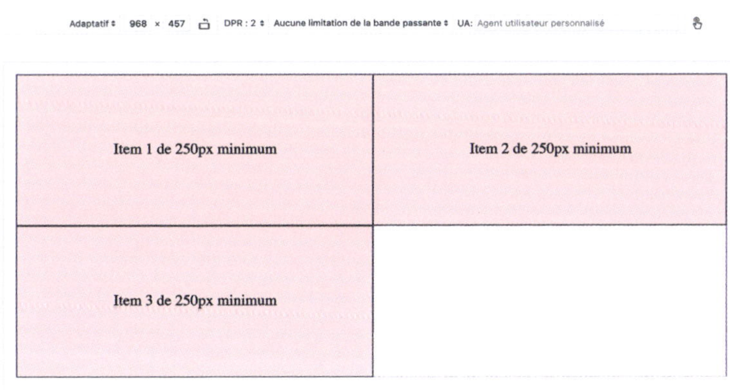

Figure 8-27 *Vue de la page sur un écran de 968px de large.*

Vous venez de créer une grille dont les éléments sont alignés les uns en dessous des autres, comme dans un tableau : `Item3` vient bien se placer juste en dessous de `Item1`.

J'améliore l'affichage sur écran réduit

Comment s'assurer que l'affichage de cette grille s'adapte sur écrans réduits ? Dans la boîte à outils de CSS Grid, une propriété en particulier remplit cette mission : `auto-fit`.

Figure 8-28
Avec auto-fit, les colonnes occupent tout l'espace disponible.

Que fait `auto-fit` ? Concrètement, c'est le navigateur qui détermine le nombre de colonnes nécessaire en fonction de l'espace disponible. Faites le test, vous constaterez que les DIV se placent les unes en dessous des autres si besoin.

Auto-fit ou auto-fill ? Deux stratégies différentes

Pour rendre votre grille adaptative *(responsive)*, vous avez le choix entre deux valeurs : auto-fit, et auto-fill. Bien que leur nom soit proche, ces deux valeurs ne donnent pas du tout le même résultat.

Pour reprendre l'exemple donné plus haut, chaque DIV a besoin au minimum de 250 px. Avec auto-fit, le navigateur crée une nouvelle rangée s'il n'y a pas assez de place pour contenir toutes les DIV sur une seule rangée. Si la page le permet, alors les DIV se partagent tout l'espace disponible.

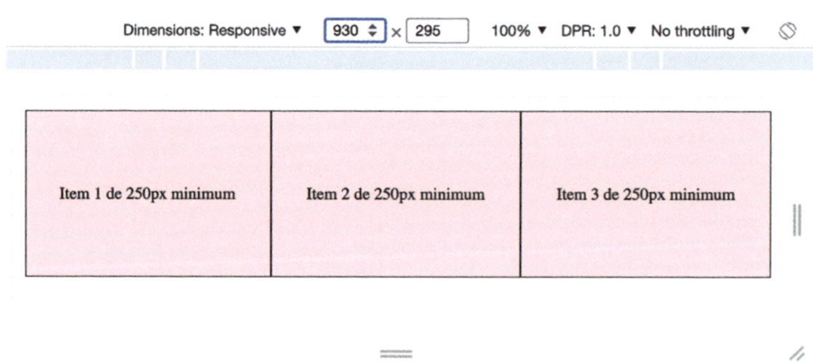

Avec auto-fill, le navigateur crée toujours une nouvelle rangée s'il n'y a pas assez de place pour chacune des DIV. En revanche, s'il y a de la place (250 px), il crée une nouvelle colonne !

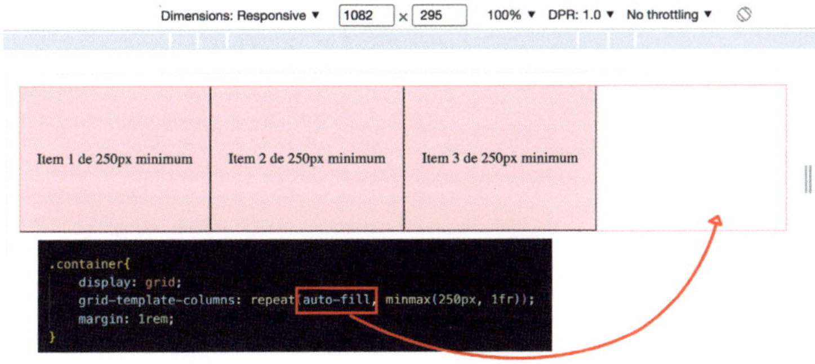

Si votre écran le permet, étirez encore la page et vous constaterez que d'autres colonnes apparaissent. Avec auto-fill, le navigateur construit de nouvelles colonnes, avec ou sans contenu. Cette valeur ne permet pas toujours de contrôler le rendu de votre grille. La plupart du temps, vous utiliserez plutôt auto-fit.

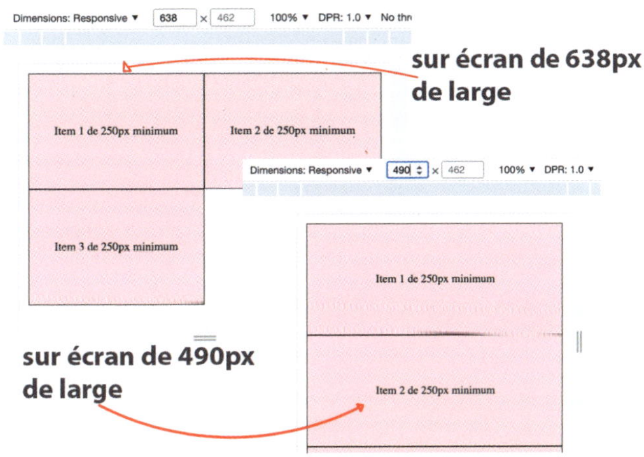

Figure 8-29
Résultat sur différents formats d'écran.

L'affichage correspond bien au design initial. Les DIV se placent les unes en dessous des autres, tout en respectant un alignement en colonnes. Allons plus loin et demandons-nous si cela est satisfaisant dans tous les cas de figure.

Je contrôle le comportement des rangées

Pour s'assurer que la maquette est respectée en toutes circonstances, mettons à l'épreuve la grille avec du contenu texte de longueur différente.

Générer du code à la demande

Tous les éditeurs de texte proposent des raccourcis pour automatiser certaines tâches répétitives. Pour cela, l'éditeur VS Code utilise par défaut l'extension Emmet. Emmet est un ensemble d'abréviations générant des blocs de contenu *(snippets)*. Voici un exemple pour générer cinq DIV de classe test :

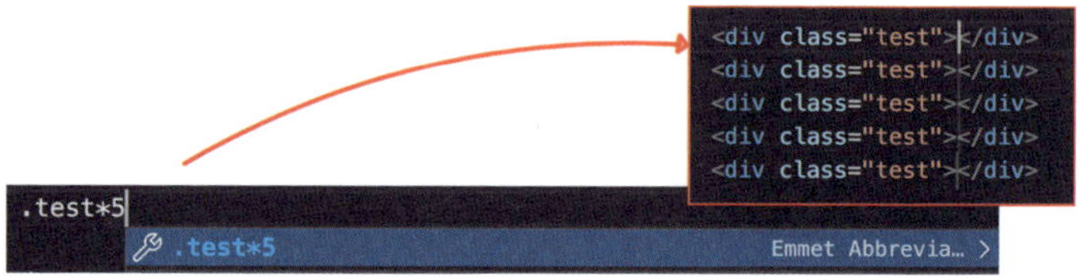

Il est fréquent de vouloir ajouter un texte de remplissage *(Lorem Ipsum)* plus ou moins long. Emmet propose d'utiliser l'abréviation *Lorem* suivi d'un astérisque et du nombre de paragraphes voulus.

Toutes les abréviations sont disponibles *via* ce lien :

https://docs.emmet.io/cheat-sheet/

Dans chaque DIV, on saisit donc l'abréviation `Lorem*1` ou `Lorem*2` pour générer un bloc de texte plus long.

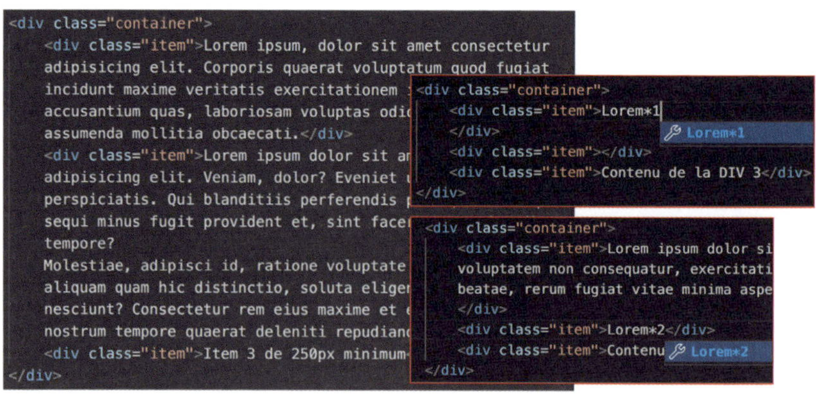

Figure 8-30
Ajout du texte de remplissage.

On constate immédiatement que l'affichage n'est plus adapté : le texte n'est que partiellement visible. En supprimant les propriétés de hauteur fixées plus haut, l'affichage s'améliore.

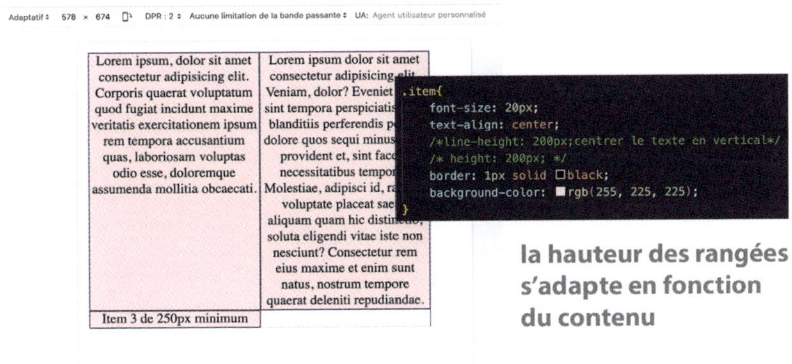

Figure 8-31
Amélioration du rendu en commentant line-height et height.

Peut-on encore améliorer la grille ? Certainement. On aimerait bien que la DIV `Item3` ne soit pas réduite à son strict minimum comme ici. Comment procéder ?

Je fixe la hauteur de chaque rangée

Précédemment, nous avons fixé des règles de largeur de colonnes. Sur le même modèle, la propriété `grid-template-rows` construit des rangées avec des hauteurs précises. Pour chaque rangée, une valeur sera attribuée comme ici.

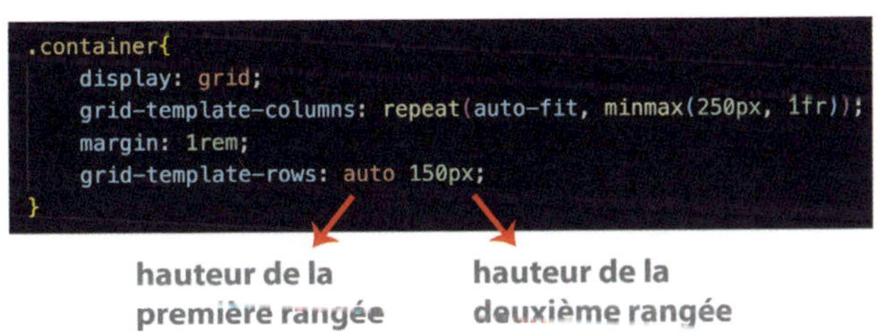

Figure 8-32
Ajout de la propriété grid-template-rows.

Que fait `auto` ? Cette valeur laisse le navigateur adapter la hauteur en fonction du contenu. C'est ce que l'on veut pour que le texte soit pleinement visible. Mais cela résout provisoirement notre problème. Regardons ce qu'il se passe sur un écran réduit.

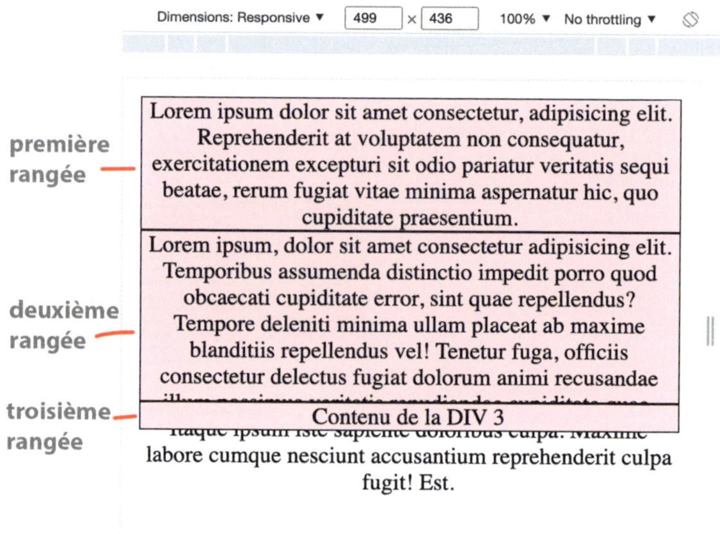

Figure 8-33
Rendu sur écran réduit.

- La première rangée qui est en `auto` affiche tout le contenu.
- La deuxième rangée à 150 px n'est maintenant plus suffisante pour afficher tout le texte, qui déborde en dessous de la DIV 3.
- La troisième rangée n'a pas été définie par `grid-template-rows` ; elle a été créée automatiquement (rangée implicite, voir encadré). Quelle hauteur aura cette rangée ? Si aucune instruction n'est définie (voir plus loin `grid-auto-rows`), alors c'est le navigateur qui lui attribuera une hauteur par défaut.

En conclusion, la propriété `grid-template-rows` implique que vous connaissez au préalable le nombre de rangées et leur hauteur : cela devient vite une difficulté quand l'écran se réduit et que *des rangées sont générées automatiquement*.

Comment obtenir un affichage plus adaptatif ?

J'applique des hauteurs adaptatives

Là encore, CSS Grid a la réponse à cette situation avec la propriété `grid-auto-rows`.

Figure 8-34
Utilisation de minmax pour améliorer le rendu.

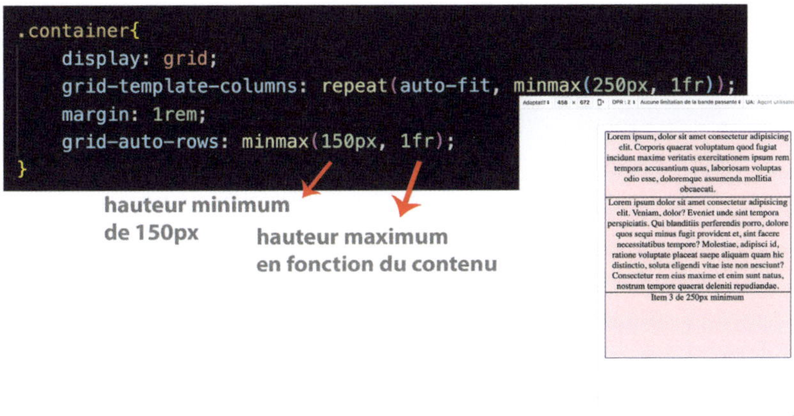

Au lieu de créer vous-même les rangées et de leur fixer une hauteur, vous déléguez cette mission au navigateur : il utilisera alors les valeurs définies dans `grid-auto-rows` pour en définir la hauteur. Dans notre cas, nous avons immédiatement donné une valeur minimum et maximum avec `minmax`. La DIV `Item2` se retrouve à la rangée 2 : celle-ci s'agrandit pour laisser apparaître tout le texte.

Utiliser grid-template-rows ou grid-auto-rows ?

On peut se demander quelle stratégie privilégier entre grid-template-rows et grid-auto-rows. Plus largement, CSS Grid permet deux façons de créer des colonnes et des rangées.

Avec une grille explicite : dans ce cas, vous construisez une grille avec un nombre défini de colonnes et/ou de rangees. Les propriétés utilisées sont grid-template-columns et grid-template-rows. Attention cependant, si votre grille évolue, les nouvelles colonnes ou rangées ne suivront pas les mêmes règles, mais celles par défaut du navigateur.

Avec une grille implicite : dans ce cas, vous fixez des règles de largeur et ou de hauteur à appliquer. Le navigateur s'occupe de générer autant de colonnes ou de rangées nécessaires. Les propriétés sont grid-auto-rows et grid-auto-columns.

Là encore, la souplesse de CSS Grid vous permet de fixer des colonnes, tout en laissant les rangées se générer automatiquement. C'est le scénario dans lequel nous nous trouvons. C'est donc à vous, le développeur, de déterminer quels sont vos besoins et en fonction, d'utiliser l'une ou l'autre des stratégies.

Vous le voyez, la boîte à outils CSS Grid est souple et généreuse en propriétés afin de profiter d'une grille fonctionnelle et adaptative. Elle répond à un besoin précis qui ne peut être adressé avec FlexBox. Dans la prochaine partie de ce chapitre, je vous propose de composer une grille dans l'objectif d'afficher une série d'images.

JE CRÉE LE PORTFOLIO

Le projet présenté plus haut (figure 8-1) consiste à construire une grille *masonry*, c'est-à-dire avec des cellules de formats différents.

Je crée la structure HTML

Créons le dossier `1-portfolio` à l'intérieur duquel, on retrouve `index.html`, `styles.css`. On ajoute le dossier `pics` avec les images (rendez-vous sur le site pour télécharger toutes les images du projet).

Figure 8-35
Contenu du dossier 1-portfolio.

Au niveau de la structure HTML, on place une DIV parent et une série de DIV enfants avec la classe `item`. On utilise un raccourci `Emmet` pour générer onze DIV toutes identiques.

```
<div class="container">
    .item*11>img[src=./pics/img alt=portfolio]
</div>         .item*11>img[src=./pics/img alt
```

on obtient onze DIV contenant une balise image et un texte alternatif

```
<div class="container">
    <div class="item"><img src="./pics/img" alt="portfolio"></div>
    <div class="item"><img src="./pics/img" alt="portfolio"></div>
    <div class="item"><img src="./pics/img" alt="portfolio"></div>
    <div class="item"><img src="./pics/img" alt="portfolio"></div>
    <div class="item"><img src="./pics/img" alt="portfolio"></div>
    <div class="item"><img src="./pics/img" alt="portfolio"></div>
    <div class="item"><img src="./pics/img" alt="portfolio"></div>
    <div class="item"><img src="./pics/img" alt="portfolio"></div>
    <div class="item"><img src="./pics/img" alt="portfolio"></div>
    <div class="item"><img src="./pics/img" alt="portfolio"></div>
    <div class="item"><img src="./pics/img" alt="portfolio"></div>
</div>
```

Figure 8-36
Structure HTML.

Il ne nous reste plus qu'à renommer les images avec le chiffre qui leur correspond. Également, on n'oublie pas de personnaliser le texte de l'attribut `alt`.

Figure 8-37
Renommer les images et modifier le texte alternatif.

```
<div class="container">
    <div class="item"><img src="./pics/img1.jpg" alt="portfolio img1"></div>
    <div class="item"><img src="./pics/img2.jpg" alt="portfolio img2"></div>
    <div class="item"><img src="./pics/img3.jpg" alt="portfolio img3"></div>
    <div class="item"><img src="./pics/img4.jpg" alt="portfolio img4"></div>
    <div class="item"><img src="./pics/img5.jpg" alt="portfolio img5"></div>
    <div class="item"><img src="./pics/img6.jpg" alt="portfolio img6"></div>
    <div class="item"><img src="./pics/img7.jpg" alt="portfolio img7"></div>
    <div class="item"><img src="./pics/img8.jpg" alt="portfolio img8"></div>
    <div class="item"><img src="./pics/img9.jpg" alt="portfolio img9"></div>
    <div class="item"><img src="./pics/img10.jpg" alt="portfolio img10"></div>
    <div class="item"><img src="./pics/img11.jpg" alt="portfolio img11"></div>
</div>
```

J'ajoute le CSS

Suivant la maquette, les images (cellules) doivent respecter un alignement sur l'axe vertical. Dans ce cas de figure, nous optons pour une grille avec CSS Grid.

Je compose la grille

Dans ce design en particulier, on veut contrôler le nombre d'éléments sur chaque rangée pour garantir l'effet recherché : c'est une mission pour `grid-template-columns`. Combien de colonnes créer ? Un rapide coup d'œil sur la maquette et on s'aperçoit que cette fois, le nombre d'images est différent d'une rangée à l'autre. Comment traduire cela avec la propriété `grid-template-columns` ?

Votre travail consiste à identifier la plus petite colonne.

C'est elle qui devient votre unité de mesure. On repère la DIV1 par exemple : sa largeur devient votre unité de mesure. La DIV3 occupe deux fois cette largeur (2 unités donc). C'est ainsi que nous allons procéder pour construire cette grille.

Figure 8-38 *Visualisation de la grille à main levée.*

Avec cette technique, on constate que la grille a besoin de cinq colonnes et de quatre rangées. Pour l'instant, utilisons `grid-template-columns` pour construire une grille avec des colonnes prédéfinies (explicites). Là encore, nous laisserons les rangées être générées automatiquement (implicites) tout en fixant une hauteur de 150 px.

Figure 8-39 *Visualisation de la grille dans le navigateur.*

Chaque DIV prend par défaut une seule cellule, mais nous allons voir comment modifier ce comportement, de sorte que les DIV occupent plus d'une cellule en vertical et en horizontal.

J'ajuste le contenu dans la grille

Une fois la grille établie, encore faut-il ajuster le contenu à l'intérieur. Firefox propose un outil de visualisation de la grille et plus exactement des lignes qui la composent. Pour cela, depuis l'inspecteur web, repérez à droite l'onglet Mise en page. C'est ici que vous trouverez les options CSS Grid : il vous faut cocher la case Afficher le numéro des lignes.

Figure 8-40
Affichage des lignes de la grille.

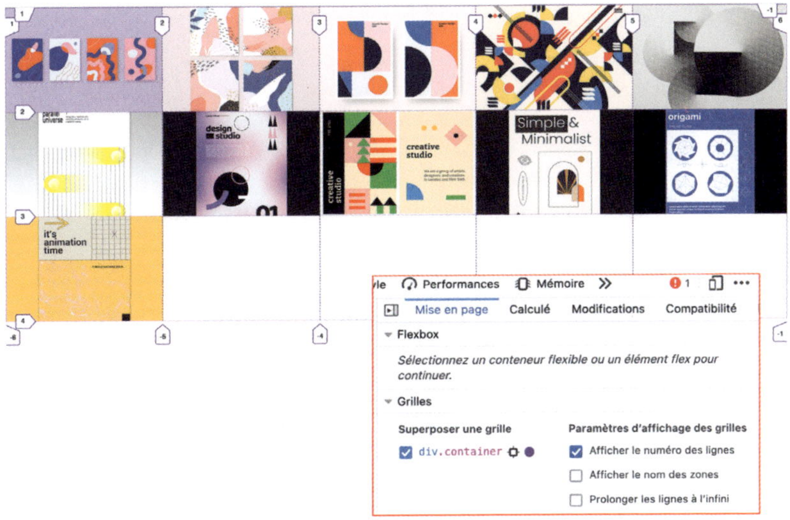

Remarquez comme les numéros sont maintenant visibles : ils numérotent les lignes séparatrices de votre grille. Ces numéros vont servir de repères pour placer précisément les DIV dans la grille.

J'utilise les numéros de lignes

Ces numéros de lignes représentent un point de départ et un point d'arrivée pour chaque DIV. À ce moment-là du code, il est toujours utile de prendre une feuille et un crayon pour visualiser au brouillon ce qu'on veut accomplir. L'étape du code n'en sera que facilitée. On considère ici que la première DIV occupe une colonne et une rangée. C'est notre point de repère. On trace le reste du quadrillage en fonction.

Figure 8-41
Quadrillage de la maquette.

En un coup d'œil, vous repérez à présent où démarre et où se termine une DIV. Voyons comment appliquer cela en langage CSS. De nouvelles propriétés doivent alors entrer en jeu. Dans la mesure où chaque DIV aura un positionnement qui lui est propre, nous ajoutons une classe unique à chacune d'entre elles.

```
<div class="container">
    <div class="item item-1"><img src='
    <div class="item item-2"><img src='
    <div class="item item-3"><img src='
    <div class="item item-4"><img src='
    <div class="item item-5"><img src='
    <div class="item item-6"><img src='
    <div class="item item-7"><img src='
    <div class="item item-8"><img src='
    <div class="item item-9"><img src='
    <div class="item item-10"><img src=
    <div class="item item-11"><img src=
</div>
```

Figure 8-42
Ajout de classes uniques pour chaque DIV.

Cela nous permettra de les cibler directement en CSS.

Cumuler des classes

Jusqu'à maintenant vous avez appliqué une seule classe à un élément donné. Il est pourtant utile et très fréquent de devoir cumuler plusieurs classes sur un même élément. Pour illustrer cela, affichons un bouton et ajoutons quelques styles dans une classe `btn`.

```
.btn{
    margin: 10px;
    padding: 10px;
    text-align: center;
    color: □black;
    border: 1px solid □black;
}
```

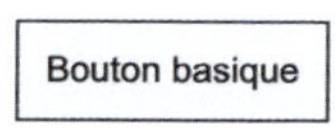


```
<button class='btn'>Bouton basique</button>
```

Dans la maquette, le graphiste vous demande alors de créer d'autres boutons, en tout point identique (forme par exemple), mais d'une couleur de fond différente. Une bonne pratique serait d'écrire une nouvelle classe, mais qui ne modifie que les propriétés nécessaires.

```css
.btn{
    margin: 10px;
    padding: 10px;
    text-align: center;
    color: black;
    border: 1px solid black;
}
.blue{
    background-color: blue;
    color: white;
}
```

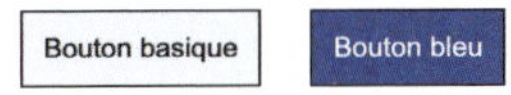


```html
<button class='btn'>Bouton basique</button>
<button class='btn blue'>Bouton bleu</button>
```

L'ordre d'écriture des classes est aussi déterminant dans leur bonne exécution : c'est la classe écrite en dernier qui a le dernier mot !

Je positionne les DIV

La DIV `item-1` a les coordonnées suivantes :

- *Démarre à la ligne 1 colonne et finit à la ligne 2 colonne*
- *Démarre à la ligne 1 rangée et finit à la ligne 2 rangée*

Deux propriétés vont traduire le positionnement colonne.

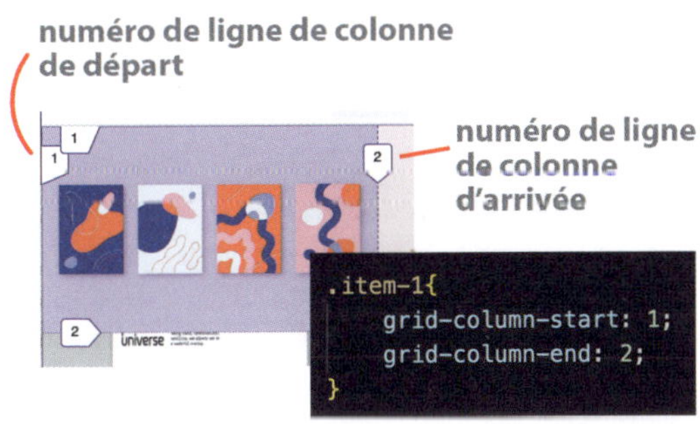

Figure 8-43 *Positionnement de item-1 avec les numéros de lignes de colonnes.*

Les propriétés `grid-column-start` et `grid-column-end` définissent un point de départ et un point d'arrivée au niveau des colonnes. Vous verrez très souvent une écriture raccourcie avec la propriété `grid-column`. Avec cette propriété, la valeur de départ et la valeur d'arrivée sont séparées par une barre oblique.

```
.item-1{
    grid-column: 1/2;
}
```

Figure 8-44
Réécriture avec la propriété grid-column.

C'est cette écriture que nous utiliserons. Aucun changement à ce stade, cette première DIV était déjà positionnée ici par défaut. Remarquez comme nous n'avons pas précisé les informations de rangées. Là encore par défaut, la DIV occupe déjà la première rangée.

Continuons avec la DIV `item-2`.

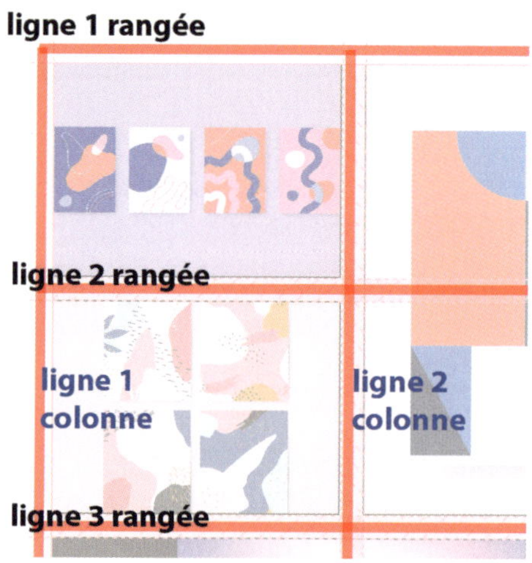

Figure 8-45
Repère pour la DIV item-2.

D'après la maquette, celle-ci a les coordonnées suivantes :

- *Démarre à la ligne 1 colonne et finit à la ligne 2 colonne*
- *Démarre à la ligne 2 rangée et finit à la ligne 3 rangée*

C'est la propriété `grid-row` cette fois-ci qui nous vient en aide.

```
.item-2{
    grid-column: 1/2;
    grid-row: 2/3;
}
```

```
.item-2 {
  grid-column: ▸ 1/2;
  grid-row: ▾ 2/3;
    grid-row-start: 2;
    grid-row-end: 3;
}
```

Figure 8-46
Positionnement de la DIV item-2 avec les numéros de lignes de colonnes et de rangées.

Nous profitons ici également du raccourci. Remarquez comme `grid-row` fonctionne sur le même modèle que `grid-column`. Dans le navigateur, on peut dérouler la propriété et visualiser les valeurs de `grid-row-start` et de `grid-row-end`.

Continuons avec la DIV `item-3`.

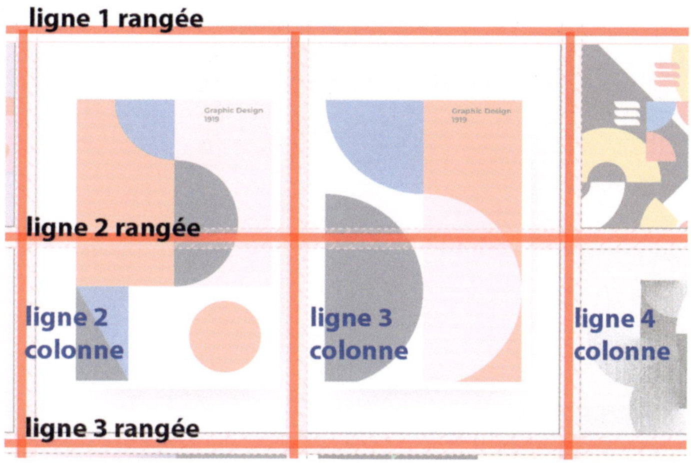

Figure 8-47
Repère pour la DIV item-3.

D'après la maquette, celle-ci a les coordonnées suivantes :

- *Démarre à la ligne 2 colonne et finit à la ligne 4 colonne*
- *Démarre à la ligne 1 rangée et finit à la ligne 3 rangée*

Cette fois-ci, la DIV `item-3` nécessite plus qu'une cellule dans les deux sens.

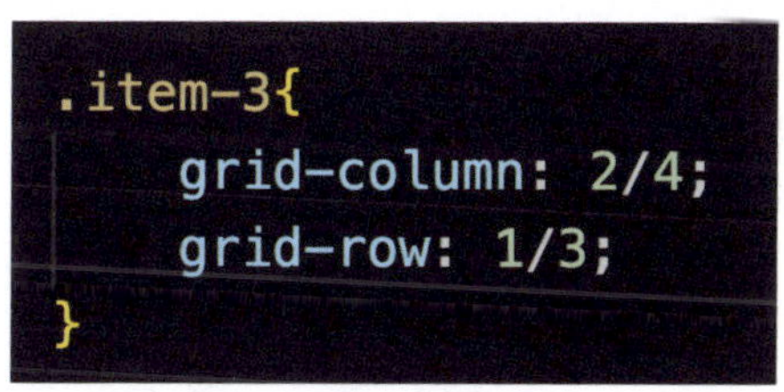

```
.item-3{
    grid-column: 2/4;
    grid-row: 1/3;
}
```

Figure 8-48
Positionnement de item-3 avec les numéros de lignes, de colonnes et de rangées.

On constate ici toute la souplesse de CSS Grid qui vous laisse déterminer le nombre de cellules nécessaires en colonnes et en rangées. La suite ? Vous l'avez compris c'est avec ces deux propriétés surpuissantes que vous allez placer chacune des DIV comme demandé sur la maquette. À vous de jouer ! Prenez le temps de vous familiariser avec cette écriture et placez le reste des DIV.

```css
.item-4{
    grid-column: 4/6;
    grid-row: 1/2;
}
.item-5{
    grid-column: 4/5;
    grid-row: 2/3;
}
.item-6 {
    grid-column: 5/6;
    grid-row: 2/3;
}
.item-7{
    grid-column: 1/3;
    grid-row: 3/5;
}
```

```css
.item-8{
    grid-column: 3/5;
}
.item-9{
    grid-column: 5/6;
    grid-row: 3/5;
}
.item-10{
    grid-column: 3/4;
    grid-row: 4/5;
}
.item-11{
    grid-column: 4/5;
    grid-row: 4/5;
}
```

positionnement de toutes les DIV avec les propriétés grid-column et grid-row

Figure 8-49
Positionnement de toutes les DIV avec les numéros de lignes de colonnes et de rangées.

Quelques lignes plus tard, on se retrouve avec une grille conforme à la maquette fournie.

On fait respirer la grille

Jusqu'à maintenant, on a appris que l'espace entre deux DIV était géré par la propriété `margin`. Avec CSS Grid, vous gagnez une propriété supplémentaire avec `grid-gap`. Attention, cependant, celle-ci ne gère que les espaces entre deux DIV à l'intérieur d'une grille. Si vous voulez ajouter un espace au niveau des bordures de la page, vous aurez toujours besoin de `margin`.

```css
.container{
    display: grid;
    grid-template-columns: repeat(5, minmax(200px, 1fr));
    grid-auto-rows: 150px;
    grid-gap: 1rem;/*entre chaque item*/
    margin: 1rem;/*bordure de la page*/
}
.item{
    border: 1px solid □black;/*contour*/
}
```

Figure 8-50
Ajout d'un espace entre chaque cellule.

Au passage, on ajoute un léger contour noir autour de chaque DIV.

J'adapte la grille sur écrans réduits

Cette grille n'est pas encore responsive. La première étape consiste donc à ajouter une media query déclenchée par exemple en dessous de 800 px (n'hésitez pas à faire quelques tests de votre côté et à modifier cette valeur si vous le souhaitez). Que se passe-t-il sur écran réduit ? La grille n'est plus de cinq colonnes mais de deux. Également, il est plus esthétique d'augmenter la hauteur de rangée à 250 px.

Figure 8-51
Media query pour écrans réduits (largeur maximum 800 px).

```
@media screen and (max-width: 800px){
    .container {
        grid-template-columns: repeat(2, 1fr);
        grid-auto-rows: 250px;
    }
}
```

Cela ne suffit pas à placer les éléments correctement. Par défaut, ils suivent les emplacements fixés plus haut. Avant de donner de nouvelles valeurs, on réinitialise `grid-row` avec la valeur `auto`. Et les colonnes ? Sur écran réduit, chaque DIV occupe une seule colonne. Pour traduire cela, on utilise la valeur `span`. Cette valeur ne précise pas un point de départ ni d'arrivée, mais uniquement l'espace occupé.

Figure 8-52
Nouvelles valeurs de positionnement pour écrans réduits.

```
@media screen and (max-width: 800px){
    .container {
        grid-template-columns: repeat(2, 1fr);
        grid-auto-rows: 250px;
    }
    .item{
        grid-column: span 1;
        grid-row: auto;
    }
}
```

chaque DIV occupe une colonne et une rangée

La valeur `span 1` signifie que les DIV de la classe `item` prennent une colonne entière, autrement dit *une unité*. L'affichage semble plus adapté, mais ne respecte pas encore complètement la maquette. Les DIV `item-2` et `item-3` notamment ont besoin d'être déplacées. Cela implique d'écrire de nouvelles déclarations en fonction des nouveaux numéros de lignes.

```
@media screen and (max-width: 800px){
    .container {
        grid-template-columns: repeat(2, 1fr);
        grid-auto-rows: 250px;
    }
    .item{
        grid-column: span 1;
        grid-row: auto;
    }
    .item-2 {
        grid-column: 1/2;
        grid-row: 2/3;
    }
    .item-3 {
        grid-row: span 2;
    }
}
```

item-3 occupe maintenant deux rangées

Figure 8-53
Modification du positionnement de item-2 et item-3.

Remarquez comme on utilise la valeur `span` pour étirer la DIV `item-3` sur deux rangées. En scrollant vers le bas, on s'aperçoit que la DIV `item-7` ne respecte plus le design.

```
/*code à l'intérieur de la media querie*/
.item-7{
    grid-row: span 2;
}
```

item-7 occupe maintenant deux rangées

Figure 8-54
Utilisation de la valeur span pour étendre item-7 sur deux rangées.

Dernier ajustement : la DIV `item-11` s'étalera sur deux colonnes.

Figure 8-55
Nouveau positionnement pour item-11 et ajustement de l'affichage de l'image.

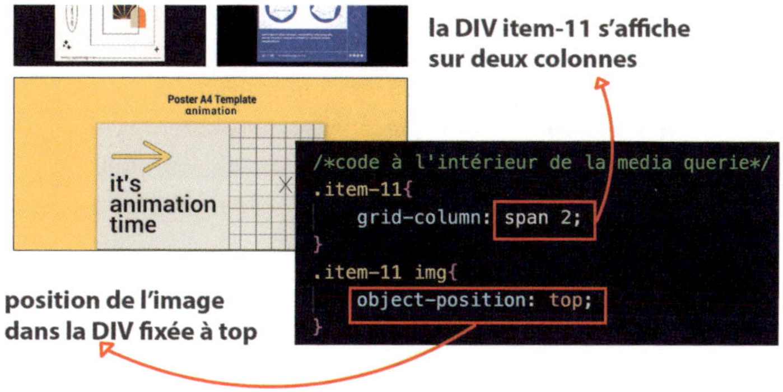

Il est parfois nécessaire comme ici, d'ajuster la position de l'image à l'intérieur d'une DIV. Pour cela, la propriété `object-position` (qui est utilisable en dehors d'une grille CSS Grid) propose un ensemble de valeurs disponibles. Dans notre cas, la valeur `top` affiche l'image à partir de son point le plus haut. Ce n'est qu'un détail mais l'utilisateur profite d'une partie plus esthétique de l'image : c'est toute l'expérience utilisateur qui s'en trouve améliorée.

Question fréquente

Y a-t-il une autre façon de positionner les DIV à l'intérieur d'un container ?

Oui ! CSS Grid propose une autre façon de positionner les DIV dans une grille avec la technique de Grid Areas. Le principe consiste à nommer des zones dans la grille, puis de placer les éléments en faisant référence à ces mêmes zones. Rendez-vous sur le site *ohmycode.io* pour découvrir un projet utilisant Grid Areas.

Je mets en place les bonnes pratiques

J'optimise les images

D'une manière générale, un site purement esthétique n'est pas suffisant. D'autres critères sont à prendre en compte, notamment en termes d'expérience utilisateur. Dans cette optique, l'indicateur à suivre de près est la rapidité d'affichage, et cela pour plusieurs raisons. Tout d'abord, un utilisateur naviguant le plus souvent depuis son mobile ne bénéficie pas toujours d'une connexion haut-débit 4G. Si votre page ne s'affiche pas assez rapidement, l'utilisateur est enclin à refermer la page, ayant la certitude que votre site ne fonctionne pas. Votre référencement (classement de votre site par les moteurs de recherche) peut s'en trouver affecté. D'autre part le volume des images (et des vidéos) échangées au quotidien sur les réseaux sociaux, sur les sites e-commerce et autres, nécessite toujours plus de ressources. De nouvelles conceptions de sites Internet éco-responsables viennent questionner nos modèles avec des innovations qui deviendront peut-être la norme demain. C'est votre mission de développeur de mettre en place des stratégies pour optimiser l'affichage de tous les médias de votre site. Je vous propose ici quelques pistes d'améliorations.

J'effectue un audit du site

Avant de modifier le code, je vous encourage vivement à effectuer un audit des performances du site en amont. Si vous travaillez pour un client et envisagez des améliorations d'un site existant, vous valoriserez d'autant plus votre travail avec un très apprécié *avant/après*. Également, un adage populaire veut qu'on améliore que ce que l'on mesure. Alors comment procéder ?

Site en ligne

Si le site est déjà en ligne, vous avez à disposition de nombreux outils. Le plus connu et libre d'accès est certainement celui de Google, disponible à l'adresse *https://pagespeed.web.dev/*.

Figure 8-56
Vue de l'audit effectué pour le site lemonde.fr.

À partir d'une URL, on obtient un score de Performances total sur 100. Que cela signifie-t-il ? Le site expose, un peu plus bas, toute une liste de points à améliorer ou déjà satisfaisants pour justifier ce score.

Site en local

Les outils d'audit en ligne ne sont pas accessibles pour les sites en local. À la place, les navigateurs ont développé des dispositifs équivalents, directement accessibles depuis les options de l'inspecteur web. Cette fois-ci, c'est Chrome qui propose cette option clés en main, c'est pourquoi c'est ce navigateur que nous utiliserons pour la suite.

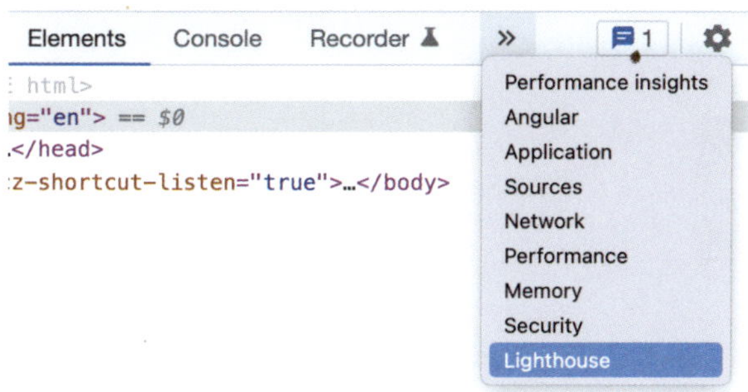

Figure 8-57
Onglet Lighthouse disponible depuis l'inspecteur web.

Cliquez sur Lighthouse : vous aurez accès à un tableau de bord où plusieurs options sont déjà cochées.

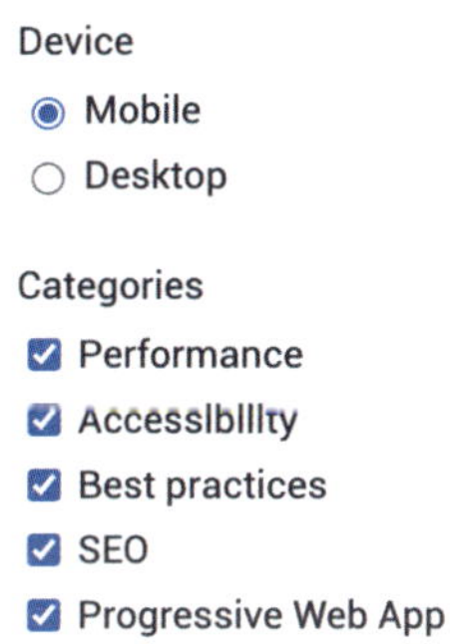

Figure 8-58
Options visibles depuis Lighthouse.

En laissant ces paramètres, nous obtiendrons un audit complet pour mobile. Vous pouvez cliquer sur le bouton Analyse page load. Le score peut varier, mais cela devrait être au-dessus de 90. Lighthouse a dû vous préciser les points d'améliorations. Dans Opportunity, le premier onglet suggère d'utiliser un autre format d'images, WebP notamment.

Figure 8-59
Résultat de l'audit effectué avec Lighthouse.

Ce format est développé par Google lui-même. Juste en dessous, l'onglet Properly size images (images de taille adaptée en français) signale des images surdimensionnées.

Figure 8-60
Point d'amélioration suggéré par Lighthouse.

Le test a été simulé sur mobile. Effectivement, sur écran réduit, des images de 1 000 px de large ne sont pas nécessaires, ralentissent le temps de chargement et nécessitent plus de bande passante à récupérer sur les serveurs. Et si on pouvait utiliser différents formats d'images suivant la taille de l'écran ? C'est exactement le concept des images responsive.

Des images responsive

Il existe plusieurs façons de procéder pour afficher une image plutôt qu'une autre sur écran réduit, avec du JavaScript notamment. Mais l'HTML propose lui aussi sa solution : c'est celle que nous allons mettre en place ensemble. En quoi consiste-t-elle ? C'est à l'intérieur de la balise `img` que nous allons ajouter l'équivalent d'une media query. Si le point de rupture est atteint, alors l'image sera remplacée par une autre. Avant de se lancer dans l'aventure, je vous propose de créer un nouveau dossier dans lequel se trouveront toutes les images de taille réduite (500 px de large) au format WebP. Vous pourrez retrouver ces images sur le site.

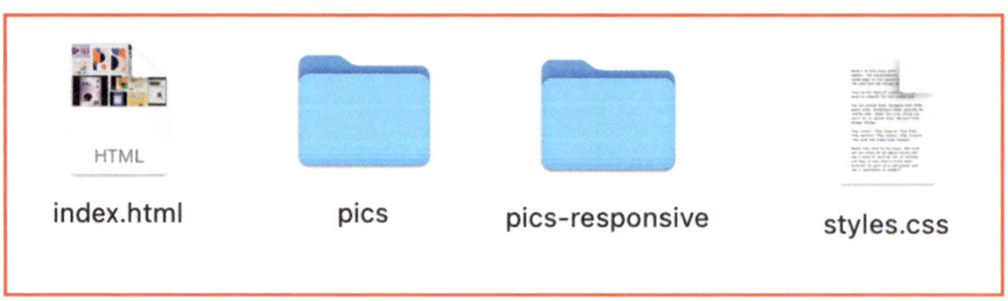

Figure 8-61
Contenu du dossier 1-portfolio.

Redimensionner des images

Si vous avez un outil de type Photoshop, alors vous savez sûrement comment redimensionner vos images ! Si vous n'avez pas ce type d'outil, il existe de nombreux sites en ligne pour modifier la taille d'une image et la ré-encoder dans un autre format (dans notre cas, le format WebP).

Sur le site *ohmycode.io*, je vous propose une liste de ressources vers lesquelles vous pouvez vous tourner. Ces sites gratuits ne sont pas toujours pérennes, c'est pourquoi je ne les liste pas ici.

Des media queries en HTML

Maintenant que les images sont prêtes, rendez-vous dans le fichier `index.html`.

Figure 8-62
Balise img avec les attributs srcset et sizes.

srcset liste les images disponibles

sizes définit un point de rupture

```
<div class="item item-1">
    <img
    src="./pics/img1.jpg"
    srcset="./pics-responsive/img1.webp 500w,
            ./pics/img1.jpg 1000w"
    sizes="(max-width: 800px) 500px, 1000px"
    alt="portfolio img1">
</div>
```

Dans l'attribut `srcset`, vous listez toutes les images à utiliser. Dans notre cas, deux images sont disponibles. Remarquez l'information `500w` ou `1000w` : cela correspond à la largeur de l'image. Attention : notez la virgule qui sépare ces deux informations (juste après `500w`) !

Dans l'attribut `sizes`, vous reconnaissez l'écriture d'une media query. Si la largeur ne dépasse pas 800 px, alors le navigateur utilise l'image 500 px, sinon il utilise l'image 1 000 px. Ce sont bien des `px` à utiliser et non pas l'unité `w` utilisée plus haut. Avant d'aller plus loin, vérifions que cela fonctionne.

Je vérifie les requêtes au serveur

On nomme « requêtes » les demandes effectuées auprès du serveur : il s'agit bien sûr des fichiers eux-mêmes, mais également des images ou encore des polices. Depuis l'inspecteur web, ces requêtes sont visibles. C'est par ce biais que nous allons vérifier le bon fonctionnement de la media query.

- *Sur écran réduit, on demande l'image au format WebP.*
- *Au-dessus de 800 px, on demande l'image grand format.*

Assurez-vous de réduire votre écran suffisamment.

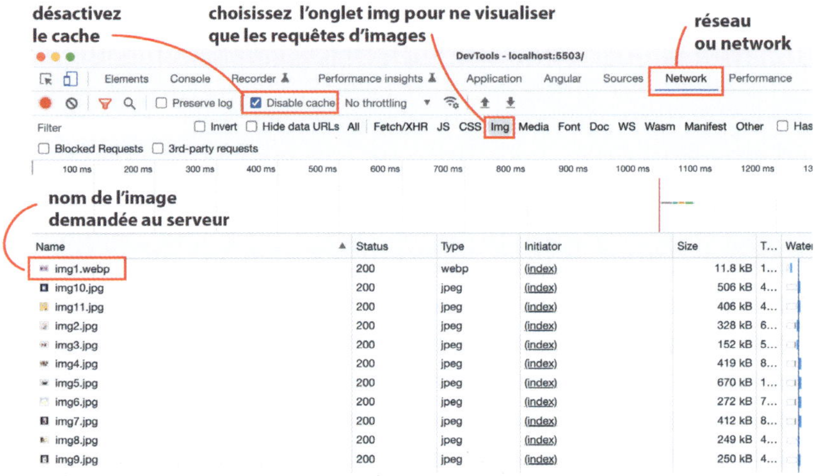

Figure 8-63 *Vue de l'onglet Network (réseau) depuis l'inspecteur web.*

Dans l'onglet Network (réseau), vous visualisez toutes les requêtes (si vous ne voyez rien, vous pouvez rafraîchir la page). L'image 1 est bien l'image réduite au format WebP.

Astuce visuelle

En dehors des requêtes, voici une autre façon de vérifier que la media query fonctionne bien (qui tient plus de l'astuce !). Elle consiste à afficher volontairement une tout autre image que celle initialement prévue.

```
<img
src="./pics/img1.jpg"
srcset="./pics-responsive/img2.webp 500w,
        ./pics/img1.jpg 1000w"
sizes="(max-width: 800px) 500px, 1000px"
alt="portfolio img1">
```

C'est l'image `img2` qui sera visible sur écran réduit. Vous vérifiez ainsi que la media query fonctionne en un clin d'œil. Attention de ne pas oublier de changer le nom de nouveau !

Des solutions

Si la requête a bien eu lieu, mais toujours sur l'image grand format, je vous propose de suivre quelques étapes de résolutions.

- L'image que vous voulez afficher existe-t-elle bien ? Pour vous en assurer, testez le lien dans le navigateur. L'image devrait apparaître. Le lien devrait ressembler à *http://127.0.0.1:5500/pics-responsive/img1.webp*.
- Le cache est-il bien désactivé ? Si le navigateur a déjà chargé l'image grand format, il arrive qu'il ne réclame plus la même image à un format inférieur. Pour cela, assurez-vous que la case Disable cache est cochée (voir image 8-63).
- Avez-vous bien une fenêtre de moins de 800 px ? Pour en être certain, dans Chrome, depuis l'inspecteur web, vous cliquez sur l'icône téléphone, juste à gauche de Elements.

Un nouvel affichage vous propose de choisir une largeur.

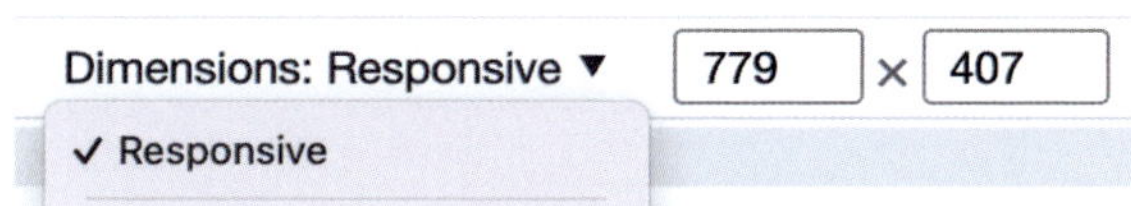

- Toujours la même image ? Alors, peut-être votre navigateur vous cache-t-il une information importante : le ratio de pixels. Si ce chiffre est 2, alors chaque pixel à l'écran vaut le double. La media-querie ne se déclenchera pas comme attendue. Comment le savoir ?

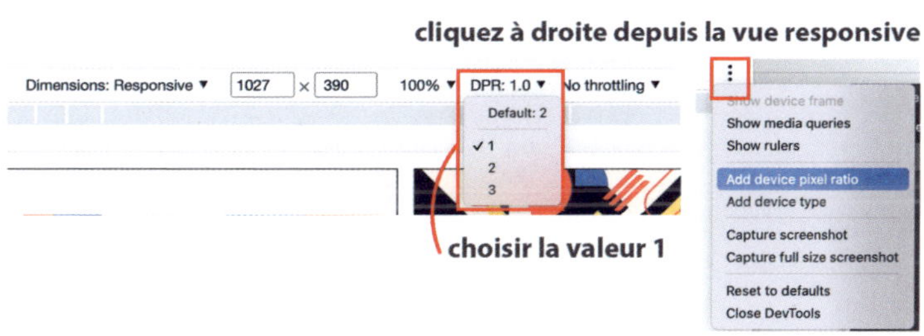

Dans le menu à droite (accessible sur Chrome par les trois points), choisissez l'option Add Device Pixel Ratio. Puis, un menu déroulant apparaît. C'est la valeur 1 qu'il faut appliquer.

Certain que tout fonctionne ? Alors, nous pouvons procéder à la même technique sur les autres images. Ce code étant quelque peu long, je vous propose de le retrouver sur le site *ohmycode.io*.

Aller plus loin

Dans notre exemple, la grille comportait cinq colonnes. Peut-être que d'autres grilles auront besoin d'un nombre différent de colonnes.

Et si on préparait une grille prête à l'emploi ?

Il est fréquent d'utiliser une séparation en douze colonnes. Pourquoi douze ? Douze est un chiffre qui permet de multiples arrangements. Vous pouvez diviser en 2, 3, 4, 6. C'est déjà beaucoup ! De nombreuses feuilles de styles comme Bootstrap utilisent aussi ce découpage en douze. Sur le site *ohmycode.io*, vous aurez accès au projet réalisé ensemble, construit avec une grille de douze colonnes.

Cela marque la fin de ce chapitre. Prenez à présent le temps de construire toute sorte de grilles. Avec le CSS, le monde est vaste, mais ce que l'on a vu ensemble est une base solide pour exprimer toute votre créativité. N'hésitez pas à m'envoyer vos réalisations !

BONUS

Il vous reste certainement des questions (nombreuses) à ce stade ! Pour terminer ce livre et notre voyage ensemble, vous trouverez ici les réponses aux questions les plus fréquemment posées pendant les ateliers. Aussi, en bonus, je vous propose trois nouvelles utilisations possibles du code sur la base du travail déjà accompli. L'idée est de poursuivre la pratique du code et de confronter vos connaissances à de nouvelles situations. C'est justement cette équation qui va consolider vos acquis et vous faire progresser, et cela à tous niveaux.

Questions/réponses

PHP, Python, Ruby... pourquoi tous ces langages ?

Les langages informatiques sont divisés en deux grandes familles : le *front-end* et le *back-end*. Le front-end sert à afficher du contenu, c'est précisément ce que vous avez vu dans ce livre. Les langages HTML et CSS, mais aussi JavaScript sont des langages front-end.

Les langages front-end créent ce qu'on appelle des pages statiques : c'est un contenu figé qui ne se modifie pas en fonction d'une requête utilisateur. C'est le cas des pages de votre site : pour les modifier, vous devez retourner dans le code et réécrire le texte ou changer les images.

La seconde grande famille de langages informatiques sert à *générer* du contenu : ce sont les langages back-end. Il en existe de très nombreux, comme PHP, Ruby et Python.

Qu'entend-on par « générer du contenu » ? Le rôle de ces langages est d'aller chercher, en fonction d'une requête, de l'information dans une base de données, autrement dit un grand tableau dans lequel sont enregistrées des informations. Cela crée des pages dynamiques : leur contenu n'est jamais le même ! C'est typiquement utile lorsque le site engrange un très grand nombre de données, comme un catalogue en ligne. Pour illustrer le propos, prenons l'exemple du site Amazon. En tant qu'utilisateur, vous entrez les mots-clefs d'un auteur, d'un livre ou d'un produit dans le champ de recherche.

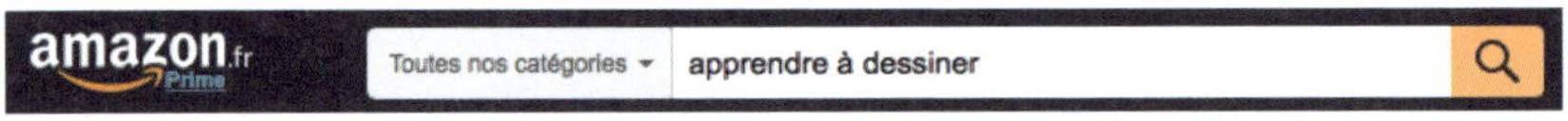

À partir de ces mots-clefs, une page de résultats va s'afficher.

Figure B-1
Un extrait d'une page de résultats sur Amazon.

À la différence d'une page statique, cette page n'existe pas réellement. Cela serait tout simplement impossible. Les résultats qui sont affichés sont la combinaison de différents critères : mots-clefs, prix, date de publication... Chaque requête est unique et produit sa propre page. Concrètement, comment ça marche ? Le développeur va créer une structure de site classique (HTML, CSS et pourquoi pas du JavaScript) et, à l'intérieur, il va utiliser des balises spéciales (dans le cas du langage PHP, par exemple) qui vont aller chercher l'information dans la base de données et l'injecter dans la page. Vous comprenez immédiatement les bénéfices. Le développeur écrit le code une fois et la page s'adaptera autant de fois que nécessaire. Dans le cas d'un catalogue en ligne ou d'un contenu régulièrement mis à jour, comme un blog, ce type de langage est absolument indispensable. Mais pour que ces résultats soient visibles, les langages back-end doivent être encapsulés dans les balises HTML. C'est pour cela que ce livre se concentre sur les langages front-end, HTML et CSS, qui posent les bases essentielles du développement web. Avec ce duo en poche, vous êtes parfaitement équipé pour aller plus loin, et pourquoi pas explorer les langages back-end !

WordPress, qu'est-ce que c'est ?

WordPress est une plate-forme qui vous permet de créer un site et de le modifier depuis une interface administrateur. C'est ce qu'on appelle un CMS *(Content Management System)*, autrement dit un système pour gérer du contenu.

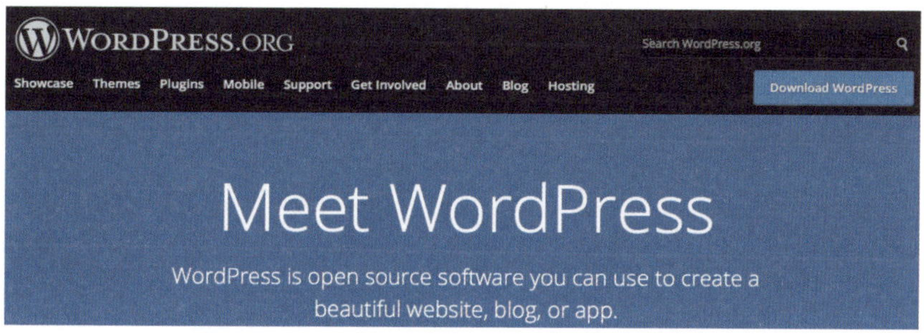

Figure B-2
Page d'accueil de WordPress.

C'est un outil très puissant qui propose à la fois des sites vitrines mais aussi des sites plus complexes comme des annuaires en ligne.

Si vous souhaitez créer un site WordPress, vous aurez toujours besoin d'un hébergeur. Nombreux sont ceux qui vous proposent d'installer WordPress à votre place. Cela revient à installer sur votre serveur un dossier avec des pages déjà construites.

Les bénéfices d'un site WordPress sont nombreux ! Tout d'abord au niveau de la création du design de votre site : vous choisissez parmi des modèles (thèmes) gratuits ou payants. En un clin d'œil (ou presque), votre site adopte l'aspect choisi. Pour le modifier, vous ne devez plus éditer les pages depuis un éditeur de texte mais simplement, vous rendre sur l'interface administrateur de WordPress (le tableau de bord) pour mettre à jour votre contenu. Par ailleurs, la communauté de développeurs autour de WordPress œuvre pour ajouter des fonctionnalités au CMS grâce aux nombreuses extensions (plug-ins) : vous n'avez qu'à installer celles qui vous intéressent. C'est une plate-forme qui répond à énormément de besoins, ce qui est particulièrement efficace quand il s'agit d'e-commerce.

Des inconvénients ? Principalement son manque de souplesse côté design. En effet, chaque thème a sa propre structure : la position des éléments est déjà déterminée. Si les réseaux sociaux sont en bas mais que vous auriez préféré les afficher tout en haut, vous n'aurez pas forcément la main pour le faire. D'ailleurs, très souvent, les thèmes gratuits bloquent la modification des couleurs, de la typo, de la taille du texte… Ce n'est pas si aisé de transformer un thème WordPress au niveau de sa structure. Et le code HTML/CSS dans tout ça ? Les thèmes WordPress sont toujours écrits sur la base de ces deux langages (combinés à du PHP). La structure est modifiable, mais nécessite des connaissances plus approfondies en WordPress (créer un *thème enfant* notamment). En revanche, depuis l'interface administrateur, vous pouvez très facilement modifier le style CSS, justement avec les propriétés vues ensemble : taille du texte, alignement, police… et contourner les limitations du thème.

Sur *wordpress.org*, vous trouverez une multitude de thèmes gratuits.

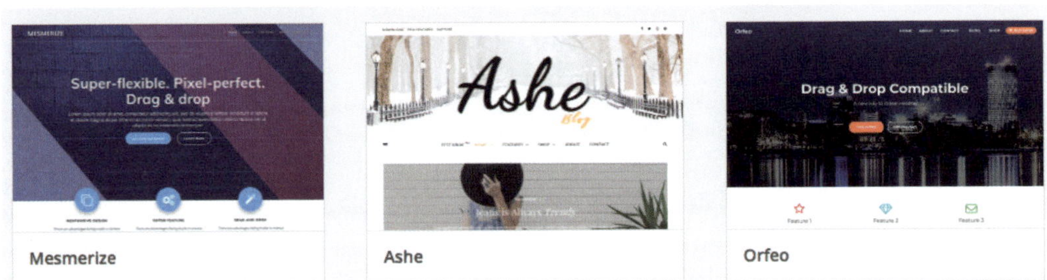

Figure B-3
Exemples de thèmes proposés par WordPress.

Par ailleurs, de nombreux sites, comme ThemeForest, se sont spécialisés dans la vente de thèmes WordPress : vous trouverez un très large choix de design et de fonctionnalités.

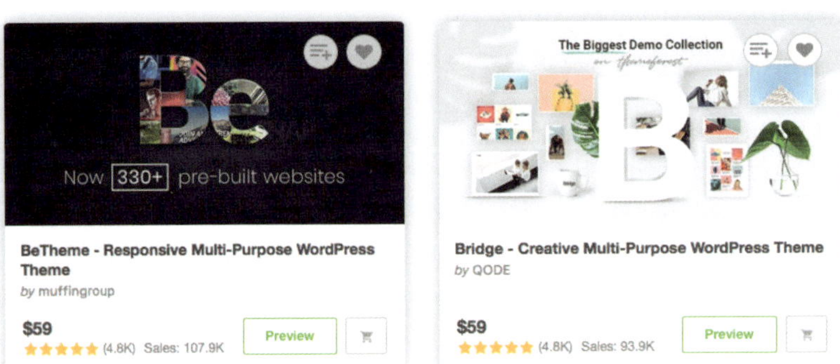

Figure B-4
Exemples de thèmes proposés par le site ThemeForest.

Bootstrap, c'est quoi ?

Peut-être avez-vous déjà entendu ce terme ? Bootstrap pourrait se traduire par « base de travail ». L'idée est de vous fournir un outil clef en main (*boilerplate* en anglais) pour gagner en temps de développement.

Figure B-5
Page d'accueil de Bootstrap.

Comment ça marche ? Bootstrap compile pour vous du contenu HTML, CSS et JS (JavaScript) survitaminés. Grâce à toutes les DIV et classes déjà prédéfinies, vous obtenez une mise en page élaborée en un clic. Vous pouvez alors ajouter des blocs à la carte dans votre code HTML. Par exemple, un élément Carousel pour faire défiler des images.

Figure B-6
Carousel proposé par Boostrap.

Ici, Bootstrap vous fournit la partie HTML : comme vous le voyez, les classes sont déjà prédéfinies : vous n'avez rien à modifier pour que cela fonctionne, uniquement copier ce code dans votre page et remplacer la source de la balise <img/> avec le lien de votre image.

Ici, par exemple, avec l'élément Collapse, le texte apparaît en dessous lorsqu'on clique sur le bouton.

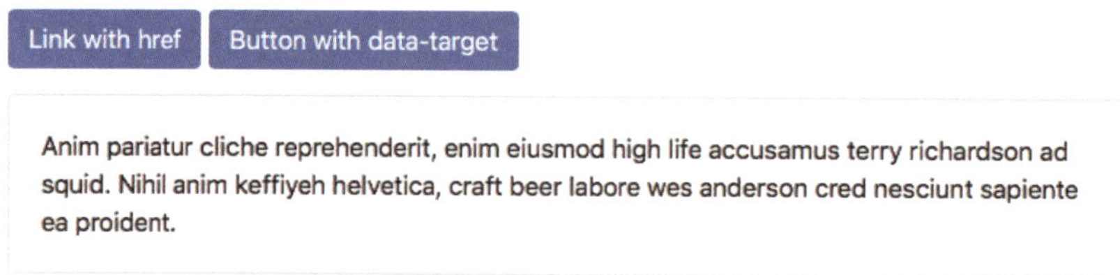

Figure B-7
Exemple de bouton Collapse.

Vous l'avez compris, Bootstrap simplifie considérablement la tâche du développeur en matière de design. C'est un outil extrêmement populaire qui fait partie des bibliothèques à connaître. Maintenant, devez-vous l'utiliser ? Cela dépend de votre besoin : prenez le temps de lire la documentation qui liste tous les composants disponibles. Bootstrap a beaucoup de fans inconditionnels, tout comme des détracteurs. On lui reproche principalement d'alourdir les sites : les styles disponibles sont nombreux, vous n'en utiliserez qu'une poignée. Pourtant, le navigateur va charger toute la feuille de styles, ce qui nuit à la rapidité d'affichage du site. On l'a vu à plusieurs reprises, la performance de votre site conditionne son référencement et l'expérience globale de vos utilisateurs. Ce n'est donc pas un élément à négliger.

TROIS MODÈLES DE PAGES

C'est en faisant que l'on apprend : c'est un principe assez simple, mais je vous encourage vivement à l'appliquer. Alors pour vous donner quelques idées, voici trois modèles de pages. Que ce soit pour vous ou pour votre entourage, codez ! Rien ne vous empêche de proposer vos services à ce couple d'amis qui va bientôt se marier ou à ce restaurant dont vous adorez les plats. Votre portfolio s'épaissit et vos compétences avec ! Tous les modèles proposés reprennent les connaissances vues ensemble : structure HTML 5 avec différentes sections, envoi d'un e-mail avec la messagerie, style CSS avec des polices différentes, couleurs, alignement du texte, collecte d'e-mails... Tout y est, c'est à vous de jouer !

Modèle Save The Date

Modèle Restaurant

Modèle Boutique de mobilier

MOBILIER DESIGN

123 rue Lorem Ipsum // 123456789

LIENS UTILES

MDN WebDocs

Ce site détaille tous les usages de l'HTML, CSS entre autres. Il est très exhaustif mais un peu rebutant de prime abord. Je vous l'indique cependant, n'hésitez pas à y faire un tour quand vous vous sentirez à l'aise avec la terminologie. Je vous liste juste en dessous un autre site plus tourné sur la pratique.
https://developer.mozilla.org/fr/

Balises HTML

Le site w3schools compile l'intégralité des balises HTML. Pour chacune, le site propose aussi une mise en pratique. En cliquant sur le bouton `Try it yourself`, un éditeur de texte apparaît où vous pouvez manipuler les balises.
https://www.w3schools.com/tags/default.asp

Propriétés CSS

Toujours sur le site w3schools, mais cette fois dans la rubrique CSS, vous aurez accès à toutes les propriétés CSS illustrées. Je vous encourage vivement à parcourir les exemples pour mieux comprendre les usages de chacune.
https://www.w3schools.com/css/default.asp

Langage JavaScript

Là encore, w3schools est une ressource de qualité. Vous y découvrirez la richesse de ce langage. Aussi, visitez le site codepen sur lequel les développeurs partagent leur projet en HTML, CSS et JavaScript. Vous y trouverez de l'inspiration et du code utile puisque tout est en accès libre.
https://www.w3schools.com/js/
https://codepen.io/

Vérifier la compatibilité avec les navigateurs

Toutes les propriétés CSS3 ou les balises HTML 5 ne sont pas interprétées de façon identique par tous les navigateurs. Alors comment s'y repérer ? Le site *caniuse.com* fait justement le bilan pour vous. En indiquant la propriété ou la balise concernée, il vous présente un tableau de tous les navigateurs et la version à partir de laquelle la propriété ou la balise est supportée. Un outil indispensable pour rendre son site le plus compatible possible !
https://caniuse.com

Poser des questions

En développement web, vous serez amené à vous poser beaucoup de questions (quel est ce message d'erreur ? Mais pourquoi ma DIV se positionne mal ?) et à chercher des réponses. Heureusement, les développeurs ont cultivé la notion d'entraide. Vous trouverez en ligne de nombreux forums où poser vos questions et recevoir des réponses. Stackoverflow est l'une des plates-formes les plus actives. Je vous conseille vivement de consulter ce site en cas de besoin !
https://stackoverflow.com

INDEX

D

E

F

G

H

I

J

L

M

N

O

P

R

S

T

U

V

W

Z

MIXTE
Papier issu de sources responsables
FSC® C007507
FSC www.fsc.org

Dépôt légal : avril 2023
Imprimé en Espagne par Graphycems
Cet ouvrage est imprimé sur du papier offset 120 g, papier issu de forêts gérées durablement.